Érico Veras Marques
Jocildo Figueiredo Correia Neto

GESTÃO FINANCEIRA FAMILIAR

— Como as empresas fazem —

ALTA BOOKS
EDITORA
Rio de Janeiro, 2016

Gestão Financeira Familiar — Como as empresas fazem

 ISBN: 978-85-7608-981-0

Impresso no Brasil — 1ª Edição, 2016 - Edição revisada conforme o Acordo Ortográfico da Língua Portuguesa de 2009.

Obra disponível para venda corporativa e/ou personalizada. Para mais informações, fale com projetos@altabooks.com.br

Produção Editorial
Editora Alta Books

Produtor Editorial
Claudia Braga
Thiê Alves

Produtor Editorial (Design)
Aurélio Corrêa

Gerência Editorial
Anderson Vieira

Supervisão de Qualidade Editorial
Sergio de Souza

Assistente Editorial
Christian Danniel

Marketing Editorial
Silas Amaro
marketing@altabooks.com.br

Gerência de Captação e Contratação de Obras
J. A. Rugeri
autoria@altabooks.com.br

Vendas Atacado e Varejo
Daniele Fonseca
Viviane Paiva
comercial@altabooks.com.br

Ouvidoria
ouvidoria@altabooks.com.br

Equipe Editorial
Bianca Teodoro
Carolina Giannini
Izabelli Carvalho
Jessica Carvalho
Juliana de Oliveira
Renan Castro

Revisão Gramatical
Liana Castello
Vivian Sbravatti

Diagramação e Layout
Luisa Maria Gomes

Capa
Aurélio Corrêa

Erratas e arquivos de apoio: No site da editora relatamos, com a devida correção, qualquer erro encontrado em nossos livros, bem como disponibilizamos arquivos de apoio se aplicável a obra em questão.

Acesse o site www.altabooks.com.br e procure pelo título do livro desejado para ter acesso às erratas, aos arquivos de apoio e/ou a outros conteúdos aplicáveis à obra.

Suporte Técnico: A obra é comercializada na forma em que está, sem direito a suporte técnico ou orientação pessoal/exclusiva ao leitor.

Dados Internacionais de Catalogação na Publicação (CIP)
Vagner Rodolfo CRB-8/9410

C824g Correia Neto, Jocildo Figueiredo

Gestão financeira familiar : como as empresas fazem / Jocildo Figueiredo Correia Neto e Erico Veras Marques. - Rio de Janeiro : Editora Alta Books, 2016.
256 p. : il. ; 17 cm x 24 cm.

ISBN: 978-85-7608-981-0
Inclui índice.

1. Gestão financeira. 2. Investimentos. 3. Organização Familiar. I. Erico Veras Marques. II. Título.

CDD 658.15
CDU 658.15

ALTA BOOKS EDITORA

Rua Viúva Cláudio, 291 — Bairro Industrial do Jacaré
CEP: 20.970-031 — Rio de Janeiro (RJ)
Tels.: (21) 3278-8069 / 3278-8419
www.altabooks.com.br — altabooks@altabooks.com.br
www.facebook.com/altabooks — www.instagram.com/altabooks

Sumário

Introdução XI

Seção Conceitual

1. Conceitos Preliminares 1
 1.1. História motivadora 1
 1.2. Conceito e importância das finanças pessoais 2
 1.3. Unidade familiar x empresa 4
 1.4. Necessidades presentes e futuras 7
 1.5. Incertezas quanto ao futuro 8
  1.5.1. Expectativa de vida 9
  1.5.2. Imprevistos com consequências financeiras 10
 1.6. Ciclos de vida 12
 1.7. Família estendida 14
 1.8. Referências 14

2. Planejamento e Controle 17
 2.1. História motivadora 17
 2.2. Conceitos preliminares 19
 2.3. Planejamento 20
  2.3.1. Análise situacional 21
  2.3.2. Situação desejada 22
  2.3.3. Ações a serem empreendidas 22
 2.4. Controle 25
 2.5. Cronograma das atividades de planejamento e de controle 28
 2.6. Quem participa do planejamento e do controle 29
 2.7. Referências 30

Seção Operacional

3. Fluxo de Caixa 31
3.1. História motivadora 32
3.2. Conceito de fluxo de caixa 32
3.3. Formato do fluxo de caixa 33
3.4. Tipos de atividades 37
3.4.1. Atividades cotidianas 37
3.4.2. Atividades de investimentos 38
3.4.3. Atividades de financiamento 39
3.5. Plano de contas 40
3.5.1. Receitas de atividades laborais 42
3.5.2. Desembolsos fixos obrigatórios 42
3.5.3. Desembolsos variáveis obrigatórios 42
3.5.4. Desembolsos fixos não obrigatórios 43
3.5.5. Desembolsos variáveis não obrigatórios 43
3.5.6. Receitas de investimentos 43
3.5.7. Desembolsos para investimentos 44
3.5.8. Receitas de financiamentos 44
3.5.9. Desembolsos de financiamentos 44
3.6. Análises sobre o fluxo de caixa 44
3.6.1. Análise vertical 44
3.6.2. Análise horizontal 48
3.7. Exemplo 50
3.8. Dicas para elaborar projeções financeiras 62
3.9. Referências 66

4. Orçamento de Caixa 67
4.1. História motivadora 67
4.2. Necessidade de caixa 68
4.3. Orçamento de caixa 69
4.4. Decisões de caixa 73
4.5. Aspectos do gerenciamento de caixa 76
4.5.1. Segurança versus ociosidade 76
4.5.2. Descasamento de caixa 77
4.5.3. Sazonalidade 79
4.5.4. Várias contas de caixa 79
4.6. Referências 80

5. Ponto de Equilíbrio 81
5.1. História motivadora 81
5.2. Conceito 82

5.3. Empresa abaixo do ponto de equilíbrio 83
5.4. Empresa no ponto de equilíbrio 83
5.5. Empresas acima do ponto de equilíbrio 84
5.6. Distinções importantes 85
5.7. Cálculo do ponto de equilíbrio 86
5.8. O mínimo que precisamos gerar de caixa 87
5.9. Ponto de equilíbrio família x empresa 88
5.9.1. Ponto de equilíbrio e a capacidade de formar patrimônio 88
5.10. Referências 89

6. Estoque 91
6.1. História motivadora 92
6.2. Elementos que estocamos 92
6.3. Equilíbrio é a palavra-chave 93
6.4. Gerenciamento dos estoques 94
6.4.1. Lote econômico 95
6.4.2. Gestão ABC de estoque 97
6.5. Gestão de estoque e reflexos financeiros 97
6.6. Referências 98

Seção de Investimentos

7. Ativos 99
7.1. História motivadora 99
7.2. Conceito básico 100
7.3. Importância da formação de patrimônio 103
7.4. Dificuldades típicas para a formação do patrimônio 104
7.5. Características a serem consideradas na decisão de investimento 106
7.5.1. Retorno 106
7.5.2. Incerteza / risco 109
7.5.3. Liquidez 111
7.5.4. Tributação 111
7.5.5. Desembolsos acessórios 112
7.6. Diversificação 112
7.7. Referências 114

8. Ativos Financeiros 117
8.1. História motivadora 117
8.2. Renda fixa e variável 118
8.3. Recomendações gerais 119
8.4. Alternativas disponíveis no mercado 121

8.4.1. Fundos de investimentos ... 121
8.4.1.1. Fundos de renda fixa ... 122
8.4.1.2. Fundos de ações ... 125
8.4.1.3. Fundos multimercados ... 126
8.4.1.4. Fundos cambiais ... 127
8.4.2. Caderneta de poupança ... 127
8.4.3. CDBs ... 128
8.4.4. LCAs/LCIs ... 129
8.4.5. Tesouro Direto (títulos públicos) ... 129
8.4.6. Ações ... 131
8.5. Referências ... 132

9. Ativos Não Financeiros ... 133
9.1. História motivadora ... 133
9.2. Alternativas ... 134
9.2.1. Imóveis ... 134
9.2.2. Participação em empresas ... 136
9.2.3. Obras de arte / vinhos / joias / ouro ... 137
9.2.4. Passe de atletas ... 137
9.3. Outras dimensões dos investimentos ... 138
9.3.1. Educação ... 138
9.3.2. Trabalho ... 138
9.3.3. Saúde ... 139
9.3.4. Família ... 139
9.3.5. Amigos ... 140
9.3.6. Qualidade de vida ... 140
9.4. Referências ... 141

Seção de Previdência

10. Previdência ... 143
10.1. História motivadora ... 143
10.2. O que é previdência? ... 144
10.3. Previdência pública x privada ... 144
10.3.1. Previdência pública ... 145
10.3.2. Previdência privada ... 145
10.4. Tipos de planos de previdência privada ... 148
10.5. Referências ... 149

Seção de Financiamento

11. Dívidas ... 151
11.1. História motivadora ... 151
11.2. O que são passivos? ... 152
11.3. Por que fazemos dívidas? ... 153
11.3.1. Fato explicável ... 153
11.3.2. Má gestão ... 154
11.4. Quais são as consequências das dívidas? ... 154
11.5. Dívidas de curto prazo e de longo prazo ... 156
11.6. Aquisição e dívidas ... 158
11.6.1. Aquisição de ativo produtivo ... 159
11.6.2. Cobertura de ineficiência operacional (consumo exagerado, supérfluos, etc.) ... 160
11.7. Todas as dívidas são necessariamente ruins? Dívida boa e ruim ... 160
11.8. Como administrar e sair das dívidas? ... 161
11.9. Mudança de perfil da dívida ... 163
11.10. Negociação com credores ... 163
11.11. Referências ... 164

Seção do Modelo de Gerenciamento Financeiro

12. Modelo de Análise Financeira da Família ... 165
12.1. Apresentação do modelo ... 165
12.2. Dados básicos do modelo ... 168
12.2.1. Plano de contas ... 169
12.2.2. Categorias – Tipos de Ativos Não Financeiros ... 172
12.2.3. Categorias – Tipos de Aplicações Financeiras ... 173
12.2.4. Categorias – Tipos de Dívidas ... 173
12.3. Análise situacional da família ... 174
12.3.1. Analisando os dados do fluxo histórico anual ... 177
12.3.2. Desembolsos diários e anuais ... 179
12.3.3. Fluxo histórico médio mensal ... 180
12.3.4. Disponibilidades ... 182
12.3.5. Ativos financeiros ... 183
12.3.6. Previdência ... 183
12.3.7. Ativos não financeiros ... 184
12.3.8. Dívidas ... 184

12.3.9. Resumo da análise situacional ... 185
12.4. Planejamento financeiro ... 188
12.4.1. Metas e objetivos ... 189
12.4.2. Plano de ação ... 189
12.4.3. Providências por contas ... 190
12.4.4. Histórico das contas e providências ... 193
12.4.5. Fluxo de caixa projetado ... 195
12.5. Acompanhamento e controle do realizado ... 201
12.5.1. Fluxo anual realizado ... 203
12.5.2. Fluxo anual realizado total ... 206
12.5.3. Realizado x Projetado ... 208
12.5.4. Disponibilidades realizadas ... 213
12.5.5. Ativos financeiros ... 213
12.5.6. Ativos não financeiros ... 214
12.5.7. Previdência ... 214
12.5.8. Dívidas ... 215
12.5.9. Análise da situação realizada ... 215
12.5.10. Situacional x realizado ... 218
12.6. Síntese do modelo ... 222

Índice ... 225

Sobre os Autores

Érico Veras Marques

Professor do Mestrado e Doutorado em Administração e Controladoria da Universidade Federal do Ceará (UFC). Mestre e Doutor pelo Curso de Administração de Empresas pela Fundação Getúlio Vargas (EAESP/FGV). Graduação em Ciências Econômicas (UFC) e Informática (UNIFOR), Especialista em Marketing (UECE) e Ciências da Computação (UFPB). Certificado CPA-10 ANBIMA, Educador Financeiro. Pesquisador das áreas de Educação Financeira, Finanças Comportamentais, Tecnologia da Informação e Varejo desde 1998, assuntos sobre os quais tem publicado artigos e ministrado palestras. Ex-professor da Fundação Getúlio Vargas, do IBMEC São Paulo (Atual INSPER), da PUC de São Paulo, da FAAP e do mestrado em Administração de Empresas da UNIFOR.

Jocildo Figueiredo Correia Neto

Professor do Curso de Administração da Universidade Federal do Ceará (UFC). Doutor (FGV-SP/2010) e Mestre (UNIFOR/2002) em Administração e graduado em Ciências da Computação (UECE/1997). Atuou como executivo em empresas comerciais, de desenvolvimento de software e consultoria empresarial. Autor de artigos científicos e dos livros *Excel Para Profissionais de Finanças*, *Elaboração e Avaliação de Projetos de Investimento*, *Planejamento e Controle Orçamentário – Manual de Orçamento Empresarial* e *Decisões de Investimentos em Tecnologia da Informação – Vencendo os Desafios da Avaliação de Projetos em TI.*

Dedicatória de Érico Veras Marques

Este livro é dedicado a minha esposa Andrea e aos meus três filhos: Alice, Henrique e Ester. Espero que eles sejam capazes de ter uma vida financeira saudável que lhes propicie independência financeira e liberdade de decisão.

Dedicatória de Jocildo Figueiredo Correia Neto

Este livro é dedicado a Caio, que eu espero ser bastante controlado em suas finanças e, principalmente, em sua vida.

Também é dedicado aos melhores professores de finanças que eu poderia ter tido: meus pais. Nunca me esquecerei de "guardar para o futuro" – sem, é claro, descuidar do presente.

Introdução

Proposta do livro

Não é difícil perceber que há algumas similaridades entre uma organização empresarial e uma organização familiar. Limitando-se ao aspecto financeiro, em ambas, os responsáveis pelo gerenciamento financeiro devem se preocupar se os desembolsos são compatíveis com as receitas, a fim de que não tenham prejuízo. Isto força (ou deveria forçar) ambos a gerenciarem minuciosamente os fluxos de entrada e de saída de caixa, coordenando e ajustando os saldos de maneira a evitar falta de recursos para fazer frente aos pagamentos correntes. Essa gestão detalhista ajuda também a avaliar se existem recursos ociosos sem um destino produtivo.

Além disso, ambos os responsáveis devem evitar, dentro do possível, gastos excessivos com endividamentos por parte das organizações empresariais e familiares. Isto é fundamental sobretudo para aquelas dívidas cujas taxas de juros sejam muito altas, comprometendo fortemente os resultados e o equilíbrio financeiro como um todo.

Outra similaridade que se espera é a necessidade de formação de um patrimônio que permita todas as atividades empresariais (no caso de uma empresa) e pessoais (no caso da família) ocorrerem adequadamente, sem percalços. Um patrimônio adequadamente construído também viabiliza a formação de renda complementar à renda originada pelas atividades operacionais em uma empresa e pelas atividades laborais em uma família. Em particular para uma família, tais rendas, em determinado momento do seu ciclo de vida, são essenciais para manter sua saúde financeira.

Outro ponto que pode ser considerado uma similaridade é o estabelecimento de objetivos e metas por parte das empresas e das famílias. Os gestores e responsáveis por ambas costumam estabelecer objetivos e metas que servem como alvos a serem alcançados. Para atingi-los, no entanto, há a necessidade de planejar, antecipadamente, como e o que fazer, bem como executar as ações requeridas para tal. Ao longo desta execução, são consumidos recursos financeiros, os quais devem ser meticulosamente gerenciados, de forma que se assegure o atingimento do estabelecido previamente.

Por outro lado, não se deve desconsiderar que há uma série de distinções entre estes dois tipos de organizações. Certamente, a principal distinção é que uma organização familiar é formada por laços familiares e pessoais, enquanto que uma organização empresarial trata-se de um conjunto de pessoas trabalhando em uma organização sem necessariamente manter laços familiares e pessoais – ou, pelo menos, que sejam a liga principal da organização.

Sendo assim, aspectos sentimentais e amorosos que existem e são fortemente percebidos de várias maneiras em uma família não são observados em uma empresa. Isto faz uma grande diferença, na medida em que o componente sentimental tem uma relevante participação nas decisões financeiras de uma família, o que não justifica — ressalta-se — que a família possa tomar decisões sem um nível mínimo de racionalidade, sob pena de comprometer seu equilíbrio financeiro.

Portanto, este livro foi concebido a partir destes princípios. Essencialmente, o gerenciamento financeiro pessoal e familiar não é muito diferente do gerenciamento financeiro de uma empresa. Muitas decisões no âmbito familiar e empresarial apresentam consequências financeiras diretas, o que deve respaldar o uso de critérios e técnicas de gestão financeira no seu dia a dia.

A proposta do livro é apresentar o gerenciamento financeiro de uma família de forma análoga ao que se tem em uma empresa típica, passando por todos os reflexos financeiros gerados pelas atividades normalmente esperadas para uma família. Técnicas que tipicamente são utilizadas em uma empresa podem ser adaptadas e trazidas para o contexto familiar, proporcionando uma maneira eficaz de tomar decisões financeiras no seio da família.

A quem destina-se

O livro é destinado a qualquer pessoa que tenha a necessidade de gerenciar financeiramente sua vida e/ou a de sua família. É uma referência para que os gestores financeiros pessoais se baseiem na busca pelo equilíbrio financeiro.

É importante pontuar que o nível de conhecimento prévio que o leitor deve ter ao ler este livro não é avançado. Apesar de serem tratados assuntos que, não raro, são árduos para muitas pessoas, o intuito foi utilizar uma leitura leve, sem complicações desnecessárias e acessível a todos os interessados em gerenciar adequadamente suas finanças e as de suas famílias.

Estruturação do livro

O livro está organizado em seis seções. Cada uma delas traz capítulos com assuntos pertinentes à gestão financeira pessoal ou familiar.

A primeira seção é denominada *Conceitual*. Ela apresenta alguns conceitos básicos necessários à leitura do livro e, mais importante, ao efetivo gerenciamento financeiro pessoal. Esta seção abrange dois capítulos. O primeiro deles é chamado "Conceitos Preliminares", o qual disserta sobre ideias básicas que o gestor financeiro deve ter para gerenciar adequadamente suas finanças. O segundo capítulo, "Planejamento e Controle", discute a importância de a família desenvolver planejamento e controle financeiros, sem os quais a gestão financeira pode ficar comprometida.

A seção seguinte, chamada *Operacional*, trata das decisões e movimentações financeiras derivadas do cotidiano de uma família típica. Nela, são apresentadas técnicas de gerenciamento financeiro que podem ser empregadas pelas famílias no esforço de controlar suas finanças e construir as bases necessárias à formação e/ou consolidação de um patrimônio. Os capítulos que compõem esta seção são: "Fluxo de Caixa", "Orçamento de Caixa", "Ponto de Equilíbrio" e "Estoque".

A terceira seção do livro é chamada *Investimentos* e apresenta conceitos e técnicas relacionados à geração e à gestão do patrimônio familiar. O capítulo denominado "Ativos" descreve conceitos relacionados ao patrimônio e às técnicas de gerenciamento. Em seguida, há os capítulos de "Ativos Financeiros" e de "Ativos Não Financeiros", os quais apresentam, respectivamente, os produtos financeiros nos quais as famílias podem investir e as alternativas de investimentos fora do mercado financeiro.

A seção seguinte, denominada *Previdência*, aborda o assunto previdência no capítulo com o mesmo nome. A abordagem ocorre tanto de modo conceitual como em termos de tipos de produtos previdenciários disponíveis às pessoas.

A quinta seção, *Financiamento*, dedica-se ao assunto endividamento. Com um capítulo denominado "Dívidas", esta seção apresenta vários aspectos a respeito das dívidas e de como gerenciá-las.

A última seção do livro consolida todos os assuntos apresentados nas seções e capítulos anteriores. Denominada de *Modelo de Gerenciamento Financeiro*, seu objetivo é apresentar um modelo de análise financeiro adequado a uma família. Utilizando todos os conceitos e técnicas previamente apresentados, este modelo é explicado no capítulo "Modelo de Análise Financeira da Família" tomando por base uma planilha[1] disponibilizada aos leitores por meio do site da editora (www.altabooks.com.br)[2].

Ressalta-se que, tanto o modelo como a planilha disponibilizados, não devem ser compreendidos como um sistema fechado de gerenciamento financeiro pessoal ou familiar. Tratam-se tão somente de modelos sobre os quais os leitores interessados podem fazer alterações e adaptações, de acordo com suas particularidades e necessidades individuais.

Os autores compreendem que os assuntos abordados no livro podem não exaurir tudo o que uma família deve contemplar no gerenciamento de suas finanças. No entanto, estão convictos de que, sem estes elementos, o gerenciamento financeiro pessoal pode não ser tão eficiente. A busca por uma gestão adequada das finanças familiares não tem um fim definido. É um esforço contínuo, o qual requer organização, disciplina e técnica.

1 N.E.: Na planilha eletrônica estão contidos todos os quadros e tabelas ilustrados no referido capítulo.

2 N.E.: No site da editora também se encontram disponíveis para download, em pdf, as tabelas sinalizadas ao longo do livro com um sinal de asterisco (*).

Seção CONCEITUAL

1. Conceitos Preliminares

As empresas são constituídas para gerarem resultados para a sociedade e para os seus proprietários e, por isso, nos preocupamos com a sua gestão financeira.

Devemos ter esta mesma percepção a respeito das famílias. Elas devem gerar cidadãos para a sociedade e, ao mesmo tempo, devem ter um ambiente estruturado e saudável para os seus membros, o que requer uma gestão financeira eficiente.

Partindo destas premissas, este capítulo apresenta alguns conceitos básicos necessários ao desenvolvimento da temática do livro, tais como: finanças pessoais, a empresa e a unidade familiar, o ciclo virtuoso das empresas e das unidades familiares, ciclo de vida, incerteza, necessidades presentes e futuras, imprevistos financeiros e suas consequências e outros conceitos importantes para uma boa gestão financeira da unidade familiar.

1.1. História motivadora

Durante palestras e cursos ministrados pelos autores, tivemos a oportunidade de conhecer histórias de vida de sucesso e fracassos no que se refere à vida financeira das pessoas. Gostaríamos de compartilhar com você duas destas histórias, entre as diversas que motivaram a elaboração deste livro.

A primeira história trata do Sr. Francisco, um senhor com nível superior, que começou a trabalhar desde cedo, tendo prestado concurso para uma empresa pública do setor financeiro. Ele teve, ao longo da vida, boas oportunidades para construir um bom patrimônio, chegando a nos relatar que conseguiu construir um patrimônio composto de aplicações financeiras e imóveis, num total de 10 imóveis, entre casas e apartamentos. Entretanto, hoje, aos 60 anos de idade, o Sr. Francisco encontra-se com grandes dificuldades financeiras. Não conseguindo obter crédito no mercado em virtude de várias restrições em função das dívidas que tem. Vale salientar que o Sr. Francisco domina muito bem algumas técnicas financeiras. Perguntando a ele o que aconteceu, a resposta foi que nunca se preocupou com as suas finanças pessoais e terminou dizendo a seguinte frase: "Eu deveria ter tido mais cuidado com a minha vida financeira".

A segunda história trata da Sra. Francisca, uma senhora de aproximadamente 55 anos, funcionária de nível médio de uma instituição pública, dona de casa e avó. A Sra. Francisca veio relatar, com muita felicidade, a história da compra do seu apartamento. Ela disse que foi visitar um apartamento que custava aproximadamente R$370.000,00. O dinheiro que seu esposo tinha dava para comprar um apartamento de, no máximo, R$300.000,00. Seu esposo então disse: "Francisca, não temos dinheiro para comprar este imóvel. Você está doida". Neste momento, ele foi surpreendido quando a Sra. Francisca respondeu: "Temos condições de comprar". A Sra. Francisca mostrou para o seu marido o saldo de R$80.000,00 que ela tinha em uma caderneta de poupança. Este dinheiro tinha sido poupado ao longo dos 30 anos de casados. Esta senhora contou esta história com os olhos cheios de lágrimas de felicidade. A Sra. Francisca não tinha nenhum conhecimento formal sobre finanças.

Estas duas histórias nos mostram resultados bem distintos do nosso futuro financeiro em função do nosso comportamento no presente. Se você olhar para o lado, será fácil identificar, no seu ciclo de amizades, pessoas que conseguem realizar muitas coisas com poucos recursos financeiros e pessoas para as quais o dinheiro simplesmente desaparece, seja qual for a quantia.

A diferença fundamental entre as duas histórias está na gestão financeira pessoal.

1.2. Conceito e importância das finanças pessoais

Na sociedade em que vivemos, a situação financeira de uma pessoa ou de uma família influencia fortemente o que se pode fazer e o que não se pode fazer. Em alguns casos, determinando e ditando as suas decisões, ou seja, tirando a sua liberdade de escolha.

Estudos realizados por instituições financeiras e publicados no Jornal Valor Econômico (2014) sinalizam que, para um número significativo de pessoas, o medo de ficar sem dinheiro supera o medo de morrer. Este comportamento demonstra que a saúde financeira tem um significativo impacto na qualidade de vida.

Mas, afinal de contas, o que são finanças pessoais? Para Cherobim (2009), pode-se definir finanças pessoais como o estudo da aplicação dos conceitos financeiros e das decisões financeiras para uma pessoa ou para uma família.

Finanças pessoais, em síntese, é o processo de gestão dos recursos financeiros de um indivíduo ou de uma família, objetivando a construção de uma vida financeiramente tranquila, tanto na fase produtiva quanto na aposentadoria.

Vivemos em uma sociedade na qual a independência financeira é um fator de impacto no bem-estar das pessoas e das famílias. Entenda que independência financeira não significa ganhar muito ou tornar-se milionário, mas ter equilíbrio entre as receitas e as despesas, de forma que as suas decisões pessoais ao longo da vida não sejam determinadas pelas suas dívidas.

Imagine a situação de uma família na qual marido e mulher possuem uma renda aproximada de R$10.000,00 cada um, totalizando R$20.000,00. Por outro lado, possuem despesas mensais de R$21.000,00. Nesta situação, temos uma família que acumulará uma dívida no fim de um ano em torno de R$12.000,00. Imagine agora que a esposa ficou grávida. Pergunta-se: ela poderá diminuir o seu ritmo de trabalho? Poderá tirar licença maternidade?

Vamos imaginar uma segunda situação. Uma família na qual marido e mulher ganham cada um em torno de R$3.000,00, totalizando R$6.000,00. Esta família possui despesas mensais no valor de R$4.000,00. No fim do ano, esta família terá reservas no valor de R$24.000,00. Pergunta-se: a esposa poderá ter uma licença maternidade tranquila?

O que podemos observar nos dois exemplos apresentados, é que, no segundo caso, uma família com renda inferior possui uma condição financeira tranquila. Enquanto que a família com renda superior, o primeiro caso, tem uma condição financeira complicada. Em síntese, a questão não é o tamanho da renda, mas a gestão que se faz dela.

A capacidade das pessoas e das famílias gerenciarem de forma equilibrada, produtiva e enriquecedora tem sido objeto de preocupação para a sociedade. O que tem sido observado na prática é que muitas famílias se endividam, comprometendo não apenas os recursos financeiros atuais, mas também os futuros, gerando problemas familiares e até de saúde.

No Brasil, esta preocupação tem se materializado por meio de ações governamentais como a publicação do Decreto 7397 de 22 de Dezembro de 2010, o qual instituiu a Estratégia Nacional da Educação Financeira (ENEF). A ENEF objetiva a promoção da educação financeira e previdenciária, com o intuito de contribuir para o fortalecimento da cidadania, a eficiência e a solidez do sistema financeiro nacional e a tomada de decisões consistentes por parte dos consumidores (conforme define o Art. 1º da ENEF). Em síntese, não basta para o país ter empresas financeiramente lucrativas. É preciso ter cidadãos e famílias financeiramente saudáveis.

Ter famílias financeiramente saudáveis significa que estas possuem uma situação financeira tranquila e equilibrada no presente e que também terão no futuro. São famílias que possuem um equilíbrio entre a capacidade de consumo e os recursos disponíveis ao longo de toda a sua existência.

1.3. Unidade familiar x empresa

No modelo econômico vigente, as empresas precisam ser eficientes e gerar resultados para os proprietários e/ou acionistas. Estes resultados se materializam por meio dos lucros, da distribuição de dividendos, da valorização das empresas e do seu consequente crescimento. Se as empresas são eficientes e encontram um ambiente econômico propício, tem-se, então, o crescimento econômico do país como um todo.

Pode-se dizer que a unidade básica do sistema econômico em que vivemos é a empresa. Portanto, se as empresas não forem bem-sucedidas, a economia como um todo também não será.

As empresas, para serem bem-sucedidas, necessitam captar recursos, aplicá-los de forma inteligente, gerando resultados efetivos e lucro. Por outro lado, se o uso dos recursos não for eficiente, teremos empresas deficitárias, ou seja, em vez de lucro tem-se prejuízo. Em resumo, se tivermos uma má gestão dos recursos financeiros, em vez de lucro, teremos dívidas que podem levar ao fechamento de tais empresas.

O ciclo virtuoso que leva ao sucesso, crescimento e sustentabilidade das empresas é apresentado na figura a seguir (Figura 1.1).

Figura 1.1: Ciclo virtuoso das empresas

- **Captação de recursos:** Nesta etapa, as empresas fazem a captação de recursos inicialmente com os sócios e depois com instituições financeiras. O objetivo é ter recursos para o desenvolvimento dos diversos projetos e viabilizar a operação. A ideia é que estes recursos sejam os mais baratos possíveis.
- **Aplicação dos recursos:** Nesta fase, dispondo de recursos financeiros, a empresa decide como fará uso deles. O objetivo é alocá-los nos projetos que potencialmente poderão gerar os melhores resultados.
- **Vendas:** Com a aplicação dos recursos, a empresa terá produtos ou serviços a serem oferecidos e vendidos no mercado. Os produtos e serviços devem agregar valor, de forma que os clientes estejam dispostos a pagar por eles.
- **Lucro:** A receita oriunda da venda de produtos e/ou serviços deverá ser superior ao total de custos e despesas, gerando lucro.
- **Ativo/Patrimônio:** Parte deste lucro será reaplicado na empresa, aumentado de forma efetiva o seu patrimônio e sua capacidade de geração futura de lucro.

- **Acionistas (dividendos):** Uma outra parte deste lucro será dividida com os acionistas por meio da distribuição dos dividendos, a fim de remunerar o capital por eles aportado na empresa.

Temos então o ciclo virtuoso que, no caso da empresa, em geral, é eterno.

Analisando-se a sociedade, não mais numa visão de negócios, verificamos que esta é formada por um conjunto de famílias. Neste ambiente, o sucesso das famílias, no que se refere à sua estruturação (o que contribui para a formação de cidadãos de geração em geração), define o futuro de uma sociedade e o seu sucesso ou fracasso.

O que podemos verificar é que o ciclo virtuoso que leva ao sucesso, ao crescimento e à sustentabilidade das famílias e, consequentemente, da sociedade, possui uma similaridade com os das empresas. Veja a figura a seguir (Figura 1.2).

Figura 1.2: Ciclo virtuoso das famílias

- **Trabalho:** A grande maioria das famílias consegue recursos por meio da venda do trabalho dos provedores, geralmente o marido e a mulher.
- **Renda:** Com o trabalho, a família consegue auferir renda. No caso de algumas famílias, esta renda também pode advir de outras fontes, tais como aluguéis, aplicações financeiras, etc. A renda será o recurso financeiro a ser utilizado pelas famílias para pagar as diversas despesas de moradia, saúde, educação, lazer, investimento, entre outras.

- **Aplicação dos recursos:** A partir dos recursos financeiros disponibilizados para a família, caberá, agora, decidir a melhor forma de fazer uso deles. Usando para pagar moradia, educação, saúde, roupas, lazer, carros, etc. A alocação de recurso terá como objetivo financiar as despesas da família.
- **Patrimônio:** A partir do superavit (rendas menos as despesas), a família realizará investimentos com objetivos de curto, médio e longo prazo, construindo, desta forma, seu patrimônio.
- **Dividendos para a sociedade:** Se os recursos da família forem bem aplicados, além da construção de um patrimônio, ela gerará um grande dividendo para a sociedade, que é a formação de cidadãos que sejam capazes de constituir suas próprias famílias estruturadas.

Desta forma, dá-se o ciclo virtuoso. Vale salientar que, ao contrário de uma empresa, a unidade familiar não é eterna. Em determinado momento, a sua capacidade de trabalhar diminuirá, fazendo-se então necessário que ela se sustente do patrimônio construído, assunto que discutiremos ao longo do livro.

1.4. Necessidades presentes e futuras

Conseguimos visualizar as necessidades e/ou obrigações de curto e longo prazo nas empresas respectivamente por meio das contas do passivo circulante (necessidades e/ou obrigações de curto prazo) e das contas do passivo não circulante (exigível no longo prazo).

Nesta perspectiva, as empresas possuem demanda de curto prazo que estão ligadas ao aspecto operacional da empresa, ao dia a dia. Elas possuem também necessidades de médio e longo prazo, que estão definidas em seus planejamentos estratégicos, os quais, em alguns casos, chegam a trabalhar com horizontes temporais de 20 anos. Tais necessidades refletem-se nos projetos e investimentos.

O mesmo acontece com o ser humano. Nossa espécie é a única na natureza que tem a percepção de passado, presente e futuro. Giannetti (2005) diz que o homem tem a capacidade de fazer planos e refrear impulsos. Somos capazes de deixar de fazer algo agora em prol de algo no futuro. O maior exemplo disso são os investimentos em previdência, indicando um posicionamento claro de deixar de usar ou consumir algo agora, em função de algo que só será usado em aproximadamente 30 anos.

O grande desafio das empresas e das famílias é justamente conseguir entender e gerir as necessidades atuais, as de médio prazo e as de longo prazo. Desta forma, identificando e dimensionando os recursos necessários em cada momento no tempo, a fim de evitar desperdícios e endividamentos desnecessários.

Estas necessidades nas empresas são mapeadas por ferramentas tais como orçamento e projeções de fluxo de caixa, ferramentas estas que também podem ser usadas nas famílias, o que será abordado ao longo do livro. Elas nos auxiliam a trabalhar com as incertezas do futuro, sobre o qual a única certeza é a morte.

1.5. Incertezas quanto ao futuro

O futuro só tem sentido se acreditarmos que ele é possível e que estaremos lá. No caso das empresas que são entidades imortais, a questão de estar ativa ou não no futuro, em parte, dependerá apenas da sua competência.

O mesmo não ocorre com o homem e, consequentemente, com a família, pois temos uma limitação biológica. Uns podem até viver mais, entretanto alguém que nasceu em 1886, com certeza, não está vivo hoje. Este é o ano em que a Coca-Cola surgiu. Neste sentido, as empresas podem fazer planos sem se preocupar com a limitação da sua existência e com a sua capacidade de produzir, pois para as empresas não há limitações biológicas.

Ainda que as empresas não tenham limitações biológicas, elas continuam a trabalhar com incertezas relacionadas ao amanhã. As previsões sobre o futuro sempre são difíceis de realizar. Caso fossem fáceis de serem realizadas, deixariam de ser previsões e passariam a ser certezas. E as incertezas trazem consigo a questão do risco, ou seja, de que as coisas não aconteçam conforme o planejado. Quem teria sido capaz de imaginar e colocar em seus planos a crise do subprime americano de 2008?

O que temos é de ser capazes de conviver com as incertezas e ter a capacidade de nos adaptar nos momentos mais difíceis. Isto vale tanto para as empresas como para as famílias. Vejamos um pequeno exemplo.

Imagine a empresa Alfa que não possui reservas financeiras, sempre tem grandes compromissos a pagar e tem como seu maior cliente o governo. O que acontecerá com esta empresa se o governo deixar de pagar por três meses?

Podemos fazer o mesmo tipo de pergunta para a sua família. O que aconteceria à sua família se você e a sua esposa ficassem sem renda durante três meses?

Portanto, uma das grandes questões na gestão financeira das empresas e das famílias é a capacidade de sobrevivência diante das incertezas do futuro. E, no caso das famílias, este futuro ainda é impactado por uma questão chamada: expectativa de vida.

1.5.1. Expectativa de vida

Quando falamos de futuro, para o homem, uma variável importante é a sua expectativa de vida. A expectativa de vida define quanto tempo provavelmente viveremos. Se perguntarmos para alguém quanto tempo gostaria de viver, provavelmente, se fosse possível, ele responderia centenas de anos.

A questão central é que viver mais significa ter recursos necessários para sustentar esta vida mais longa. E, como já comentamos, os nossos recursos geralmente são oriundos das rendas que conseguimos com o nosso trabalho. Sendo que, por outro lado, à medida que envelhecemos, a nossa capacidade de trabalhar e gerar renda vai diminuindo, até que chegamos em um ponto que esta capacidade fica bastante limitada. A pergunta então é: como sobreviveremos sem a capacidade de trabalhar? De onde virão os nossos recursos financeiros?

A resposta às perguntas anteriores é a seguinte: viveremos da estrutura de renda que construímos por meio da nossa previdência. Isto significa que, se vivermos mais, teremos que ter recursos suficientes para sustentar estes anos. Vale observar a evolução da nossa expectativa de vida ao nascer. No gráfico a seguir (Figura 1.3), temos a expectativa de vida de uma criança ao nascer em cada ano.

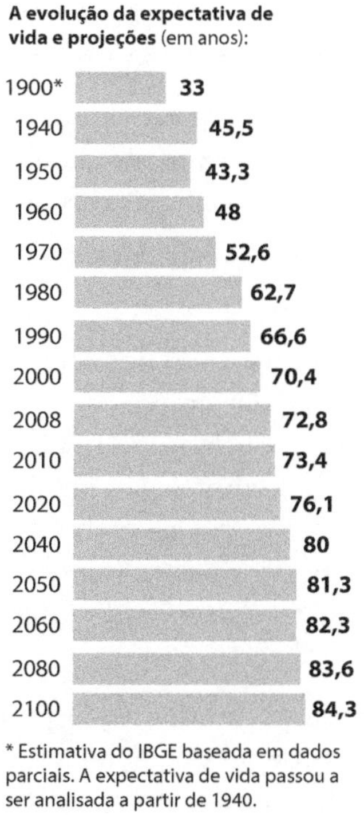

Figura 1.3: Gráfico Evolução da Expectativa de Vida. Fonte: PUCRS (2015)

De acordo com dados do IBGE, uma criança, ao nascer no Brasil em 2010, tinha uma expectativa de vida de 73,4 anos. Vale destacar que esta expectativa de vida é para a população em geral, não sendo levado em conta as diferenças socioeconômicas. Uma questão que vale ser salientada é que, à medida que envelhecemos, a nossa expectativa de vida aumenta. Os cálculos atuariais indicam que para um brasileiro que em 2015 tenha 40 anos de idade, a sua expectativa de vida é de 78,3 anos e um brasileiro com 80 anos tem uma expectativa de 89,1 anos.

O que podemos observar a partir da análise da evolução da expectativa de vida do brasileiro é que passávamos pouco tempo aposentados, ou seja, morríamos logo. Agora imagine a seguinte situação: se você hoje tiver 60 anos e se aposentar, nesta faixa etária você tem uma expectativa de vida próxima dos 82 anos. Isto significa que você terá que ter recursos financeiros suficientes para viver por mais 22 anos praticamente sem trabalhar. Você está preparado para isso? Ou vai ter que adiar a sua aposentadoria? Ou isto não estava previsto?

1.5.2. Imprevistos com consequências financeiras

Uma expectativa de vida mais longa nos gera um futuro mais longo. E sobre o futuro o que existe são apenas incertezas. Neste contexto de incerteza, surgem os imprevistos que podem ter consequências financeiras positivas ou negativas.

Como consequências financeiras positivas, podemos ter o ganho de um grande prêmio na Mega Sena, o recebimento de uma grande herança que não era esperada, uma promoção antecipada e vários outros exemplos.

Sobre as consequências financeiras de imprevistos negativos, na maioria dos casos não estamos preparados para elas.

Particularmente sobre os imprevistos financeiramente negativos, estes são vários e acontecem no dia a dia das empresas e das famílias. Estes vão desde imprevistos simples, tais como a quebra de um eletrodoméstico, problemas de manutenção da casa, uma pequena infecção que pode exigir a compra de medicamentos caros, até imprevistos graves, como morte do principal provedor da família. Os impactos financeiros destes imprevistos podem ser maiores ou menores em função do tamanho da renda de uma família e do montante de suas reservas.

Existem, entretanto, situações pontuais que podem ser "bons problemas". Como a necessidade repentina de ter que aprender a gerenciar e viver em uma família com um patrimônio de alguns milhões de reais. Os problemas financeiros de imediato vão desaparecer, mas podemos agora passar a ter problemas de relacionamento com amigos e parentes.

Podemos ter também que nos preocupar com a nossa segurança, em função da nova situação financeira. Teremos que aprender a gerir valores, montantes financeiros que não estamos acostumados. Em síntese, precisaremos estar preparados também para os imprevistos financeiramente positivos.

Olhando para as empresas, podemos fazer pequenas analogias. Para empresas que faturam milhões de reais por mês, imprevistos de pequeno valor em torno de centenas e até mesmos milhares de reais têm pouco impacto. Por outro lado, para micro e pequenas empresas, imprevistos desta ordem podem ter grandes impactos.

A grande questão é o quanto estamos preparados para estes imprevistos. Estar preparado para os imprevistos exige decisões e ações antecipadas. Um pequeno exemplo é usar o cinto de segurança no carro. O que estamos fazendo é nos proteger antecipadamente para o caso de uma colisão.

No que se refere à preparação na dimensão financeira, esta é compreendida pelas seguintes perguntas. Como vou atender às demandas financeiras do imprevisto? Qual é o tamanho do imprevisto que suporto?

Estas questões podem ser respondidas pela origem do recurso para atender as demandas financeiras dos imprevistos. Estes recursos podem ser próprios ou de terceiros. Como recursos próprios, temos as nossas reservas financeiras. Como recursos de terceiros, temos, por exemplo, os seguros, os planos de saúde e recursos do governo (INSS).

No que se refere aos recursos próprios, estes são definidos pelo patrimônio que a família tem, ou seja, suas reservas financeiras e bens. E, no caso de terceiros, pelas regras contratuais no que se refere a valores e prazos.

Se não temos nenhum tipo de recurso previamente estruturado para os imprevistos, passamos a viver com um grande risco. Pois, dependendo do montante do imprevisto, uma empresa pode fechar e uma família pode passar por sérios problemas.

No caso das empresas, podemos apresentar diversos exemplos. Imagine uma indústria sem qualquer tipo de seguro que sofre um incêndio e todo o seu estoque de matérias primas e de produtos acabados pega fogo.

No caso das famílias, geralmente, os imprevistos de grande impacto estão ligados a questões de saúde e à perda de renda dos provedores. Voltamos então a uma questão já colocada anteriormente: quanto tempo a sua família consegue suportar sem ter renda?

1.6. Ciclos de vida

O conceito de ciclo de vida está presente em diversas situações. Aprendemos o mais simples deles durante a nossa infância, quando começamos a estudar a natureza. Conhecemos o ciclo mais simples da vida que compreende o nascimento, período pré-reprodutivo, reprodutivo, pós-reprodutivo e morte.

Quando tratamos de uma empresa, ela também possui um ciclo de vida. São diversos os modelos que descrevem o ciclo de vida de uma empresa. Entre eles, podemos destacar o modelo que indica as seguintes fases: nascimento, crescimento, maturidade e a próxima fase pode ser a morte, que seria o seu fechamento.

Na vida financeira dos indivíduos e das famílias, também temos um ciclo de vida. Estes ciclos podem ser discutidos em diferentes perspectivas, tais como origem dos recursos, demandas e poupança.

Na perspectiva de origem dos recursos, podemos dividir o nosso ciclo de vida basicamente em três fases:

- **Financiado pela família:** Nesta fase, as necessidades financeiras são basicamente financiadas pela família. Geralmente, estamos apenas estudando.
- **Economicamente ativo:** Compreende-se da fase que começamos a ter renda própria e a suprir as nossas necessidades financeiras até quando deixamos de trabalhar.
- **Aposentadoria:** É a fase da nossa vida que deixamos de trabalhar e passamos a viver das nossas fontes de aposentadoria, que podem ser públicas, privadas e/ou rendas advindas do nosso patrimônio, como, por exemplo, aluguéis.

Numa ótica de demandas, teríamos as seguintes fases:

- **Sozinho:** Nesta fase, temos que atender apenas a nossa demanda. É a fase que geralmente podemos poupar grande parte do que ganhamos. Principalmente se ainda estivermos morando em casa. Geralmente, podemos poupar mais de 50% do que ganhamos.
- **Recém-casados:** Esta é uma fase que pode ser ainda de construção de um patrimônio, pois, se tivermos dois poupadores, podemos continuar com uma taxa de poupança entre 30% a 50% da renda do casal. Por outro lado, se forem gastadores, as demandas aumentarão e podemos não ter nenhuma poupança.

- **Filhos:** Este é um período longo que pode durar (hoje em dia) até 30 anos, se os filhos demorarem a sair de casa. É uma fase na qual as demandas crescerão bastante, e a capacidade de poupar, em alguns momentos, ficará bastante comprometida, exigindo da família planejamento e disciplina.
- **Saída dos filhos:** Nesta fase, se tudo tiver dado certo, os filhos começam a sair de casa e a constituir suas moradias de forma independente, com seus próprios recursos. A família novamente passa a ter uma maior capacidade de poupar, pois as demandas tendem a diminuir.
- **Família estendida:** A família pode ser estendida, pois, em alguns casos, os filhos tiveram seus filhos e passam por dificuldades financeiras. Em alguns casos, voltam para casa. Neste momento, o casal tem as suas demandas novamente aumentadas e a poupança e até mesmo a aposentadoria pode ficar comprometida.
- **Sozinho novamente:** Se tudo tiver dado certo, os filhos constituíram suas famílias de forma independente, e o casal poderá agora usufruir de forma tranquila do patrimônio construído. Caso contrário, podemos ter um casal com poucos recursos e dependentes dos filhos, o que pode ser ainda mais complicado se os filhos tiverem dificuldades financeiras. Poderemos ter uma aposentadoria complicada, com grandes dificuldades.

Na perspectiva de poupanças, teríamos a seguintes fases:

- **Não poupador:** Fase da vida na qual não guardamos nenhum tipo de recurso, ou seja, apenas gastamos. Existem pessoas que passam a vida toda nesta fase.
- **Poupador:** Fase da vida durante a qual construímos o nosso patrimônio, para fazer uso quando necessário.
- **Despoupanças:** Quando não temos mais condições de poupar e começamos a fazer uso do patrimônio construído, com o objetivo de complementar as nossas necessidades financeiras. Geralmente, esta fase ocorre na aposentadoria.

O que podemos notar nas diversas análises do ciclo de vida financeiro é que este tratará basicamente de três grandes pilares: a geração de renda, as demandas e a capacidade de poupar. E o que podemos observar é que estes três pilares podem ser afetados fortemente pela constituição da família e pelo seu comportamento financeiro que pode variar de uma família sem nenhum controle financeiro e endividada, a uma família financeiramente planejada com um futuro tranquilo e construtora de patrimônio. Neste contexto, faz-se necessário entender a constituição da família.

1.7. Família estendida

O núcleo familiar é constituído pelo casal e seus filhos. Quando tratamos da família estendida, esta pode ser vista lateralmente (irmãos e irmãs do casal), para cima (pais do casal) e para baixo (os genros, noras e netos).

Na sociedade moderna, esta família estendida pode ser ampliada em virtude do núcleo familiar que, comumente, passa a ser constituído "pelos seus, os meus e os nossos". Com isso, enteados, ex-marido, ex-esposa e todas as extensões passam a formar a família.

Neste novo cenário, a família estendida passa a ser uma variável capaz de gerar grandes demandas e prejudicar a capacidade da família de construir um patrimônio, passando a vida pagando apenas as despesas e não constituindo patrimônio.

Fazendo uma analogia com a empresa, temos uma empresa que não gera lucro e todas as suas receitas são usadas única e exclusivamente para pagar as despesas e os gastos. Neste cenário, receitas e despesas estão sempre crescendo na mesma proporção e o risco aumentando. Pois, em momentos de imprevistos, não existem folgas e/ou reservas capazes de suportar por algum tempo as dificuldades.

Como contraponto, poderíamos ter uma empresa que as suas receitas crescem numa proporção maior que as despesas e gastos, gerando superavit de caixa. Possibilitando formação de reservas financeiras que poderiam ser utilizados nos momentos mais difíceis, como, por exemplo, numa crise econômica.

Mais uma vez temos a grande questão: quanto tempo a sua família sobreviveria sem ter renda?

1.8. Referências

A evolução da expectativa de vida e projeções. *PUCRS*. Disponível em: <http://www3.pucrs.br/pucrs/files/adm/asplam/Aevolucaodaexpectativadevida.pdf>. Acesso em 30 jan. 2015.

CHEROBIM, Ana Paula. *Finanças Pessoais: Conhecer para Enriquecer.* Ed. Atlas; São Paulo, 2010.

GIANETTI, Eduardo. *O Valor do Amanhã.* Ed. Companhia das Letras; São Paulo, 2005.

História da Marca. *Coca-Cola Brasil.* Disponível em: <https://www.cocacolabrasil.com.br/coca-cola-brasil/historia-da-marca/>. Acesso em 30 jan. 2015.

Risco de ficar sem dinheiro assusta mais que a morte. *Valor Econômico,* 19 nov. 2014. Disponível em: <http://www.valor.com.br/financas/3783934/risco-de-ficar-sem-dinheiro-assusta-mais-que-morte>. Acesso em 28 jan. 2015.

2. Planejamento e Controle

Pode-se afirmar, com certo grau de certeza, que uma pessoa ou uma organização, em quaisquer das várias atividades empreendidas, tipicamente precisa guiar suas ações com duas perspectivas: planejar e controlar. Tais perspectivas apresentam propósitos diferentes, apesar de complementares. Além disso, as atividades delas derivadas ocorrem em momentos diversos, requerendo um bom entendimento de todo o processo para sua adequada aplicação.

Este capítulo trata de dois conceitos extremamente importantes: planejamento e controle. Eles não são limitados exclusivamente ao contexto de finanças pessoais e/ou empresariais. Toda e qualquer atividade sugere que sua execução seja precedida por uma etapa de planejamento e que os seus resultados, após sua execução, sejam verificados para fins de controle e avaliação. A área de finanças, em particular, requer de seus gestores e usuários uma boa compreensão a respeito deles, uma vez que há uma necessidade natural de executar as atividades dentro de tais perspectivas.

O presente capítulo inicia com uma história motivadora a respeito do planejamento e do controle. Em seguida, seus conceitos são apresentados e, a partir daí, cada um é discutido de maneira individualizada e detalhada. Também são apresentados alguns aspectos de destaque no contexto do planejamento e do controle.

2.1. História motivadora

Após um longo período de namoro, Vládia e Gustavo estão de casamento marcado. Ele, um auxiliar administrativo em uma grande multinacional do setor químico, ela, uma professora do ensino primário em uma escola municipal.

Atualmente, ambos têm uma boa situação financeira. Suas respectivas receitas superam suas despesas, o que os permite ter uma certa tranquilidade em termos financeiros. No entanto, eles têm a percepção de que suas finanças atuais são equilibradas porque moram com os respectivos pais, o que permite que suas rendas sejam destinadas apenas para uso próprio, sem a preocupação com as despesas do lar. Portanto, ambos sabem que, após se casarem e formarem uma família, suas rendas individuais deverão ser combinadas, a fim de arcarem adequadamente com as novas despesas. Além disso, está nos planos de ambos terem, em um futuro não muito distante, dois filhos.

A partir da correta percepção dos novos níveis de desembolso, o primeiro passo foi elencar as expectativas de novas despesas após o casamento e a formação do lar. Eles estimaram todas as despesas decorrentes, tais como aluguel, energia, água/saneamento, etc. Ao final chegaram a uma despesa total mensal da ordem de R$6.500,00. Concluída tal estimativa, eles identificaram que precisam aumentar o nível salarial da futura família. Atualmente, o salário de Gustavo é R$2.500,00, enquanto que o de Vládia é R$3.500,00. Mantendo esta situação, mensalmente, eles teriam um deficit de R$500,00.

Após discutirem as alternativas para a regularização desta situação, eles chegaram à conclusão que a melhor forma de alcançar este objetivo é aproveitar o plano de cargos e salários da empresa em que Gustavo trabalha. Pelas regras, se fizer um curso de pós-graduação, ele terá um aumento salarial de 15%. Além disso, com o curso, ele terá a possibilidade de ser promovido a uma função de analista, o que proporcionaria um aumento adicional de 20%.

Com o aumento de 15%, seu salário chegaria a R$2.875,00. Posteriormente, sendo promovido, seu salário chegaria a R$3.450,00. Com este novo nível salarial, o casal geraria uma receita mensal de R$6.950,00, que é maior do que a despesa mensal, gerando um resultado mensal de R$450,00.

Naturalmente, antes de chegar a estes aumentos, ele deve fazer (e concluir) o curso, o que demandará tempo (24 meses) e recursos financeiros para as mensalidades (parcialmente pagas pela empresa). Sendo assim, haverá um período de desembolsos adicionais enquanto ele faz o curso após o qual haverá uma receita incremental.

Suportar este período inicial de desembolsos adicionais para posteriormente alcançar metas financeiras requer um bom planejamento, a fim de que toda esta expectativa deixe de se concretizar por insuficiência de recursos para viabilizar o investimento em capacitação e/ou porque os resultados não sejam compatíveis com as necessidades financeiras projetadas.

2.2. Conceitos preliminares

Planejar e controlar são atividades complementares que devem – ou deveriam – ser realizadas por quaisquer unidades familiares. Apesar de serem conceitos não restritos ao contexto financeiro, o enfoque utilizado aqui é o de planejamento e controle financeiros.

Em linhas gerais, planejar é o esforço de gerar uma visão prospectiva do futuro. Somente com um planejamento bem elaborado é que os componentes da unidade familiar poderão ter uma perspectiva de sua situação financeira esperada no futuro, bem como uma previsão das movimentações financeiras pertinentes a esta expectativa.

Controlar, por sua vez, proporciona uma visão do passado, no que se refere à realização das movimentações financeiras. O controle envolve o registro das movimentações ocorridas em determinado período. A partir desse registro, o controle apresenta outra função que é a de analisar o desempenho alcançado. Para tanto, o formato do registro das movimentações realizadas deve ser semelhante ao formato do planejamento feito anteriormente.

Partindo desta visão histórica, na qual pode-se comparar o que foi planejado para o período com o que foi realizado, o controle permite corrigir o presente. Tal correção ocorre quando os resultados realizados estão aquém dos resultados projetados na etapa de planejamento ou do que poderia ser alcançado, considerando novas circunstâncias.

Além de permitir a correção do presente, de forma a assegurar o atingimento dos resultados almejados, o próprio esforço de análise do realizado frente ao projetado viabiliza a geração de informações preciosas para um novo ciclo de planejamento financeiro. Conforme será detalhado, o planejamento do próximo período parte de uma situação atual, cujos dados estão dentro do controle financeiro do período atual. Sendo assim, além de uma relação de complementaridade entre planejamento e controle, há um ciclo de recorrência contínua formado por ambos (Figura 2.1).

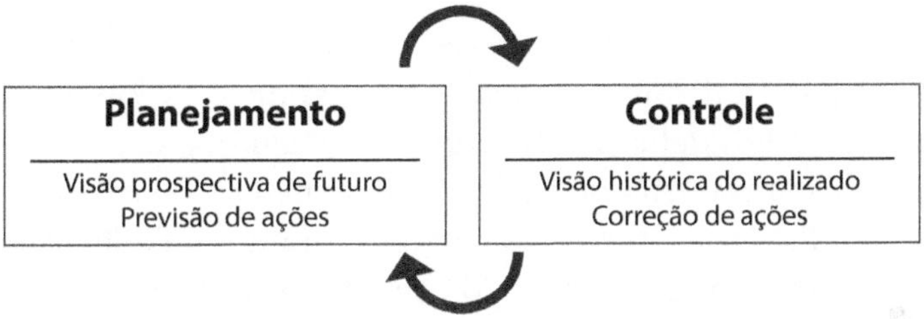

Figura 2.1: Planejamento e controle

Estas duas atividades são complementares quanto aos seus propósitos. Sendo assim, de pouco adianta uma unidade familiar elaborar um planejamento orçamentário e não fazer o controle posterior.

2.3. Planejamento

O conceito de planejamento está presente em vários contextos e atividades empresariais e pessoais, sobretudo naqueles que requerem maior tempo de duração e/ou naqueles que inexoravelmente incorporam um nível de complexidade mais destacado.

Nas organizações empresariais, em muitas situações, percebe-se a necessidade de fazer um planejamento prévio ao início de uma empreitada, a fim de que se minimizem, dentro do possível, eventualidades negativas ou se antecipe a diferentes situações. Isto é mais forte em organizações de maior porte, nas quais há muitos gestores envolvidos nas decisões e as fontes e os usos de recursos são associados a muitas unidades de negócio. Nas unidades familiares, guardadas as devidas proporções, as necessidades de planejamento são similares.

Planejar, no contexto financeiro, significa estabelecer antecipadamente as ações a serem empreendidas e projetar (ou orçar) as movimentações dos recursos financeiros necessários ao atingimento das metas e dos objetivos traçados. Portanto, essencialmente, o planejamento financeiro ou orçamento está associado à simulação de movimentações financeiras decorrentes das atividades cotidianas e das ações empreendidas para alcançar as metas e os objetivos estabelecidos.

Sendo assim, semelhante a uma organização empresarial, as unidades familiares deveriam basear seu planejamento financeiro em suas situações financeira e patrimonial atuais, bem como em função dos objetivos e das metas estabelecidas. Objetivos são os desejos de alguém, os fins que se deseja alcançar e os alvos a serem atingidos. Eles podem ser estipulados de maneira bastante ampla, a depender do que se pretende. As metas, por sua vez, representam objetivos quantificáveis de forma clara, o que permite que eles sejam mensurados.

Imagine o seguinte exemplo ilustrativo: você estabelece como objetivo aumentar seu nível salarial. Uma possível ação para alcançá-lo seria fazer (e concluir) um curso de pós-graduação, sabendo que a empresa na qual você trabalha tem um plano de cargos e salários que indica aumentos salariais decorrentes da sua qualificação. Esta ação requer desembolsos durante um determinado período de tempo, o qual pode ser entendido como um investimento. Digamos que o curso tenha duração de 2 anos e seu preço seja R$100.000,00. Em adição, você projeta desembolsar R$1.000,00 em livros ao longo deste período – claro que esta última trata-se de uma estimativa conservadora. A meta, neste exemplo, é o aumento salarial após a conclusão do curso, a qual é claramente estabelecida no plano de cargos e salários.

Observe no exemplo que o objetivo e a meta são intrinsecamente relacionados. No entanto, um é conceitual, sem necessariamente uma expressão mensurável, enquanto o outro é passível de mensuração e controle.

Portanto, o seguinte esquema gráfico (Figura 2.2) permite ter um melhor entendimento sobre o planejamento financeiro.

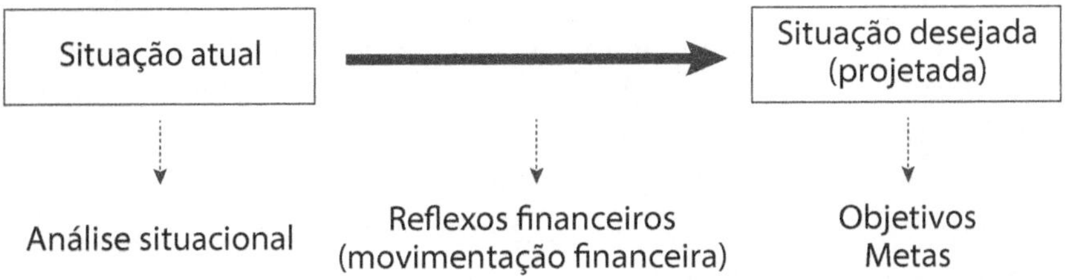

Figura 2.2: Planejamento financeiro

Estas etapas são explicadas nos tópicos seguintes, iniciando pela análise situacional, passando pelo estabelecimento dos objetivos e metas e, por fim, indicando as ações a serem empreendidas e os fluxos financeiros projetados.

2.3.1. Análise situacional

Conceitualmente, um planejamento deve contemplar as posições atual e futura da organização ou da unidade familiar, assim como as ações para chegar à situação almejada. Para tanto, normalmente, a primeira etapa a ser conduzida em um planejamento é a análise situacional.

A análise situacional deve ser compreendida como um retrato da situação atual da unidade familiar em termos de indicadores (variáveis mensuráveis usadas para verificar o desempenho e/ou tomar alguma decisão) que sejam relevantes para o planejamento financeiro. Este instantâneo deve contemplar, portanto, tudo aquilo que deve ser projetado e que deva ser medido quando da execução das ações planejadas. Dessa forma, para realizar uma análise situacional efetiva, inicialmente deve-se elencar todas as variáveis pertinentes. Elas podem ser, por exemplo, o nível de renda familiar, os desembolsos correntes mensais, as prestações de financiamentos, o valor patrimonial dos investimentos, etc.

A listagem destas variáveis deve ser feita no formato de fluxo de caixa (assunto do capítulo seguinte). Com esta visão financeira da situação atual, a família ou o indivíduo poderá identificar o uso predominante dos recursos financeiros disponíveis (em quais itens se gasta mais), se está havendo capacidade de poupança (receitas maiores do que as despesas), se está passando por um desequilíbrio financeiro (despesas maiores do que as receitas), se há compromissos financeiros não honrados, dentre outras informações que são geradas após uma completa análise situacional.

2.3.2. Situação desejada

Após a realização da análise situacional, deve-se identificar o ponto final a alcançar, ou seja, a situação almejada. Da mesma forma que a análise situacional envolve mensurar os indicadores financeiros relevantes em determinado momento, a situação almejada deve ser expressa o mais objetivamente possível em termos de projeção destes mesmos indicadores. Isto serve para que seja viável gerenciar o quão eficaz foram as ações empreendidas para chegar aos objetivos e, por conseguinte, o quanto se aproximou do planejado.

Imagine que você deseja estabelecer como meta alcançar determinado nível de investimento em uma aplicação financeira. Atualmente, você deve ter depositado nesta aplicação uma certa quantia de recursos. Ao final do período de projeção, você deseja ter outro patamar de recursos financeiros alocados nela. Para facilitar o processo de planejamento, é fundamental você registrar as situações atual e as desejadas deste ativo.

Outro exemplo pode ser no sentido de melhorar os seus resultados financeiros periódicos. Tal melhoria permitirá que economias sejam realizadas para que outros objetivos sejam alcançados posteriormente. Você pode materializar esta situação desejada por meio do cálculo de resultados financeiros dados pelo fluxo de caixa. Você pode ter o registro da situação atual deste resultado e estabelecer uma meta para este resultado em determinado período de tempo.

Portanto, as situações desejadas são melhor observadas e alcançadas se forem estabelecidas de maneira objetiva e clara.

2.3.3. Ações a serem empreendidas

Para chegar ao ponto estabelecido nesta etapa de planejamento, deve ser percorrida determinada distância (situação atual até a situação desejada) por caminhos aqui indicados. Isto implica a realização de uma série de atividades inter-relacionadas e sequenciais. A execução de tais ações normalmente provoca o uso e o consumo de recursos de várias naturezas, os quais são conseguidos por meio da movimentação de recursos bem específicos: os financeiros.

A partir destas ações estabelecidas para se chegar ao objetivo proposto é que ocorrem as movimentações financeiras que devem ser projetadas no planejamento. Daí porque diz-se que essas movimentações são decorrências das ações necessárias aos objetivos.

Portanto, o planejamento financeiro de uma unidade familiar destaca o reflexo financeiro ou as consequências financeiras da situação financeira atual, dos objetivos futuros e das ações empregadas para sair da circunstância atual e chegar na almejada. Todas as consequências financeiras do que é considerado essencial aos objetivos traçados devem ser contempladas, sob pena de que o planejamento seja elaborado de maneira equivocada por eventuais negligências.

Neste ponto, é fundamental compreender do que se trata a projeção das movimentações financeiras. O planejamento requer a simulação antecipada das movimentações financeiras que normalmente são necessárias à realização das atividades do indivíduo ou da unidade familiar, bem como eventuais movimentações derivadas do alcance dos objetivos e das metas. Podem-se projetar as entradas de recursos financeiros (salários, comissões, rendimentos, etc.), bem como suas saídas (pagamentos de despesas correntes, investimentos, amortização de dívidas, etc.). Estes movimentos podem ter propósitos e contextos bem distintos, o que sugere a necessidade de classificá-los de modo que se possam realizar análises sobre o desempenho financeiro – tópico tratado na seção seguinte.

No entanto, não é difícil perceber que há inúmeros fatores de influência que podem afetar o andamento das ações planejadas e, consequentemente, as movimentações financeiras projetadas. Tal como qualquer outro planejamento, o exercício de projetar acontecimentos futuros é essencialmente incerto quanto aos resultados estimados, uma vez que não possuímos a capacidade de previsão com certeza plena.

Estes fatores de influência podem ser classificados em internos e externos. Os fatores internos são aqueles cuja observação é específica do objeto a ser projetado. São fatores específicos da organização (ou unidade familiar), que, de modo geral, decorrem de suas atividades e têm efeito unicamente sobre ela. Neste contexto, podem ser citados como exemplos a disciplina em poupar, a variabilidade das receitas, o cumprimento das metas orçamentárias de desembolsos, etc.

Os fatores externos, por sua vez, são aqueles que existem de maneira mais ampla, não afetando unicamente a organização (ou unidade familiar), mas impactando outras. São elementos que, por sua relevância, têm a capacidade de afetar os resultados previstos no planejamento, tais como mudanças na taxa de inflação, na taxa de juros, nas regras de financiamentos, etc.

Mais importante do que propriamente classificar os fatores de influência em internos e em externos é perceber os graus de ingerência que se tem sobre eles e de previsibilidade do seu comportamento futuro. Tipicamente, fatores de influência externos são de baixíssima ingerência, pois dependem de circunstâncias sobre as quais famílias ou organizações individualmente não têm poder. Por outro lado, os fatores internos costumam ser melhor gerenciados, uma vez que sua abrangência é mais restrita.

Naturalmente, há uma relação estreita entre alguns fatores internos e externos, o que, por vezes, torna difícil uma classificação inequívoca. Imagine a projeção de receita de uma família, cujo provedor tem parte de sua renda com caraterísticas variáveis (comissões sobre venda). Apesar de a receita dele ser um aspecto eminentemente interno, ela depende de aspectos externos tais como a dinâmica do mercado dos produtos que ele vende e a capacidade de compra dos clientes que ele atende. Se, por algum motivo, o mercado em que ele atua profissionalmente estiver enfrentando algum tipo de retração, seu nível de vendas será reduzido e sua renda será afetada negativamente.

O grau de previsibilidade das variáveis é muito importante no contexto do planejamento. Quanto mais previsível for a variável, mais confiança teremos no resultado do planejamento. Por outro lado, há uma série de variáveis, cuja previsibilidade é afetada por algumas características. De certa forma, ela guarda estreita relação com a ingerência. Espera-se que o nível de previsibilidade de variáveis sobre as quais não se têm ingerência seja menor.

Apesar da clareza quanto à incerteza que envolve qualquer atividade preditiva, isto não deve servir de pretexto para a não realização do planejamento. Pelo contrário, a existência de fatores que tornam a projeção mais difícil – em alguns casos extremos, beirando o impossível – deve reforçar a necessidade de elaboração do planejamento. Além de servir como uma orientação para as ações no futuro, junto à mensuração de suas consequências financeiras, o planejamento serve como uma oportunidade ímpar de conhecer a fundo as características do objeto em estudo, o que, por si só, independente do grau de incerteza enfrentado, traz retornos muito positivos em termos de conhecimento.

Não obstante, sempre é possível – e desejável – que o planejamento concebido seja ajustado conforme o surgimento de novas circunstâncias ou informações. O planejamento não deve ser considerado uma peça imutável, rígida a ponto de permanecer inalterado mesmo diante de uma mudança de cenário, seja ela positiva ou negativa. Portanto, é relevante perceber que não se deve negligenciar o fato de que alguns fatores não são controláveis *a priori*, o que sugere um certo grau de flexibilidade sobre o que foi planejado.

Naturalmente, parte considerável do que foi relatado em termos de planejamento financeiro depende das capacidades de investimento e de financiamento da unidade familiar. A capacidade de investimento indica quanto ela pode investir na busca da construção de um patrimônio. A capacidade de financiamento, por sua vez, tem relação com a de investimento, já que, muitas vezes, para conseguir recursos financeiros que viabilizem os investimentos, é necessário levantá-los junto a terceiros por meio de empréstimos. Portanto, a capacidade de financiamento é fundamental na elaboração do planejamento financeiro.

2.4. Controle

Controlar representa uma atividade complementar e posterior a um planejamento feito. Consegue-se um maior resultado do controle, caso haja previamente um planejamento traçado, uma vez que são estabelecidos parâmetros claros e objetivos sobre os quais podem ser realizadas comparações e verificações de desempenho – financeiro, no caso. Apesar de não ser impeditivo uma família ou indivíduo ter controle sobre suas movimentações financeiras sem um planejamento prévio, os propósitos e benefícios aqui apresentados serão maiores caso ele seja feito dentro de um contexto mais amplo de planejamento financeiro.

O controle consiste, de maneira geral, em verificar se os planos e os objetivos estão sendo realizados conforme o planejado e, consequentemente, se as metas estipuladas estão sendo atingidas. A função de controle, portanto, é acompanhar a execução das atividades e as movimentações financeiras delas decorrentes.

As atividades que normalmente compõem o controle financeiro são quatro.

A primeira atividade é verificar os fluxos de caixa realizados e as alterações patrimoniais em determinado período de tempo. Tal acompanhamento é fundamental para monitorar os resultados alcançados em cada período (semana, mês ou ano, por exemplo).

Em seguida, devem-se analisar os desvios do realizado em relação ao planejado. Por meio dessa comparação, pode-se verificar o quão eficaz foi a gestão financeira para atingir as metas traçadas. Caso o resultado tenha ficado muito abaixo do que foi planejado, alguma circunstância negativa deve ter acontecido, concorrendo para esse resultado indesejado. Caso o resultado tenha sido superior ao planejado, as alterações nas circunstâncias beneficiaram a família.

Posteriormente, é fundamental identificar as causas dos desvios. Além de buscar compreender o que está impactando os resultados alcançados, esta etapa permite um melhor entendimento dos fatores influenciadores sobre os resultados.

Por fim, ações corretivas sobre os desvios observados devem ser adotadas. Não basta verificar os desvios e as suas causas. A partir de circunstâncias não previstas e impactantes dos resultados, devem ser estabelecidas ações corretivas a fim de recompor os resultados e/ou melhorá-los.

A comparação entre o planejado e o realizado pode ser feita tanto em termos absolutos como em termos relativos. Ambas podem ser utilizadas conjuntamente sem qualquer problema e, apesar de servirem ao mesmo propósito, diferentes pessoas podem ter preferências distintas entre elas.

Veja o seguinte exemplo ilustrativo.

Admita que o planejamento feito pela unidade familiar seja para o segundo semestre do ano. Dentre as contas projetadas, a tabela seguinte representa a expectativa quanto ao desembolso com energia elétrica, que normalmente aumenta nos meses mais quentes do ano.

Meses	JUL	AGO	SET	OUT	NOV	DEZ
Energia Projetada	R$250,00	R$250,00	R$250,00	R$300,00	R$300,00	R$350,00

Tabela 2.1: Energia projetada

Como já indicado anteriormente, estes valores foram projetados antes do início do segundo semestre. No final do referido semestre, os valores realizados foram registrados na tabela a seguir.

Meses	JUL	AGO	SET	OUT	NOV	DEZ
Energia Realizada	R$244,50	R$254,00	R$242,00	R$315,00	R$320,00	R$435,00

Tabela 2.2: Energia realizada

Com estes valores, pode-se fazer a comparação entre o que foi projetado e o realizado. A tabela consolidada a seguir mostra a comparação em termos absolutos (quarta linha) e em termos relativos (quinta linha).

Meses	JUL	AGO	SET	OUT	NOV	DEZ
Energia Projetada	R$250,00	R$250,00	R$250,00	R$300,00	R$300,00	R$350,00
Energia Realizada	R$244,50	R$254,00	R$242,00	R$315,00	R$320,00	R$435,00
Realizado - Projetado ($)	-R$5,50	R$4,00	-R$8,00	R$15,00	R$20,00	R$85,00
Realizado - Projetado (%)	-2,20%	1,60%	-3,20%	5,00%	6,67%	24,29%

Tabela 2.3: Energia – realizado X projetado

A comparação absoluta simplesmente é feita subtraindo o valor projetado de determinado período do valor realizado do mesmo período. No exemplo, como os valores foram projetados e registrados quando de sua realização mensal, então o período de comparação será mensal. Veja a comparação absoluta no mês de julho. A projeção foi de R$250,00, mas o consumo e a conta de energia foi de R$244,50. Isto indica que foi realizado R$5,50 menos do que foi projetado (R$244,50 - R$250,00).

Do ponto de vista percentual, que representa a comparação relativa, o cálculo é feito da seguinte maneira: divide-se o valor realizado pelo valor projetado e retira-se uma unidade. Esta fórmula é a da variação percentual. Utilizando o mês de julho para exemplificar, tem-se a seguinte conta: (R$244,50 / R$250,00) – 1. Em outras palavras, o realizado foi 2,20% menor do que o planejado.

Outra maneira de fazer este mesmo cálculo é dividir o valor da diferença absoluta pelo valor projetado. Tomando novamente o exemplo de julho, tem-se: -R$5,50 / R$250,00, resultando -0,022. Para passar à forma percentual, basta multiplicar por 100, gerando -2,20%.

Como trata-se de um desembolso de caixa, se o valor realizado for menor do que o projetado, o resultado será melhor para a unidade familiar. Este é o caso dos meses julho e setembro. Por outro lado, quando o realizado é maior do que o projetado, o resultado será pior – o caso dos meses agosto, outubro, novembro e dezembro.

Se a conta representasse uma receita, a interpretação seria inversa. Caso o realizado seja maior do que o projetado, a situação é melhor. Caso o projetado seja maior do que o realizado, a situação é pior.

Outra maneira de apresentar esta comparação é utilizando um gráfico de colunas (Figura 2.3).

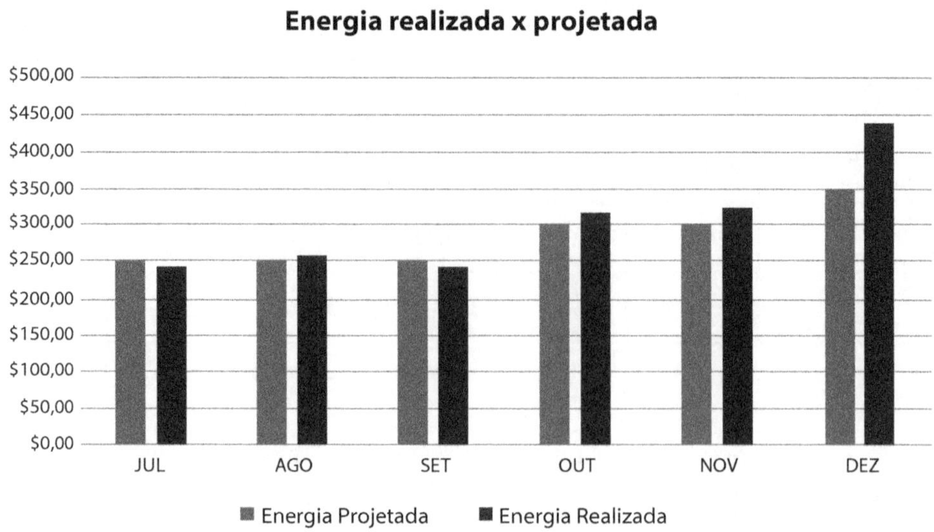

Figura 2.3: Apresentação gráfica

Neste gráfico, as colunas cinzas expressam os valores projetados, enquanto as colunas pretas, os valores realizados.

2.5. Cronograma das atividades de planejamento e de controle

Conforme visto nos tópicos anteriores, pela própria natureza do planejamento e do controle fica fácil perceber que tais atividades ocorrem em momentos distintos no tempo. Como o planejamento é uma simulação antecipada do que ocorrerá financeiramente na unidade familiar, ele naturalmente antecede as atividades de controle.

De modo geral, uma boa prática para o cronograma das atividades de planejamento seria ter uma antecipação em relação ao período de projeção dos resultados. Se, por exemplo, o planejamento for para o período de um ano, as suas atividades devem ocorrer antes do início do referido ano. O responsável por elaborar este planejamento, junto aos demais membros da família que participarem destas definições, deve estabelecer os objetivos, as metas, as formas de alcançá-las e as projeções financeiras, de maneira que, ao iniciar o ano, a unidade familiar já tenha toda uma visão de planejamento traçada para orientar suas atividades e as movimentações financeiras ao longo do período.

Por outro lado, como a atividade de controle ocorre ao longo do período objeto de planejamento, suas atividades, evidentemente, também ocorrem ao longo de todo este horizonte temporal. À medida que vão ocorrendo as movimentações financeiras e eventuais mutações patrimoniais e de endividamento, os indicadores planejados são comparados com os realizados, indicando se houve desvios positivos ou negativos. Se, por exemplo, o planejamento foi feito para o horizonte temporal de um ano, as comparações podem ocorrer em prazos mensais.

A partir da observação de tais desvios, devem ser consideradas revisões do planejamento. Tais revisões ocorrem, sobretudo, como resposta a desvios negativos dos valores realizados em relação aos planejados. Mais uma vez, para um planejamento de um ano, as comparações entre planejado e realizado podem ser feitas mensalmente e as revisões também.

2.6. Quem participa do planejamento e do controle

Se estivermos em um contexto de uma unidade familiar composta por uma única pessoa, então ele(a) deve ser responsável tanto por planejar seu desempenho financeiro como efetuar o controle e as revisões de maneira que as metas sejam alcançadas.

No entanto, se a unidade familiar for composta por mais membros (pais, filhos, ascendentes e descendentes em mais níveis e, até mesmo, familiares laterais), a definição de quem tem quais atribuições torna-se uma decisão mais ampla.

Naturalmente, esta decisão depende de uma série de circunstâncias, as quais estão envoltas em relacionamentos familiares e interpessoais sobre os quais não temos como estabelecer uma regra mais ampla. Porém, algumas recomendações genéricas podem ser sugeridas.

Em primeiro lugar, o planejamento deve ser executado considerando as necessidades e expectativas de todos os envolvidos. Para se ter esta informação, os envolvidos devem ser minimamente consultados. Como as necessidades tendem a extrapolar a capacidade financeira, provavelmente elas deverão ser negociadas entre os provedores do lar e os consumidores dos recursos. Alinhar todas as necessidades à capacidade financeira da família já é algo que exigirá habilidade e uma boa comunicação entre os membros da família.

Outro ponto importante é efetivamente identificar quem tem as melhores habilidades e competências para elaborar o planejamento e o controle financeiro. Espera-se, de forma geral, que o membro da família que os fará deva estar bem confortável com estas atividades e conhecer, pelo menos, ferramentas básicas como planilhas eletrônicas ou softwares disponíveis com este propósito – nada contra um bom caderninho para os registros, mas é algo que, provavelmente, terá desvantagens tais como menor segurança quanto à perda e maior dificuldade no registro e nas apresentações dos resultados. Perceba que, apesar de todos os membros da família terem o direito de se envolver, isto não quer dizer que todos tenham que, necessariamente, fazer o registro e o controle das movimentações financeiras. Isto pode ser realizado por um membro com o auxílio ou verificação de outro – se assim for decidido.

Um aspecto relevante é considerar que os membros da família também deverão estar cientes de eventuais revisões no planejamento. Como estas revisões, quando necessárias, impactarão os movimentos financeiros da unidade familiar, certamente algumas necessidades indicadas a priori não serão atendidas, o que eventualmente descontentará alguns membros. A fim de minimizar este descontentamento e aparar arestas que podem ficar arranhadas, é fundamental que haja boa comunicação e justificativa para tais revisões.

2.7. Referências

Referências importantes para complementar este assunto envolvem livros que abordam o planejamento e o controle orçamentário. Dentre os vários existentes no mercado, podemos citar os seguintes:

CORREIA NETO, Jocildo F. *Planejamento e Controle Orçamentário – Manual de Orçamento Empresarial*. Elsevier, 2011.

WELSCH, Glenn. *Orçamento Empresarial*. Atlas, 1983.

Seção OPERACIONAL

3. Fluxo de Caixa

O fluxo de caixa é uma ferramenta extremamente importante para a gestão financeira, seja de uma empresa, seja de uma unidade familiar. Pode-se considerar, sem espaço para dúvidas, que trata-se do principal instrumento de gerenciamento financeiro, em qualquer nível, a partir do qual inúmeras informações são geradas e muitas decisões podem ser tomadas.

O presente capítulo apresenta o fluxo de caixa em termos conceitual e prático, a fim de que o leitor possa compreender os aspectos inerentes a ele, bem como tenha condições de, a partir do que for aqui mostrado, desenvolver o próprio fluxo de caixa.

O capítulo inicia com a conceituação de fluxo de caixa, permitindo ao leitor ter uma dimensão inicial de seus propósitos. Ele segue com uma breve discussão sobre os formatos que o fluxo de caixa pode apresentar. O capítulo passa a discutir, posteriormente, os tipos de atividades que uma unidade familiar costuma executar no seu dia a dia, bem como os seus reflexos financeiros. Em função dos tipos de atividades, é proposta uma classificação destas atividades, a fim de que haja um melhor entendimento da natureza dos fluxos de caixa, bem como permita uma melhor análise do desempenho financeiro. Chega-se então à explicação sobre o conceito de plano de contas, no qual é apresentada uma sugestão genérica de agrupamento de contas para uma unidade familiar. O capítulo parte para a apresentação de análises que podem ser aplicadas sobre o fluxo de caixa. Em seguida, há um exemplo que permite ao leitor compreender a aplicação do fluxo de caixa dentro das etapas de planejamento e controle. Por fim, são apresentadas dicas práticas de como projetar as contas do fluxo de caixa.

3.1. História motivadora

José Maria, casado com Lenisse, estava percebendo que não conseguia poupar dinheiro ao final do mês. Inclusive, nos últimos meses, aparentemente, esta situação estava mais grave, uma vez que ele precisou recorrer a economias anteriormente feitas para honrar despesas correntes. O inusitado para ele, no entanto, era não saber exatamente os motivos pelos quais os recursos financeiros não estavam mais sendo suficientes para pagar todas as suas necessidades e, consequentemente, fazer uma poupança.

Ele percebeu que uma maneira de avaliar se, de fato, os seus recursos estavam sendo pior gerenciados seria colocar tudo "na ponta do lápis". Portanto, ele decidiu registrar todas as suas movimentações financeiras dos últimos meses, tanto as positivas como as negativas, a fim de descobrir como estava sua situação financeira corrente. Com isto, ele também esperava listar os elementos com os quais ele estava gastando mais e os que eventualmente poderiam ser reduzidos.

Evidentemente, este esforço de coletar e registrar todas as movimentações financeiras passadas foi muito intenso. Por sorte, ele tinha o hábito de guardar todos os comprovantes de pagamentos feitos por eles, o que foi uma circunstância favorável ao intento.

Com a estruturação do seu fluxo de caixa em uma planilha e o registro das movimentações, ele identificou que estava gastando demasiadamente em alguns elementos que ele mesmo classificou como supérfluos. Ele ainda constatou que, de posse das informações estruturadas em um fluxo de caixa, ele poderia simular os seus resultados financeiros a partir de determinadas decisões de corte de algumas despesas.

Portanto, a partir deste momento, José Maria pôde gerenciar melhor suas finanças correntes e voltar a ter uma perspectiva de equilíbrio financeiro.

3.2. Conceito de fluxo de caixa

O fluxo de caixa é um demonstrativo que permite visualizar toda a movimentação financeira ocorrida em determinado período de tempo. Por meio dele, são apresentadas tanto movimentações de caixa positivas (entradas) como negativas (saídas), registrando toda e qualquer movimentação que afete o nível de caixa da unidade familiar. Portanto, sua perspectiva é justamente esta: mostrar tanto movimentações que aumentem o nível de caixa (entradas de caixa), como aquelas que o reduzem (saídas de caixa).

Neste contexto, é relevante compreender a diferença entre a data de reconhecimento do movimento financeiro e a data de sua efetivação. A data de reconhecimento do movimento financeiro é a data em que foi feita uma compra ou uma venda – e não necessariamente a mesma data em que ocorre a sua movimentação financeira decorrente. A data de sua efetivação é quando efetivamente ocorre a movimentação financeira, acarretando alteração no saldo de caixa. Nas empresas, estas datas são conhecidas respetivamente por regime de competência e regime de caixa.

Imagine, hipoteticamente, que você efetua uma compra hoje no valor de R$100,00. Caso o pagamento desta aquisição seja à vista, o seu caixa será afetado (diminuído) hoje. Portanto, o registro no fluxo de caixa será com a data de hoje. Se, por outro lado, a compra tiver sido feita a prazo, então a movimentação de caixa será feita em data futura, quando efetivamente o nível do caixa for afetado.

Por isto, é fundamental termos uma percepção temporal em qualquer fluxo de caixa. Quando se analisam todas as movimentações financeiras de uma unidade familiar, elas ocorrem em momentos distintos no tempo – aliás, este é um ponto de discussão fundamental, pois tem tudo a ver com a formação dos juros (juros podem ser compreendidos como o custo pelo uso de capital de terceiros ou pela remuneração que se tem ao emprestar capital a outros – conceitos que dependem do lado que se está na operação financeira). Desta forma, o fluxo de caixa evidencia exatamente quando as movimentações financeiras ocorrem.

Relembrando os conceitos de planejamento e controle, o fluxo de caixa pode ser usado tanto para um fim como para o outro. Conforme dito anteriormente, o fluxo de caixa se propõe a registrar as movimentações financeiras que afetam o caixa quando elas ocorrem. Esta função é adequada ao fluxo de caixa como um instrumento de registro de movimentos financeiros efetuados, o que é próprio do controle, que, por sua vez, requer este registro para posterior análise e, quando necessário, ajustes. Em adição, o fluxo de caixa também pode ser empregado no contexto do planejamento financeiro. Ao utilizá-lo como instrumento de planejamento, os valores nele registrados não são aqueles que foram realizados, mas aqueles que são estimados para o período objeto do planejamento.

3.3. Formato do fluxo de caixa

Geralmente, o registro dos fluxos de caixa pode ser feito de três maneiras. Elas podem ser analíticas, tabulares ou gráficas.

Um registro analítico de fluxo de caixa é uma representação dos movimentos financeiros de maneira detalhada em formato de um extrato financeiro. Com ele, é possível identificar cada movimento financeiro com seus detalhes, de acordo com a sua estruturação. Veja o exemplo a seguir:

Data	Valor	Categorias	Histórico
5-fev	R$5.500,00	Salário	Salário
6-fev	-R$850,00	Moradia	Aluguel
7-fev	-R$1.500,00	Alimentação	Mercantil
10-fev	-R$500,00	Moradia	Condomínio
10-fev	-R$750,00	Educação	Faculdade
10-fev	-R$400,00	Educação	Curso de inglês
15-fev	-R$150,00	Manutenção residência	Energia elétrica
15-fev	-R$90,00	Manutenção residência	Água/esgoto
16-fev	-R$50,00	Alimentação	Jantar

Tabela 3.1: Fluxo de caixa analítico

A primeira coluna contém a data. Esta data é a de efetiva movimentação financeira, ou seja, a data em que há alteração do saldo de caixa. A segunda coluna contém o valor movimentado. Observe que ele pode ser positivo ou negativo, respectivamente para entrada e saída de caixa. A terceira coluna apresenta conta analítica à qual o movimento se refere, permitindo sua categorização, cuja importância será explorada mais adiante. A última coluna apresenta um histórico de cada movimentação financeira, a fim de registrá-las adequadamente e fornecer informações adicionais para posterior consulta.

Outra maneira de apresentar o fluxo de caixa é a tabular. Nela, os valores são apresentados em tabelas, nos moldes de uma planilha (a propósito, este é o motivo pelo qual planilhas eletrônicas são tão adequadas para implementar e apresentar fluxos de caixa). A tabela a seguir exemplifica o mesmo fluxo de caixa apresentado anteriormente em termos analíticos.

Contas	5-fev	6-fev	7-fev	10-fev	15-fev	16-fev
Salário	R$5.500,00					
Moradia		-R$850,00		-R$500,00		
Alimentação			-R$1.500,00			-R$50,00
Educação				-R$1.150,00		
Manutenção residência					-R$240,00	
Fluxo de caixa líquido	R$5.500,00	-R$850,00	-R$1.500,00	-R$1.650,00	-R$240,00	-R$50,00

Tabela 3.2: Fluxo de caixa em formato de tabela

Os dados da tabela anterior foram preenchidos a partir do fluxo de caixa analítico. A diferença é que as movimentações financeiras são apresentadas com menor nível de detalhamento, não contendo cada histórico. Neste exemplo, as colunas representam dias. Em outros casos, por exemplo, as colunas poderiam representar semanas, meses ou anos, agregando todos os movimentos financeiros compreendidos no referido período.

Uma explicação deve ser feita a respeito da última linha, denominada fluxo de caixa líquido. Em cada data, podem ocorrer várias movimentações financeiras, inclusive positivas e negativas. Em função disto, pode-se expressar a movimentação líquida de caixa em cada dia, que é dada pela soma dos movimentos neste dia. Portanto, o fluxo de caixa líquido representa um resumo de toda movimentação financeira em determinado período, agregando as entradas de caixa e abatendo as saídas de caixa.

Naturalmente, esta soma deve considerar os sinais das movimentações financeiras. Se, em um mesmo dia, houve uma entrada de R$500,00 e uma saída de R$400,00, a movimentação líquida neste dia será R$100,00 (R$500,00 – R$400,00). Particularmente no exemplo apresentado, no dia 10 de fevereiro, houve duas saídas de caixa, totalizando desembolso de R$1.650,00 (-R$500,00 – R$1.150,00).

Por fim, o registro do fluxo de caixa gráfico pode ser feito por meio de setas verticais para cima (entradas de caixa) ou para baixo (saídas de caixa). A fim de dar a dimensão temporal aos fluxos de caixa, tais setas são desenhadas sobre uma linha horizontal que representa o tempo. Veja o gráfico a seguir (Figura 3.1) a partir do mesmo fluxo de caixa ilustrativo:

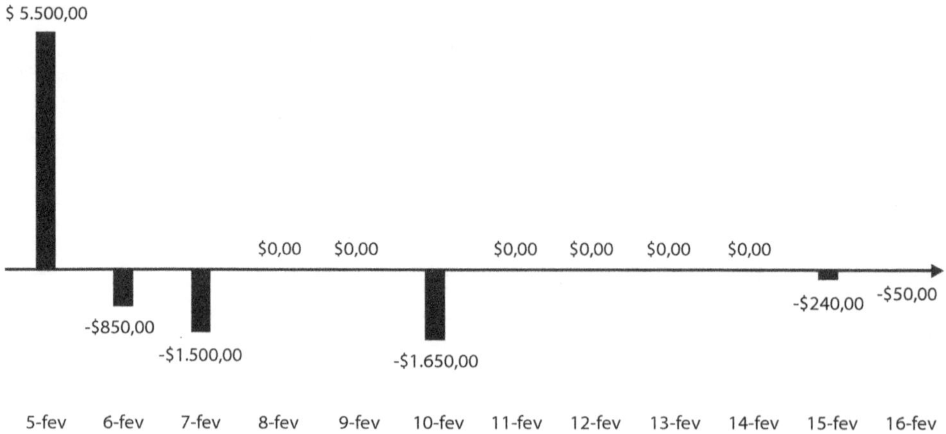

Figura 3.1: Representação gráfica do fluxo de caixa

Observe que as setas representam o fluxo de caixa líquido em cada período, conforme calculado na última linha da representação tabular.

As pessoas podem usar quaisquer dos formatos acima, atentando apenas para os propósitos do fluxo de caixa, bem como sua maior familiaridade com o formato escolhido. Não raro, é interessante visualizá-lo por mais de uma maneira.

Ao se fazer uma projeção do fluxo de caixa, é mais comum que ela seja feita utilizando a apresentação tabular para períodos mais amplos. Por exemplo, você pode pensar tipicamente em um planejamento anual, utilizando fluxos de caixa projetados em termos mensais. Sendo assim, você fará uma planilha com doze colunas, cada qual contendo o valor de determinada conta para um mês projetado.

Ao utilizá-lo como instrumento de controle, a mesma estrutura tabular poderá ser empregada, apenas registrando valores realizados em vez dos projetados. Isto permite que as comparações absoluta e relativa sejam realizadas, nos moldes do que foi mostrado no capítulo anterior.

Para fins de verificação dos saldos de caixa, assunto do próximo capítulo, o fluxo de caixa analítico costuma ser o mais adequado.

O formato gráfico, por sua vez, pode ser utilizado para fins de comunicações e apresentações sintéticas para os demais membros da família.

3.4. Tipos de atividades

Os componentes de uma unidade familiar desenvolvem muitas atividades no seu dia a dia. Se não todas, a maioria destas atividades implica movimentações financeiras. Desta forma, uma maneira de compreender, gerenciar e otimizar as finanças da unidade familiar é ter um bom entendimento sobre o comportamento de tais atividades e sobre os seus reflexos financeiros.

Apresentamos uma caracterização de atividades sob o ponto de vista das diferentes naturezas financeiras das atividades tipicamente desenvolvidas por uma unidade familiar. Além de organizar melhor a formação do fluxo de caixa, auxiliando a estruturação do plano de contas, permite um melhor enquadramento das movimentações financeiras, facilitando os posteriores gerenciamento e análise dos resultados.

A categorização é feita em três componentes: o primeiro congrega os fluxos de caixa oriundos das atividades cotidianas da unidade familiar. O segundo é composto pelos fluxos de caixa gerados a partir das atividades de investimentos, derivados dos esforços de compor patrimônio. O último agrupamento decorre das atividades de financiamento da unidade familiar, quando ela recorre a empréstimos. O esquema a seguir (Figura 3.2) ilustra tal divisão:

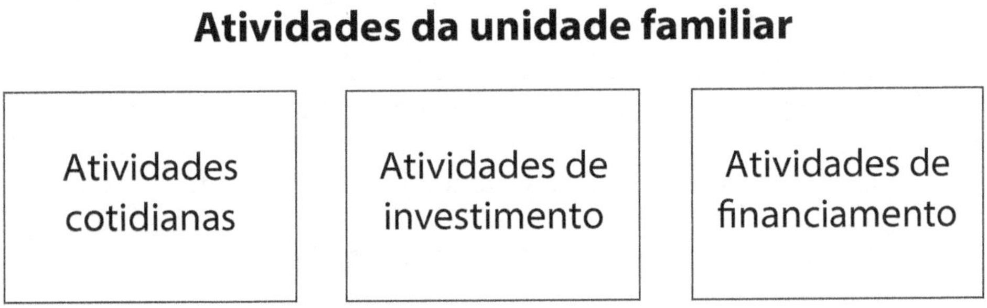

Figura 3.2: Atividades da unidade familiar

Cada uma destas atividades é explicada a seguir.

3.4.1. Atividades cotidianas

As atividades classificadas como cotidianas são aquelas que, ao serem desempenhadas, geram as receitas decorrentes das atividades laborais dos membros da unidade familiar e os desembolsos relacionados às suas despesas correntes.

Uma unidade familiar, composta por pessoas que têm atividades profissionais, gera parte de sua receita decorrente de esforços laborais. Esta receita pode ser fixa, no caso de salários estipulados, ou variável, no caso de comissões ou ganhos de produtividade. Como estes fluxos de caixa de entrada advêm de atividades profissionais, então são classificados como fluxos de caixa do cotidiano.

A unidade familiar, no seu dia a dia, gera desembolsos decorrentes da manutenção de sua residência, tem gastos mensais com saúde, alimentação, vestuário, manutenção de veículos, combustível, etc. Tais desembolsos decorrem das atividades corriqueiras da unidade familiar, bem como de necessidades básicas dos seus membros.

Fazendo um paralelo com empresas, as atividades cotidianas para uma unidade familiar são classificadas como operacionais. As atividades operacionais geram fluxos de caixa decorrentes da atividade principal da empresa, quais sejam receitas operacionais, custos produtivos e despesas administrativas. No caso de uma unidade familiar, já que não há um processo produtivo como em uma empresa, consequentemente não há o que seja classificado formalmente de custo produtivo (gastos operacionais associados ao esforço de produção), havendo somente desembolsos similares a despesas administrativas (gastos operacionais ligados às atividades operacionais não destinados à produção).

O que poderia ser pensado como custo, ao se fazer tal analogia, seriam alguns desembolsos decorrentes das atividades laborais. Por exemplo, admita desembolsos com deslocamento para o local de trabalho, estacionamento no local de trabalho, roupas compradas com intuito predominante de serem utilizadas no ambiente de trabalho e alimentação fora de casa por força do trabalho. São alguns exemplos de desembolsos decorrentes do esforço laboral, o que os torna análogos aos custos produtivos em uma empresa. Tais desembolsos não existiriam (ou existiriam em menor nível) caso o indivíduo não trabalhasse ou trabalhasse em outra atividade.

Evidentemente, alguns destes elementos de desembolsos podem ser parcialmente ressarcidos pela empresa. Tome o exemplo dos vale-transporte e vale-refeição, que representam ressarcimentos por custos associados à atividade laboral, não sendo remuneração propriamente dita sobre o trabalho.

3.4.2. Atividades de investimentos

As atividades de investimentos são aquelas que envolvem decisões de investimentos ou desinvestimentos por parte da unidade familiar. Decisões de investimento ou de desinvestimento têm como reflexos fluxos de caixa negativos e positivos, respectivamente, muitos dos quais bastante expressivos dentro do orçamento familiar. Além disso, costumam gerar consequências por um longo período de tempo.

As decisões de investimentos são aquelas associadas à aquisição de ativos financeiros (aplicações em produtos financeiros disponibilizados por bancos comerciais, corretoras de valores e demais instituições financeiras) ou não financeiros (itens do patrimônio que não sejam ativos financeiros, tais como imóveis, empresas, etc.). A expectativa decorrente desta aquisição é que estes ativos gerem retorno ao seu proprietário. Este retorno normalmente ocorre em algum momento no futuro ou ao longo de determinado período de tempo que, a depender do tipo de ativo, poderá ser mais ou menos distante temporalmente.

Imagine, por exemplo, comprar um imóvel com o intuito de alugá-lo, a fim de gerar uma renda. A aquisição deste imóvel configura-se como um investimento. Ele aumentará o patrimônio da unidade familiar e este novo patrimônio será utilizado por um longo período de tempo. Após determinado período de tempo, este imóvel é alugado gerando para a família uma renda mensal que pode ser classificada como um fluxo de caixa positivo oriundo das atividades de investimento.

As decisões de desinvestimentos, por sua vez, são aquelas associadas à venda do ativo em si. Por alguma circunstância, a família pode decidir se desfazer de um ativo financeiro ou não financeiro. Quando isto ocorrer, haverá uma receita circunscrita às atividades de investimento. Sobre o exemplo anterior, após alguns anos, a família pode decidir vender o imóvel, auferindo uma receita de desinvestimento. A partir deste momento, as receitas de aluguel não serão mais realizadas, uma vez que o imóvel não será mais de propriedade da família.

Em outros capítulos, os investimentos e as decisões associadas a eles serão detalhados.

3.4.3. Atividades de financiamento

As atividades de financiamento são aquelas ligadas à necessidade de levantar recursos de terceiros para viabilizar investimentos e/ou o pagamento de despesas correntes.

Muitas vezes, em função de uma falta de planejamento ou de alguma adversidade, as unidades familiares precisam contrair dívidas para honrar seus compromissos. A contração de dívidas indica a entrada de fluxo de caixa (recebimento do empréstimo) e os fluxos de caixa negativos decorrentes (pagamento de juros e da amortização do principal tomado emprestado).

Deve-se compreender que um recebimento de empréstimo não pode ser confundido com uma receita operacional. Eles têm naturezas distintas e devem ser considerados separadamente. Considerar o recebimento de um empréstimo como uma receita operacional traria grandes prejuízos em termos de gerenciamento de contas para a família.

Em outro capítulo, os empréstimos e o endividamento serão devidamente detalhados.

3.5. Plano de contas

Como deve estar claro, uma unidade familiar típica tem movimentações financeiras que podem utilizar várias contas financeiras, muitas delas com diferentes naturezas financeiras em função das atividades que as geraram. A fim de permitir um melhor gerenciamento do fluxo de caixa, tais contas devem ser agrupadas de forma a proporcionar uma boa visualização dos valores. O plano de contas é a estrutura que as contas financeiras têm no fluxo de caixa, refletindo a melhor junção delas.

Neste ponto é imprescindível compreender que, em um plano de contas, há contas sintéticas e contas analíticas. As contas analíticas representam o menor nível de detalhamento do plano de contas, recebendo diretamente os valores movimentados. Ou seja, todo movimento financeiro é associado a uma conta analítica.

As contas sintéticas, por sua vez, são agrupamentos de contas analíticas e/ou de outras contas sintéticas. Este agrupamento indica que as sintéticas totalizam as contas sob sua abrangência, permitindo que contas com determinada similaridade sejam analisadas de maneira agregada.

Não há uma regra única e amplamente aplicável para a estrutura do plano de contas de toda unidade familiar. É fundamental que cada unidade familiar, a partir de suas particularidades, estruture um plano de contas adequado. No entanto, alguns critérios parecem ser aplicáveis à maioria.

O primeiro é que os fluxos de caixa advindos das atividades discutidas anteriormente (cotidiano, investimentos e financiamentos) sejam separados. Como eles têm naturezas e propósitos distintos, sua segmentação é altamente recomendada, sobretudo quando análises de desempenho forem realizadas. A agregação de contas de diferentes atividades pode acarretar análises inadequadas.

Por exemplo, se uma unidade familiar enfrenta uma dificuldade financeira, uma possibilidade de contorno da situação é contrair um empréstimo. Este empréstimo indica que haverá uma entrada de caixa com as posteriores saídas de caixa para amortizar a dívida contraída. Uma análise inadequada seria somar as entradas de caixa originadas a partir das atividades laborais com as originadas do empréstimo. Esta agregação é inadequada em função das naturezas distintas destes dois fluxos de caixa. Uma agregação deste tipo dá a impressão equivocada de que as entradas do empréstimo fazem parte do fluxo de caixa corriqueiro da unidade familiar, quando, na verdade, trata-se apenas de um fluxo de caixa circunstancial, não devendo ser encarado como um fluxo normal derivado das atividades cotidianas da família.

Outra sugestão é separar as contas de desembolsos respeitando suas características de uniformidade ou variabilidade. Para tanto, elas podem ser caracterizadas em fixas ou variáveis. Diferentemente do conceito utilizado por empresas, que adotam como critério a relação observada entre a conta e algum indicador do seu nível de atividade (produção, vendas, recebimento, etc.), uma unidade familiar pode adotar o conceito de fixo e variável sobre o grau de previsibilidade do nível de consumo.

Portanto, uma conta de desembolso que tem maiores uniformidade e previsibilidade caracteriza-se como fixa, uma vez que tem seus valores quase inalterados. Já uma conta cujo valor é sujeito a variações, seja pela baixa capacidade de previsão, seja pela sua própria natureza, é chamada variável. Seus valores podem ser distintos em cada período, conforme o nível de uso ou consumo.

Outra indicação é separar as contas em termos de hierarquia de pagamento. Uma possibilidade é separar aquelas contas consideradas obrigatórias das não obrigatórias. Isto dará uma perspectiva de importância para elas, o que auxiliará em eventuais necessidades de ajustes orçamentários da família. As contas de desembolso não obrigatórias são fortes candidatas a cortes em períodos de restrição orçamentária, quando comparadas com as obrigatórias.

Abaixo, segue uma sugestão de plano de contas com as explicações posteriores:

Grupos de atividades	Grupos de contas sintéticas
Cotidiano	Receitas de atividades laborais Desembolsos fixos obrigatórios Desembolsos variáveis obrigatórios Desembolsos fixos não obrigatórios Desembolsos variáveis não obrigatórios

Continua...

Continuação.

Grupos de atividades	Grupos de contas sintéticas
Investimentos	Receitas de investimentos Desembolsos para investimentos
Financiamento	Receitas de empréstimos Desembolsos de empréstimos

Quadro 3.1: Estrutura sugerida para o plano de contas

3.5.1. Receitas de atividades laborais

As receitas cotidianas são aquelas originadas das atividades laborais dos membros da unidade familiar. Naturalmente, o termo cotidiano aqui utilizado não deve ser compreendido como uma frequência de recebimento diário destas receitas, e sim no contexto de fazer parte da rotina da unidade familiar. Fluxos de caixa assim enquadrados, normalmente, têm periodicidade mensal.

Portanto, nesta conta estão incorporados os salários, comissões, premiações por desempenho, etc.

3.5.2. Desembolsos fixos obrigatórios

Os desembolsos fixos obrigatórios são aqueles que têm uma característica fixa (seus valores são relativamente uniformes e bem previsíveis), além de serem mandatórios para o pleno "funcionamento" da unidade familiar. Como exemplos desta categoria, podem ser citados: aluguel, condomínio, mensalidade escolar, etc.

Tipicamente, são contas cuja margem de redução para a família é extremamente baixa. Dificilmente consegue-se fazer uma redução de valores, por menor que seja, em contas desta natureza, dada a sua importância e característica de uniformidade. Possíveis fontes de redução de valores para estas contas envolvem mudanças de hábitos, de fornecedores e de padrão de vida, o que, em certas situações, são de difícil implementação.

3.5.3. Desembolsos variáveis obrigatórios

Os desembolsos variáveis obrigatórios são igualmente essenciais para a unidade familiar. No entanto, seus valores não são uniformes e podem sofrer variações de acordo com o nível de consumo por parte dos membros da família. Esta categoria tem como exemplos energia elétrica, água/esgoto, alimentação, higiene, etc.

Indubitavelmente, são contas essenciais para a família. Porém, como o seu nível de desembolso pode sofrer variações com consequências financeiras diretamente proporcionais, tal característica permite que haja uma certa margem de redução de tais contas se um ajuste orçamentário for necessário. São contas candidatas a serem objeto de redução, ainda que em grau limitado, se uma restrição orçamentária for indicada para a família. É fácil perceber que muitas destas contas não poderão ter seu nível reduzido completamente, uma vez que delas fazem parte elementos de primeira necessidade para a família.

3.5.4. Desembolsos fixos não obrigatórios

Os desembolsos fixos não obrigatórios são aqueles cujos valores recorrentes são uniformes, mas não são essenciais para a família. Um bom exemplo é a assinatura de TV a cabo, cujo cancelamento provavelmente não trará consequências drásticas para a família e cujos valores são uniformes. Assinaturas de revistas, jornais, etc. são exemplos complementares.

Evidentemente, pela baixa essencialidade de tais contas, a unidade familiar tem maior flexibilidade em relação a elas, podendo, em situações extremas, zerar seu consumo sem consequências muito impactantes em termos de necessidades primárias.

3.5.5. Desembolsos variáveis não obrigatórios

Os desembolsos variáveis não obrigatórios têm valores variáveis, que dependem do nível de consumo da família, e não são mandatórios. Um exemplo típico de desembolsos desta categoria são os gastos com lazer. Tais gastos podem variar bastante de acordo com as escolhas da família. Portanto, a unidade familiar pode reduzi-los, inclusive totalmente, sem efeitos consideráveis.

3.5.6. Receitas de investimentos

As receitas de investimentos são aquelas oriundas de desinvestimentos ou derivadas de investimentos que foram realizados anteriormente.

Um desinvestimento ocorre quando algum ativo é vendido. Como exemplos, podem ser citadas as vendas de um imóvel, de um terreno, da participação societária em uma empresa, de um veículo, resgate de aplicações financeiras, etc. As receitas originadas de investimentos também entram nesta categoria. Podem ser elencadas receitas de aluguéis, dividendos recebidos, rendimentos de aplicações financeiras, etc.

3.5.7. Desembolsos para investimentos

Neste grupo, são registrados os desembolsos direcionados à aquisição de algum ativo seja ele financeiro ou não. Como exemplos, têm-se a aquisição de aplicações financeiras, a compra de imóveis, o investimento em empresas, etc.

3.5.8. Receitas de financiamentos

Quando a unidade familiar necessita recorrer a algum empréstimo, há entradas de caixa que devem ser registradas neste grupo.

3.5.9. Desembolsos de financiamentos

Neste grupo, devem ser registradas as saídas de caixa utilizadas para honrar os compromissos financeiros junto aos credores. Portanto, os fluxos de caixa de juros e amortização de principal dos empréstimos são registrados neste agrupamento.

3.6. Análises sobre o fluxo de caixa

Independente de se utilizar o fluxo de caixa como ferramenta de planejamento ou de controle, invariavelmente será necessário fazer análises sobre seus valores. Duas análises comumente utilizadas e complementares são a vertical e a horizontal, explicadas a seguir.

3.6.1. Análise vertical

A análise vertical tem o propósito de identificar a importância relativa das contas, analíticas e sintéticas, que fazem parte do fluxo de caixa. Por importância relativa, entenda-se indicar percentualmente quanto cada conta representa em relação a uma referência comum.

Com esta indicação percentual, o gestor financeiro da unidade familiar pode identificar de maneira bem clara as contas mais representativas dentro do orçamento. Desta forma, ele pode concentrar seus esforços no gerenciamento daquelas contas que são mais representativas, otimizando seu tempo e seus resultados.

Para calcular um valor parcial relativo a um valor de referência, a fórmula é bem simples. Basta dividir o valor a ser verificado pelo valor de referência. O resultado representa o quanto o valor no numerador (valor analisado) corresponde percentualmente ao valor do denominador (referência). A fim de facilitar a apresentação, após a divisão, sugere-se multiplicar o resultado por 100, de forma que ele seja apresentado percentualmente.

Um aspecto a ser ressaltado é a escolha do valor de referência para os cálculos. De modo geral, um primeiro referencial é o valor total da receita da unidade familiar. Este é um valor de interesse, uma vez que, a partir dele, todos os desembolsos deverão ser pagos. Se uma conta representa X% da receita, isto significa que para cada R$100,00 de receita da unidade familiar, gastam-se R$X com esta conta. Isto ajuda a colocar determinadas contas em perspectiva.

Outra referência pode ser utilizada complementarmente. Em vez de usar a receita como referência, pode-se utilizar a conta sintética da qual a conta analítica faz parte. Com isto, ganha-se uma visão da relevância da conta com as demais pertencentes à mesma categoria.

Veja o fluxo de caixa ilustrativo a seguir:

CONTAS	JAN	FEV	MAR	ABR	MAI	JUN
RECEITAS	R$7.000,00	R$7.250,00	R$6.600,00	R$6.400,00	R$7.200,00	R$7.300,00
Salários	R$5.500,00	R$5.500,00	R$5.500,00	R$5.500,00	R$5.500,00	R$5.500,00
Comissões	R$1.500,00	R$1.750,00	R$1.100,00	R$900,00	R$1.700,00	R$1.800,00
DESEMBOLSOS	R$5.300,00	R$5.455,00	R$5.255,00	R$5.395,00	R$5.450,00	R$5.490,00
Alimentação	R$2.400,00	R$2.500,00	R$2.350,00	R$2.500,00	R$2.500,00	R$2.550,00
Água/esgoto	R$150,00	R$170,00	R$170,00	R$155,00	R$180,00	R$150,00
Condomínio	R$1.200,00	R$1.200,00	R$1.200,00	R$1.200,00	R$1.200,00	R$1.200,00
Energia elétrica	R$350,00	R$365,00	R$345,00	R$350,00	R$360,00	R$370,00
Escola	R$950,00	R$950,00	R$950,00	R$950,00	R$950,00	R$950,00
Telefonia	R$250,00	R$270,00	R$240,00	R$240,00	R$260,00	R$270,00
RESULTADO	R$1.700,00	R$1.795,00	R$1.345,00	R$1.005,00	R$1.750,00	R$1.810,00

Tabela 3.3: Fluxo de caixa ilustrativo

Ele representa contas de uma unidade familiar durante um período de seis meses, com apresentação mensal das movimentações financeiras. Na primeira coluna, estão dispostas as contas do fluxo de caixa de acordo com o plano de contas estabelecido pela família. Perceba que há dois agrupamentos (contas sintéticas). O primeiro agrupamento, receitas, agrega os fluxos de caixa positivos (salários e comissões). O segundo agrupamento, desembolsos, compreende os elementos de gastos, indo desde alimentação até telefonia.

A última linha apresenta o resultado de cada mês, sendo calculado pela diferença entre o total de receitas e o total de desembolsos.

A fim de ilustrar o cálculo da análise vertical, vamos utilizar o primeiro mês do fluxo de caixa (janeiro) na tabela a seguir:

CONTAS	JAN	AV %
RECEITAS	**R$7.000,00**	**100,00%**
Salários	R$5.500,00	78,57%
Comissões	R$1.500,00	21,43%
DESEMBOLSOS	R$5.300,00	75,71%
Alimentação	R$2.400,00	34,29%
Água/esgoto	R$150,00	2,14%
Condomínio	R$1.200,00	17,14%
Energia elétrica	R$350,00	5,00%
Escola	R$950,00	13,57%
Telefonia	R$250,00	3,57%
RESULTADO	**R$1.700,00**	**24,29%**

Tabela 3.4: Análise vertical sobre as receitas

A primeira coluna apresenta as contas conforme o fluxo de caixa original. A segunda coluna contém os valores de janeiro. A terceira coluna contém a análise vertical considerando como referência a receita do período.

Pegue, por exemplo, o valor dos salários, que totalizaram R$5.500,00. Eles representam 78,57% da receita total do período (R$7.000,00). Chegou-se a este percentual dividindo o valor dos salários pelo valor de referência e multiplicando o resultado por 100 ([5.500 / 7.000] x 100). As demais linhas foram calculadas de forma semelhante.

A análise vertical permite identificar que o elemento de maior gasto foi o item alimentação, representando mais de um terço (34,29%) da receita total deste período. Os itens de desembolso mais representativos na sequência foram condomínio (17,14% da receita total) e escola (13,57% da receita total). Portanto, estes três elementos de desembolso correspondem a 65% de toda a receita gerada.

A última linha apresenta o quanto percentualmente o resultado representa em relação à receita total. O percentual alcançado de 24,29% indica o que em uma empresa seria chamado de margem de lucro ou lucratividade. Este é um indicador interessante de desempenho da família, pois dá uma visão percentual de quanto foi o seu resultado por unidade de receita.

Outra forma de fazer a análise vertical é referenciar as contas sintéticas em vez da receita total. Veja a tabela a seguir:

CONTAS	JAN	AV %
RECEITAS	R$7.000,00	100,00%
Salários	R$5.500,00	78,57%
Comissões	R$1.500,00	21,43%
DESEMBOLSOS	R$5.300,00	100,00%
Alimentação	R$2.400,00	45,28%
Água/esgoto	R$150,00	2,83%
Condomínio	R$1.200,00	22,64%
Energia elétrica	R$350,00	6,60%
Escola	R$950,00	17,92%
Telefonia	R$250,00	4,72%
RESULTADO	R$1.700,00	

Tabela 3.5: Análise inicial sobre as contas sintéticas

Apesar de a estrutura desta tabela ser idêntica à da tabela anterior, a forma de calcular a análise vertical (terceira coluna) é diferente. Para as contas analíticas de salários e comissões, a referência é a conta sintética de receitas. Para as contas analíticas de alimentação até telefonia, a referência é a conta sintética de desembolsos. Com isto, a análise vertical apresenta nestas duas contas sintéticas os valores 100%, uma vez que eles representam o total em cada um dos dois agrupamentos do fluxo de caixa. As importâncias relativas de cada conta são feitas em relação aos seus pares, ou seja, àquelas contas que são categorizadas conjuntamente. Procedimentos semelhantes podem ser feitos para os demais meses do fluxo de caixa.

Analisando o exemplo, percebe-se que a conta de desembolso de maior representatividade continua sendo alimentação. Neste tipo de análise vertical, ela representa 45,28% de todos os desembolsos, o que dá a dimensão de sua importância relativa. Os três elementos de maior desembolso (alimentação, condomínio e escola) representam, em conjunto, 85,84% do desembolso total.

3.6.2. Análise horizontal

A análise horizontal permite a verificação de como as contas analíticas e sintéticas variam com o passar do tempo. É sabido que as contas, sobretudo aquelas de característica variável, apresentam valores diferentes ao longo do tempo, até mesmo como reflexo de diferentes níveis de consumo e/ou poupança. É fundamental, portanto, identificar como estão estas variações, a fim de que se possa tomar alguma ação frente a determinadas variações indesejadas, melhorando os resultados financeiros da família.

A análise horizontal também é apresentada em termos percentuais. No entanto, diferentemente da análise vertical que é intrínseca ao período analisado, sua referência tem que usar valores registrados em outros períodos.

Há duas formas de se fazer a análise horizontal em termos de valor referencial. A primeira forma usa o primeiro valor da série. Todas as variações, de todos os períodos, são calculadas sobre o primeiro registro daquela série de valores. A segunda forma utiliza o valor imediatamente anterior na série como referência. Ambas as formas podem ser usadas de maneira complementar, cabendo ao gestor escolher a mais adequada à sua necessidade informacional.

O cálculo desta variação percentual é feito com a seguinte fórmula:

$$Variação\ \% = \frac{VF - VI}{VI}$$

Ela indica que a variação percentual é dada pela divisão da diferença entre o valor final (VF) e o valor inicial (VI) pelo valor inicial (VI). As duas formas da análise horizontal pressupõem a definição do valor inicial desta fórmula. Na primeira forma de análise horizontal, o valor inicial é fixo, sendo o primeiro valor da série. Na segunda forma de análise horizontal, o valor inicial é o valor do período imediatamente anterior ao período do valor final.

Utilizando o mesmo exemplo da análise vertical, é interessante propor a análise horizontal das contas sintéticas e de resultado. Na realidade, pode-se fazer análise horizontal para todas as contas. No entanto, isto tomaria muitas linhas, o que pode ser desnecessário considerando que algumas contas têm baixo impacto nos resultados – daí, um dos motivos da análise vertical que permite identificar as contas mais e menos representativas. Portanto, listando as contas sintéticas e de resultado ao longo dos seis meses, tem-se o seguinte fluxo de caixa simplificado:

CONTAS	JAN	FEV	MAR	ABR	MAI	JUN
RECEITAS	R$7.000,00	R$7.250,00	R$6.600,00	R$6.400,00	R$7.200,00	R$7.300,00
DESEMBOLSOS	R$5.300,00	R$5.455,00	R$5.255,00	R$5.395,00	R$5.450,00	R$5.490,00
RESULTADO	R$1.700,00	R$1.795,00	R$1.345,00	R$1.005,00	R$1.750,00	R$1.810,00

Tabela 3.6: Fluxo de caixa ilustrativo

O primeiro tipo de análise horizontal toma por base o primeiro valor da série. A tabela a seguir apresenta esta análise sobre as contas sintéticas de receitas e de desembolsos, além da conta de resultado.

CONTAS	JAN	FEV	MAR	ABR	MAI	JUN
RECEITAS	R$7.000,00	R$7.250,00	R$6.600,00	R$6.400,00	R$7.200,00	R$7.300,00
AH sobre 1º valor		3,57%	-5,71%	-8,57%	2,86%	4,29%
DESEMBOLSOS	R$5.300,00	R$5.455,00	R$5.255,00	R$5.395,00	R$5.450,00	R$5.490,00
AH sobre 1º valor		2,92%	-0,85%	1,79%	2,83%	3,58%
RESULTADO	R$1.700,00	R$1.795,00	R$1.345,00	R$1.005,00	R$1.750,00	R$1.810,00
AH sobre 1º valor		5,59%	-20,88%	-40,88%	2,94%	6,47%

Tabela 3.7: Análise horizontal sobre o primeiro valor da série

Pegue, por exemplo, as receitas de janeiro (R$7.000,00) para fevereiro (R$7.250,00). Houve uma variação percentual de 3,57% ([7250 – 7000] / 7000]), indicando um aumento de receita neste período. De janeiro para março, houve uma variação de -5,71% ([6600 – 7000] / 7000), indicando uma queda de receita neste período. Estes cálculos se repetem até o último período (junho). Estes mesmos procedimentos foram feitos e apresentados na tabela anterior para as contas de desembolsos e resultados.

Uma avaliação que se pode fazer a partir destas três análises horizontais é a seguinte. Ao longo dos seis meses, a variação da receita foi de 4,29%, enquanto a variação dos desembolsos foi de 3,58%. Neste caso, o incremento de receitas foi maior do que o incremento dos desembolsos, acarretando uma melhoria da eficiência financeira da família. Esta melhoria é refletida na variação da conta de resultado, que foi de 6,47%. Portanto, para uma variação de 4,29% na receita, observou-se uma variação de 6,47% (mais do que proporcional) no resultado financeiro. A família conseguiu otimizar seu fluxo de caixa ao longo destes meses.

A outra forma de análise horizontal toma como base de referência o valor do período imediatamente anterior e é apresentada na tabela a seguir:

CONTAS	JAN	FEV	MAR	ABR	MAI	JUN
RECEITAS	R$7.000,00	R$7.250,00	R$6.600,00	R$6.400,00	R$7.200,00	R$7.300,00
AH sobre valor anterior		3,57%	-8,97%	-3,03%	12,50%	1,39%
DESEMBOLSOS	R$5.300,00	R$5.455,00	R$5.255,00	R$5.395,00	R$5.450,00	R$5.490,00
AH sobre valor anterior		2,92%	-3,67%	2,66%	1,02%	0,73%
RESULTADO	R$1.700,00	R$1.795,00	R$1.345,00	R$1.005,00	R$1.750,00	R$1.810,00
AH sobre valor anterior		5,59%	-25,07%	-25,28%	74,13%	3,43%

Tabela 3.8: Análise horizontal sobre o valor anterior

De janeiro a fevereiro, as receitas tiveram uma variação de 3,57% ([7250 – 7000] / 7000). Aliás, esta variação foi a mesma calculada pela outra forma de análise horizontal, em função de, coincidentemente, terem o mesmo valor inicial, o que não ocorre em períodos seguintes. De fevereiro para março, a variação foi de -8,97% ([6600 – 7250] / 7250), indicando queda de receita neste intervalo de tempo. A mesma lógica segue para os demais períodos das receitas e para as demais contas.

Esta análise permite que se verifiquem variações no curto prazo, as quais podem ser utilizadas para permitir algumas decisões sobre níveis de consumo.

3.7. Exemplo

Para proporcionar um melhor entendimento dos tópicos apresentados, além de fortalecer sua fixação, é apresentado um exemplo da estruturação e utilização de um fluxo de caixa. Ele não deve ser compreendido como uma maneira única de estruturar e usar a ferramenta, e sim como um mero exemplo que pode servir como referência para sua realidade específica.

Inicialmente, foi definido o plano de contas do fluxo de caixa desta unidade familiar, conforme quadro a seguir:

ATIVIDADES	CONTAS
Cotidiano	**RECEITAS DE ATIVIDADES LABORAIS**
	Comissões
	Prêmios
	Salários
	DESEMBOLSOS FIXOS OBRIGATÓRIOS
	Condomínio
	Mensalidade escolar
	Plano de saúde
	Salário empregado(a)
	DESEMBOLSOS VARIÁVEIS OBRIGATÓRIOS
	Água/esgoto
	Combustível
	Energia elétrica
	Material escolar
	Mercado
	Remédios
	Telefonia
	Tributos
	Vestuário
	DESEMBOLSOS FIXOS NÃO OBRIGATÓRIOS
	Assinatura de revistas
	TV a cabo
	DESEMBOLSOS VARIÁVEIS NÃO OBRIGATÓRIOS
	Almoços/jantares fora
	Lazer
	Viagens
Investimentos	**RECEITAS DE INVESTIMENTOS**
	Aluguel de imóveis
	Resgate de aplicações
	Venda de ativos
	DESEMBOLSOS DE INVESTIMENTOS
	Aplicação financeira
	Compra de ativos

Continua...

Continuação.

ATIVIDADES	CONTAS
Financiamentos	**RECEITAS DE FINANCIAMENTOS**
	Recebimento de empréstimo
	DESEMBOLSOS DE FINANCIAMENTOS
	Pagamento de empréstimos - juros
	Pagamento de empréstimos - principal

Quadro 3.2: Estrutura do plano de contas

Tal estruturação das contas do fluxo de caixa está respeitando a divisão sugerida anteriormente (primeira coluna). A segunda coluna apresenta as contas sintéticas e analíticas utilizadas. Elas devem refletir completamente todas as movimentações financeiras esperadas/realizadas pela unidade familiar. Isto sugere que estas contas podem ser alteradas (inseridas outras e/ou excluídas algumas) de acordo com a realidade da unidade familiar. As contas em negrito e com todos os caracteres em maiúsculo são contas sintéticas, as quais abrangem as contas analíticas imediatamente abaixo.

Uma vez estruturado o plano de contas, o próximo passo é estimar os valores periódicos para cada conta analítica que compõe o fluxo de caixa. Esta estimativa deve basear-se tanto em valores históricos como em expectativas futuras.

Os valores históricos nos permitem estabelecer uma referência para estimarmos o comportamento futuro de contas cuja realização seja compatível com o comportamento passado. Para contas com características fixas, por exemplo, esta abordagem histórica, normalmente, mostra-se adequada.

Muitas vezes, no entanto, mesmo utilizando esta referência histórica para subsidiar a projeção de comportamento das contas, é importante perceber que, por mais que não haja variação no consumo e consequentemente no nível do desembolso, isto não quer dizer que os valores projetados não sofrerão reajustes derivados de outras causas como, por exemplo, aumento dos preços.

A projeção dos valores tomando por base expectativas futuras também pode ser utilizada. Em função de alterações esperadas em termos de nível de consumo e de poupança, alguns comportamentos históricos podem não ser utilizados como referência para projeções dos valores de uma conta.

Se, por exemplo, a conta de mensalidade escolar no passado foi realizada para apenas um filho e, no próximo ano, o filho mais novo entrará para a escola, naturalmente os valores históricos não serão repetidos no futuro. O aumento do nível de consumo deste serviço (de um para dois alunos) deverá ser considerado, além do eventual aumento da mensalidade escolar de cada um deles.

Mesmo assim, é importante destacar que, ao utilizar expectativas futuras de consumo para projetar as movimentações financeiras de determinados elementos, pode-se partir de uma referência histórica. Esta referência histórica será utilizada como uma base de valor, devendo ser ajustada para o novo nível de consumo.

Os investimentos previstos também deverão ser contemplados no planejamento financeiro. A partir de previsões de sobras de caixa, por exemplo, podem-se estimar investimentos em ativos financeiros ou não financeiros, os quais deverão ter o seu registro indicado no fluxo de caixa.

Portanto, o fluxo de caixa no formato anual pode ser utilizado para fazer o planejamento financeiro ao longo do próximo ano (expresso mensalmente). A tabela a seguir apresenta o resultado do esforço de planejamento financeiro para este período:

CONTAS (Em R$)	1	2	3	4	5	6	7	8	9	10	11	12
RECEITAS DE ATIVIDADES LABORAIS	7.500,00	7.500,00	7.500,00	7.500,00	7.500,00	7.500,00	7.500,00	7.500,00	7.500,00	7.500,00	10.250,00	10.250,00
Comissões	2.000,00	2.000,00	2.000,00	2.000,00	2.000,00	2.000,00	2.000,00	2.000,00	2.000,00	2.000,00	2.000,00	2.000,00
Prêmios												
Salários	5.500,00	5.500,00	5.500,00	5.500,00	5.500,00	5.500,00	5.500,00	5.500,00	5.500,00	5.500,00	8.250,00	8.250,00
DESEMBOLSOS FIXOS OBRIGATÓRIOS	-2.600,00	-2.600,00	-2.600,00	-2.600,00	-2.645,00	-2.645,00	-2.795,00	-2.795,00	-2.795,00	-2.795,00	-2.795,00	-2.795,00
Condomínio	-450,00	-450,00	-450,00	-450,00	-450,00	-450,00	-450,00	-450,00	-450,00	-450,00	-450,00	-450,00
Mensalidade escolar	-900,00	-900,00	-900,00	-900,00	-900,00	-900,00	-1.050,00	-1.050,00	-1.050,00	-1.050,00	-1.050,00	-1.050,00
Plano de saúde	-350,00	-350,00	-350,00	-350,00	-395,00	-395,00	-395,00	-395,00	-395,00	-395,00	-395,00	-395,00
Salário empregado(a)	-900,00	-900,00	-900,00	-900,00	-900,00	-900,00	-900,00	-900,00	-900,00	-900,00	-900,00	-900,00
DESEMBOLSOS VARIÁVEIS OBRIGATÓRIOS	-6.120,00	-4.620,00	-2.620,00	-2.620,00	-2.620,00	-2.620,00	-2.620,00	-2.620,00	-2.620,00	-2.620,00	-2.620,00	-2.620,00
Água/esgoto	-120,00	-120,00	-120,00	-120,00	-120,00	-120,00	-120,00	-120,00	-120,00	-120,00	-120,00	-120,00
Combustível	-400,00	-400,00	-400,00	-400,00	-400,00	-400,00	-400,00	-400,00	-400,00	-400,00	-400,00	-400,00
Energia elétrica	-300,00	-300,00	-300,00	-300,00	-300,00	-300,00	-300,00	-300,00	-300,00	-300,00	-300,00	-300,00
Material escolar	-1.500,00											
Mercado	-1.200,00	-1.200,00	-1.200,00	-1.200,00	-1.200,00	-1.200,00	-1.200,00	-1.200,00	-1.200,00	-1.200,00	-1.200,00	-1.200,00
Remédios	-200,00	-200,00	-200,00	-200,00	-200,00	-200,00	-200,00	-200,00	-200,00	-200,00	-200,00	-200,00
Telefonia	-300,00	-300,00	-300,00	-300,00	-300,00	-300,00	-300,00	-300,00	-300,00	-300,00	-300,00	-300,00

Continua...

Continuação.

CONTAS (Em R$)	1	2	3	4	5	6	7	8	9	10	11	12
Tributos	-2.000,00	-2.000,00										
Vestuário	-100,00	-100,00	-100,00	-100,00	-100,00	-100,00	-100,00	-100,00	-100,00	-100,00	-100,00	-100,00
DESEMBOLSOS FIXOS NÃO OBRIGATÓRIOS	**-190,00**	**-190,00**	**-190,00**	**-190,00**	**-220,00**	**-220,00**	**-220,00**	**-220,00**	**-220,00**	**-220,00**	**-220,00**	**-220,00**
Assinatura de revistas	-40,00	-40,00	-40,00	-40,00	-40,00	-40,00	-40,00	-40,00	-40,00	-40,00	-40,00	-40,00
TV a cabo	-150,00	-150,00	-150,00	-150,00	-180,00	-180,00	-180,00	-180,00	-180,00	-180,00	-180,00	-180,00
DESEMBOLSOS VARIÁVEIS NÃO OBRIGATÓRIOS	**-200,00**	**-200,00**	**-200,00**	**-200,00**	**-200,00**	**-200,00**	**-200,00**	**-200,00**	**-200,00**	**-200,00**	**-200,00**	**-10.200,00**
Almoços/jantares fora	-200,00	-200,00	-200,00	-200,00	-200,00	-200,00	-200,00	-200,00	-200,00	-200,00	-200,00	-200,00
Lazer												
Viagens												-10.000,00
RECEITAS DE INVESTIMENTOS	**1.500,00**	**1.500,00**	**1.500,00**	**1.500,00**	**1.500,00**	**1.500,00**	**1.500,00**	**1.500,00**	**1.500,00**	**1.500,00**	**1.500,00**	**1.500,00**
Aluguel de imóveis	1.500,00	1.500,00	1.500,00	1.500,00	1.500,00	1.500,00	1.500,00	1.500,00	1.500,00	1.500,00	1.500,00	1.500,00
Resgate de aplicações												
Venda de ativos												
DESEMBOLSOS DE INVESTIMENTOS	**-1.000,00**	**-1.000,00**	**-1.000,00**	**-1.000,00**	**-1.000,00**	**-1.000,00**	**-1.000,00**	**-1.000,00**	**-1.000,00**	**-1.000,00**	**-1.000,00**	**-1.000,00**
Aplicação financeira	-1.000,00	-1.000,00	-1.000,00	-1.000,00	-1.000,00	-1.000,00	-1.000,00	-1.000,00	-1.000,00	-1.000,00	-1.000,00	-1.000,00
Compra de ativos												
RECEITAS DE FINANCIAMENTOS	0,00	0,00	0,00	0,00	0,00	0,00	0,00	0,00	0,00	0,00	0,00	0,00
Recebimento de empréstimo												
DESEMBOLSOS DE FINANCIAMENTOS	0,00	0,00	0,00	0,00	0,00	0,00	0,00	0,00	0,00	0,00	0,00	0,00
Pagamento de empréstimos - juros												
Pagamento de empréstimos - principal												

Tabela 3.9*: Fluxo de caixa anual projetado

A primeira coluna apresenta as contas dispostas conforme o plano de contas definido anteriormente. As demais colunas apresentam os valores mensais planejados para cada conta analítica. As contas sintéticas receberão os valores agregados das contas analíticas que fazem parte daquelas. Observe que foi convencionado no fluxo de caixa que os valores de desembolsos estão expressos por números negativos, indicando justamente este caráter de saída de caixa.

As receitas oriundas das atividades laborais tiveram as contas salários e comissões projetadas. Estes valores devem contemplar as expectativas de recebimento ao longo do ano. A conta salários tem um comportamento mais uniforme – considerando tratar-se de um recebimento fixo. Já a conta comissões, por sua natureza, deve apresentar um comportamento variável, dependendo do desempenho laboral da pessoa. Por não ter uma referência mais adequada ou detalhada deste comportamento variável, a projeção foi feita com valores médios esperados – evidentemente, informações mais detalhadas sobre as expectativas de comportamento do desempenho da pessoa que recebe esta remuneração variável poderiam ser aqui consideradas e estimadas em termos financeiros na conta comissões.

Os desembolsos fixos obrigatórios têm os comportamentos financeiros mais previsíveis. Normalmente, o que se deve levar em conta são eventuais aumentos nos preços. Alguns destes elementos têm reajustes previstos contratualmente, o que pode ser observado ao elaborar esta projeção financeira. No exemplo, certamente é o caso das contas de mensalidade escolar e de plano de saúde, cujos valores estimados são reajustados respectivamente nos meses de julho e de maio.

Os desembolsos variáveis obrigatórios têm contas com movimentações financeiras esperadas dependentes do nível de consumo. Sendo assim, esta projeção, ao mesmo tempo que busca estimar os valores futuros, serve como metas de desembolsos máximos em cada conta. Evidentemente, se houver alguma informação mais aprofundada sobre o nível de consumo de certas contas, que podem variar em função do período do ano, isto deve ser refletido já na projeção.

A projeção dos desembolsos fixos não obrigatórios e dos desembolsos variáveis não obrigatórios segue critérios razoavelmente semelhantes aos obrigatórios. Em adição, pela natureza de não obrigatoriedade deles, seus ajustes, quando necessários, são mais fáceis de serem implementados.

A projeção das entradas e saídas de caixa decorrentes de atividades de investimento e de financiamento também pode ser feita conforme expectativas históricas e/ou futuras. Porém, estas projeções normalmente decorrem dos resultados do fluxo de caixa derivado das atividades cotidianas. Espera-se, por exemplo, que novos investimentos sejam projetados se os resultados do fluxo de caixa cotidiano evidenciarem capacidade para novos investimentos.

Por isto é interessante projetar os resultados de cada atividade separadamente, além do resultado contemplando todas elas, conforme tabela a seguir:

RESULTADOS	1	2	3	4	5	6	7	8	9	10	11	12
Cotidiano	-1.610,00	-110,00	1.890,00	1.890,00	1.815,00	1.815,00	1.665,00	1.665,00	1.665,00	1.665,00	4.415,00	-5.585,00
Investimento	500,00	500,00	500,00	500,00	500,00	500,00	500,00	500,00	500,00	500,00	500,00	500,00
Financiamento	0,00	0,00	0,00	0,00	0,00	0,00	0,00	0,00	0,00	0,00	0,00	0,00
Todos	-1.110,00	390,00	2.390,00	2.390,00	2.315,00	2.315,00	2.165,00	2.165,00	2.165,00	2.165,00	4.915,00	-5.085,00

Tabela 3.10*: Fluxo de caixa sintético anual projetado

A primeira linha apresenta os meses. A segunda linha apresenta os resultados considerando somente os reflexos financeiros das atividades cotidianas da família (receitas laborais menos os desembolsos fixos e variáveis, obrigatórios e não obrigatórios). A terceira linha apresenta os resultados das atividades relacionadas aos investimentos (entradas e saídas de investimentos). A penúltima linha mostra as projeções dos resultados dos fluxos de caixa originados pelas atividades de financiamento (entradas e saídas de empréstimos). A última linha apresenta os resultados financeiros completos da família.

O exemplo sugere que a família apresenta dois meses críticos em relação aos resultados financeiros (janeiro e dezembro). São meses nos quais há resultados financeiros negativos das atividades do cotidiano, que devem ser cobertos pelos resultados das atividades de investimentos. No entanto, em janeiro e em dezembro, os resultados auferidos com os investimentos não são suficientes para recuperar o prejuízo das atividades cotidianas, levando a um resultado total negativo. Naturalmente, observando o ano completo, observa-se que há uma predominância de resultados positivos, o que atesta um bom equilíbrio financeiro.

Feito o planejamento financeiro para este período, após a realização destas movimentações financeiras (decorrido o ano anteriormente planejado), podem-se registrar os valores realizados. A tabela a seguir ilustra este registro:

CONTAS (Em R$)	1	2	3	4	5	6	7	8	9	10	11	12
RECEITAS DE ATIVIDADES LABORAIS	6.500,00	7.250,00	7.100,00	7.475,00	7.750,00	7.800,00	7.300,00	7.200,00	7.600,00	7.900,00	7.800,00	7.700,00
Comissões	1.000,00	1.750,00	1.600,00	1.975,00	2.250,00	2.300,00	1.800,00	1.700,00	2.100,00	2.400,00	2.300,00	2.200,00
Prêmios												
Salários	5.500,00	5.500,00	5.500,00	5.500,00	5.500,00	5.500,00	5.500,00	5.500,00	5.500,00	5.500,00	5.500,00	5.500,00
DESEMBOLSOS FIXOS OBRIGATÓRIOS	**-2.600,00**	**-2.600,00**	**-2.600,00**	**-2.600,00**	**-2.645,00**	**-2.645,00**	**-2.795,00**	**-2.795,00**	**-2.795,00**	**-2.795,00**	**-2.795,00**	**-2.795,00**
Condomínio	-450,00	-450,00	-450,00	-450,00	-450,00	-450,00	-450,00	-450,00	-450,00	-450,00	-450,00	-450,00
Mensalidade escolar	-900,00	-900,00	-900,00	-900,00	-900,00	-900,00	-1.050,00	-1.050,00	-1.050,00	-1.050,00	-1.050,00	-1.050,00

Continua...

Continuação.

CONTAS (Em R$)	1	2	3	4	5	6	7	8	9	10	11	12
Plano de saúde	-350,00	-350,00	-350,00	-350,00	-395,00	-395,00	-395,00	-395,00	-395,00	-395,00	-395,00	-395,00
Salário empregado(a)	-900,00	-900,00	-900,00	-900,00	-900,00	-900,00	-900,00	-900,00	-900,00	-900,00	-900,00	-900,00
DESEMBOLSOS VARIÁVEIS OBRIGATÓRIOS	**-6.170,00**	**-4.675,00**	**-2.430,00**	**-2.690,00**	**-2.445,00**	**-2.390,00**	**-2.510,00**	**-2.555,00**	**-2.385,00**	**-2.370,00**	**-2.725,00**	**-2.220,00**
Água/esgoto	-110,00	-115,00	-125,00	-125,00	-125,00	-130,00	-120,00	-120,00	-135,00	-140,00	-130,00	-105,00
Combustível	-415,00	-450,00	-440,00	-430,00	-460,00	-435,00	-395,00	-390,00	-405,00	-395,00	-400,00	-410,00
Energia elétrica	-305,00	-295,00	-315,00	-335,00	-350,00	-320,00	-320,00	-315,00	-295,00	-295,00	-300,00	-300,00
Material escolar	-1.700,00											
Mercado	-1.200,00	-1.300,00	-1.150,00	-1.250,00	-1.200,00	-1.100,00	-1.300,00	-1.350,00	-1.250,00	-1.250,00	-1.300,00	-1.100,00
Remédios	-75,00	0,00	-100,00	0,00	0,00	-80,00	-90,00	-50,00	0,00	0,00	-300,00	0,00
Telefonia	-290,00	-315,00	-300,00	-300,00	-310,00	-325,00	-285,00	-330,00	-300,00	-290,00	-295,00	-305,00
Tributos	-1.975,00	-2.200,00										
Vestuário	-100,00	0,00	0,00	-250,00	0,00	0,00						
DESEMBOLSOS FIXOS NÃO OBRIGATÓRIOS	**-190,00**	**-190,00**	**-190,00**	**-190,00**	**-205,00**	**-205,00**	**-205,00**	**-205,00**	**-165,00**	**-165,00**	**-165,00**	**-165,00**
Assinatura de revistas	-40,00	-40,00	-40,00	-40,00	-40,00	-40,00	-40,00	-40,00	0,00	0,00	0,00	0,00
TV a cabo	-150,00	-150,00	-150,00	-150,00	-165,00	-165,00	-165,00	-165,00	-165,00	-165,00	-165,00	-165,00
DESEMBOLSOS VARIÁVEIS NÃO OBRIGATÓRIOS	**-150,00**	**0,00**	**-250,00**	**-100,00**	**0,00**	**0,00**	**-300,00**	**-100,00**	**-125,00**	**-275,00**	**-8.200,00**	**-7.175,00**
Almoços/jantares fora	-150,00	0,00	-250,00	-100,00	0,00	0,00	-300,00	-100,00	-125,00	-275,00	-200,00	-175,00
Lazer												
Viagens											-8.000,00	-7.000,00
RECEITAS DE INVESTIMENTOS	**1.500,00**	**1.500,00**	**1.500,00**	**1.500,00**	**1.500,00**	**1.500,00**	**1.500,00**	**1.500,00**	**1.700,00**	**1.700,00**	**1.700,00**	**1.700,00**
Aluguel de imóveis	1.500,00	1.500,00	1.500,00	1.500,00	1.500,00	1.500,00	1.500,00	1.500,00	1.700,00	1.700,00	1.700,00	1.700,00
Resgate de aplicações												
Venda de ativos												
DESEMBOLSOS DE INVESTIMENTOS	**-1.000,00**	**-1.250,00**	**-1.000,00**	**-1.300,00**	**-1.150,00**	**-1.450,00**	**-1.000,00**	**-1.000,00**	**-1.300,00**	**-1.000,00**	**-1.250,00**	**-1.000,00**
Aplicação financeira	-1.000,00	-1.250,00	-1.000,00	-1.300,00	-1.150,00	-1.450,00	-1.000,00	-1.000,00	-1.300,00	-1.000,00	-1.250,00	-1.000,00
Compra de ativos												
RECEITAS DE FINANCIAMENTOS	**0,00**	**0,00**	**0,00**	**0,00**	**0,00**	**0,00**	**0,00**	**0,00**	**0,00**	**0,00**	**0,00**	**0,00**
Recebimento de empréstimo												
DESEMBOLSOS DE FINANCIAMENTOS	**0,00**	**0,00**	**0,00**	**0,00**	**0,00**	**0,00**	**0,00**	**0,00**	**0,00**	**0,00**	**0,00**	**0,00**
Pagamento de empréstimos - juros												
Pagamento de empréstimos - principal												

Tabela 3.11*: Fluxo de caixa anual realizado

Alguns – se não a maioria – dos valores realizados foram distintos dos respectivos valores projetados. Isto ocorreu devido a uma série de situações . Dentre as quais, podem ser citadas: falha na projeção, surgimento de fatos novos, aumentos de preços não previstos inicialmente, situações adversas, etc. Enfim, vários são os fatores e acontecimentos que podem fazer com que haja diferenças entre os valores projetados e realizados. Na realidade, não se deve ter uma expectativa de que estamos livres destas diferenças. É algo inerente a todo esforço prospectivo de planejamento.

O que, de fato, deve-se evitar é que tais diferenças sejam muito acentuadas, sobretudo quando elas afetam negativamente os resultados. Por isso a comparação entre o que foi projetado com o que foi realizado deve ser prática rotineira no âmbito familiar. Para ser mais efetiva, tal comparação não deve ser feita após o término do ano em análise. É fundamental que elas ocorram periodicamente ao longo do ano, sempre que um período menor (digamos, um mês ou um bimestre) encerre.

A tabela a seguir ilustra esta comparação entre os fluxos de caixa realizado e projetado em termos absolutos:

CONTAS (Em R$)	1	2	3	4	5	6	7	8	9	10	11	12	Total
RECEITAS DE ATIVIDADES LABORAIS	**-1.000,00**	**-250,00**	**-400,00**	**-25,00**	**250,00**	**300,00**	**-200,00**	**-300,00**	**100,00**	**400,00**	**-2.450,00**	**-2.550,00**	**-6.125,00**
Comissões	-1.000,00	-250,00	-400,00	-25,00	250,00	300,00	-200,00	-300,00	100,00	400,00	300,00	200,00	-625,00
Prêmios	0,00	0,00	0,00	0,00	0,00	0,00	0,00	0,00	0,00	0,00	0,00	0,00	0,00
Salários	0,00	0,00	0,00	0,00	0,00	0,00	0,00	0,00	0,00	0,00	-2.750,00	-2.750,00	-5.500,00
DESEMBOLSOS FIXOS OBRIGATÓRIOS	**0,00**	**0,00**	**0,00**	**0,00**	**0,00**	**0,00**	**0,00**	**0,00**	**0,00**	**0,00**	**0,00**	**0,00**	**0,00**
Condomínio	0,00	0,00	0,00	0,00	0,00	0,00	0,00	0,00	0,00	0,00	0,00	0,00	0,00
Mensalidade escolar	0,00	0,00	0,00	0,00	0,00	0,00	0,00	0,00	0,00	0,00	0,00	0,00	0,00
Plano de saúde	0,00	0,00	0,00	0,00	0,00	0,00	0,00	0,00	0,00	0,00	0,00	0,00	0,00
Salário empregado(a)	0,00	0,00	0,00	0,00	0,00	0,00	0,00	0,00	0,00	0,00	0,00	0,00	0,00
DESEMBOLSOS VARIÁVEIS OBRIGATÓRIOS	**-50,00**	**-55,00**	**190,00**	**-70,00**	**175,00**	**230,00**	**110,00**	**65,00**	**235,00**	**250,00**	**-105,00**	**400,00**	**1.375,00**
Água/esgoto	10,00	5,00	-5,00	-5,00	-5,00	-10,00	0,00	0,00	-15,00	-20,00	-10,00	15,00	-40,00
Combustível	-15,00	-50,00	-40,00	-30,00	-60,00	-35,00	5,00	10,00	-5,00	5,00	0,00	-10,00	-225,00
Energia elétrica	-5,00	5,00	-15,00	-35,00	-50,00	-20,00	-20,00	-15,00	5,00	5,00	0,00	0,00	-145,00
Material escolar	-200,00	0,00	0,00	0,00	0,00	0,00	0,00	0,00	0,00	0,00	0,00	0,00	-200,00
Mercado	0,00	-100,00	50,00	-50,00	0,00	100,00	-100,00	-150,00	-50,00	-50,00	-100,00	100,00	-350,00
Remédios	125,00	200,00	100,00	200,00	200,00	120,00	110,00	150,00	200,00	200,00	-100,00	200,00	1.705,00

Continua...

Continuação.

CONTAS (Em R$)	1	2	3	4	5	6	7	8	9	10	11	12	Total
Telefonia	10,00	-15,00	0,00	0,00	-10,00	-25,00	15,00	-30,00	0,00	10,00	5,00	-5,00	-45,00
Tributos	25,00	-200,00	0,00	0,00	0,00	0,00	0,00	0,00	0,00	0,00	0,00	0,00	-175,00
Vestuário	0,00	100,00	100,00	-150,00	100,00	100,00	100,00	100,00	100,00	100,00	100,00	100,00	850,00
DESEMBOLSOS FIXOS NÃO OBRIGATÓRIOS	**0,00**	**0,00**	**0,00**	**0,00**	**15,00**	**15,00**	**15,00**	**15,00**	**55,00**	**55,00**	**55,00**	**55,00**	**280,00**
Assinatura de revistas	0,00	0,00	0,00	0,00	0,00	0,00	0,00	0,00	40,00	40,00	40,00	40,00	160,00
TV a cabo	0,00	0,00	0,00	0,00	15,00	15,00	15,00	15,00	15,00	15,00	15,00	15,00	120,00
DESEMBOLSOS VARIÁVEIS NÃO OBRIGATÓRIOS	**50,00**	**200,00**	**-50,00**	**100,00**	**200,00**	**200,00**	**-100,00**	**100,00**	**75,00**	**-75,00**	**-8.000,00**	**3.025,00**	**-4.275,00**
Almoços/jantares fora	50,00	200,00	-50,00	100,00	200,00	200,00	-100,00	100,00	75,00	-75,00	0,00	25,00	725,00
Lazer	0,00	0,00	0,00	0,00	0,00	0,00	0,00	0,00	0,00	0,00	0,00	0,00	0,00
Viagens	0,00	0,00	0,00	0,00	0,00	0,00	0,00	0,00	0,00	0,00	-8.000,00	3.000,00	-5.000,00
RECEITAS DE INVESTIMENTOS	**0,00**	**0,00**	**0,00**	**0,00**	**0,00**	**0,00**	**0,00**	**0,00**	**200,00**	**200,00**	**200,00**	**200,00**	**800,00**
Aluguel de imóveis	0,00	0,00	0,00	0,00	0,00	0,00	0,00	0,00	200,00	200,00	200,00	200,00	800,00
Resgate de aplicações	0,00	0,00	0,00	0,00	0,00	0,00	0,00	0,00	0,00	0,00	0,00	0,00	0,00
Venda de ativos	0,00	0,00	0,00	0,00	0,00	0,00	0,00	0,00	0,00	0,00	0,00	0,00	0,00
DESEMBOLSOS DE INVESTIMENTOS	**0,00**	**-250,00**	**0,00**	**-300,00**	**-150,00**	**-450,00**	**0,00**	**0,00**	**-300,00**	**0,00**	**-250,00**	**0,00**	**-1.700,00**
Aplicação financeira	0,00	-250,00	0,00	-300,00	-150,00	-450,00	0,00	0,00	-300,00	0,00	-250,00	0,00	-1.700,00
Compra de ativos	0,00	0,00	0,00	0,00	0,00	0,00	0,00	0,00	0,00	0,00	0,00	0,00	0,00
RECEITAS DE FINANCIAMENTOS	**0,00**	**0,00**	**0,00**	**0,00**	**0,00**	**0,00**	**0,00**	**0,00**	**0,00**	**0,00**	**0,00**	**0,00**	**0,00**
Recebimento de empréstimo	0,00	0,00	0,00	0,00	0,00	0,00	0,00	0,00	0,00	0,00	0,00	0,00	0,00
DESEMBOLSOS DE FINANCIAMENTOS	**0,00**	**0,00**	**0,00**	**0,00**	**0,00**	**0,00**	**0,00**	**0,00**	**0,00**	**0,00**	**0,00**	**0,00**	**0,00**
Pagamento de empréstimos - juros	0,00	0,00	0,00	0,00	0,00	0,00	0,00	0,00	0,00	0,00	0,00	0,00	0,00
Pagamento de empréstimos – principal	0,00	0,00	0,00	0,00	0,00	0,00	0,00	0,00	0,00	0,00	0,00	0,00	0,00

Tabela 3.12*: Fluxo de caixa anual realizado - projetado

No exemplo apresentado, há meses em que os resultados realizados foram maiores do que os projetados (janeiro, maio, junho, setembro e outubro) e outros que tiveram comparação inversa (fevereiro, março, abril, julho, agosto, novembro e dezembro).

Observe que estes quadros permitem que ajustes aos fluxos de caixa sejam feitos a fim de preservar os resultados desejados. Os membros da família poderiam, de posse desta informação, identificar que elementos contribuíram mais para que o resultado realizado fosse abaixo do projetado nos cinco meses com esta característica.

No exemplo, percebe-se que houve diferença mais acentuada nas contas projetadas e realizadas de receita de atividades laborais. Dois pontos foram predominantes. O primeiro foi a realização das receitas de comissões abaixo do que foi inicialmente estimado. Em segundo lugar, não foram feitos os pagamentos das parcelas do décimo terceiro salário em novembro e em dezembro. Ambos tiveram forte impacto nos resultados realizados da família.

Uma contrapartida a estes problemas de receitas laborais foi o acréscimo de receitas oriundas de aluguel a partir de setembro. Provavelmente, deveu-se ao reajuste anual não previsto inicialmente que acarretou uma receita superior nos quatro últimos meses do ano.

Em termos de desembolsos, não houve variações muito significativas. As contas de desembolso obrigatório não tiveram variações expressivas, até mesmo porque sua previsibilidade é geralmente melhor. A exceção a isto foi a conta de viagens. Em novembro, houve um desembolso não previsto de R$8.000,00 para viagens, cuja realização teve um impacto muito forte no resultado deste mês.

Esta comparação pode ser realizada de outra maneira, Veja na tabela seguinte um exemplo dessa comparação em termos percentuais.

CONTAS	1	2	3	4	5	6	7	8	9	10	11
RECEITAS DE ATIVIDADES LABORAIS	-13,33%	-3,33%	-5,33%	-0,33%	3,33%	4,00%	-2,67%	-4,00%	1,33%	5,33%	-23,90%
Comissões	-50,00%	-12,50%	-20,00%	-1,25%	12,50%	15,00%	-10,00%	-15,00%	5,00%	20,00%	15,00%
Prêmios											
Salários	0,00%	0,00%	0,00%	0,00%	0,00%	0,00%	0,00%	0,00%	0,00%	0,00%	-33,33%
DESEMBOLSOS FIXOS OBRIGATÓRIOS	0,00%	0,00%	0,00%	0,00%	0,00%	0,00%	0,00%	0,00%	0,00%	0,00%	0,00%
Condomínio	0,00%	0,00%	0,00%	0,00%	0,00%	0,00%	0,00%	0,00%	0,00%	0,00%	0,00%
Mensalidade escolar	0,00%	0,00%	0,00%	0,00%	0,00%	0,00%	0,00%	0,00%	0,00%	0,00%	0,00%
Plano de saúde	0,00%	0,00%	0,00%	0,00%	0,00%	0,00%	0,00%	0,00%	0,00%	0,00%	0,00%
Salário empregado(a)	0,00%	0,00%	0,00%	0,00%	0,00%	0,00%	0,00%	0,00%	0,00%	0,00%	0,00%
DESEMBOLSOS VARIÁVEIS OBRIGATÓRIOS	0,82%	1,19%	-7,25%	2,67%	-6,68%	-8,78%	-4,20%	-2,48%	-8,97%	-9,54%	4,01%
Água/esgoto	-8,33%	-4,17%	4,17%	4,17%	4,17%	8,33%	0,00%	0,00%	12,50%	16,67%	8,33%
Combustível	3,75%	12,50%	10,00%	7,50%	15,00%	8,75%	-1,25%	-2,50%	1,25%	-1,25%	0,00%
Energia elétrica	1,67%	-1,67%	5,00%	11,67%	16,67%	6,67%	6,67%	5,00%	-1,67%	-1,67%	0,00%

Continua...

Continuação.

CONTAS	1	2	3	4	5	6	7	8	9	10	11
Material escolar	13,33%										
Mercado	0,00%	8,33%	-4,17%	4,17%	0,00%	-8,33%	8,33%	12,50%	4,17%	4,17%	8,33%
Remédios	-62,50%	-100,00%	-50,00%	-100,00%	-100,00%	-60,00%	-55,00%	-75,00%	-100,00%	-100,00%	50,00%
Telefonia	-3,33%	5,00%	0,00%	0,00%	3,33%	8,33%	-5,00%	10,00%	0,00%	-3,33%	-1,67%
Tributos	-1,25%	10,00%									
Vestuário	0,00%	-100,00%	-100,00%	150,00%	-100,00%	-100,00%	-100,00%	-100,00%	-100,00%	-100,00%	-100,00%
DESEMBOLSOS FIXOS NÃO OBRIGATÓRIOS	**0,00%**	**0,00%**	**0,00%**	**0,00%**	**-6,82%**	**-6,82%**	**-6,82%**	**-6,82%**	**-25,00%**	**-25,00%**	**-25,00%**
Assinatura de revistas	0,00%	0,00%	0,00%	0,00%	0,00%	0,00%	0,00%	0,00%	-100,00%	-100,00%	-100,00%
TV a cabo	0,00%	0,00%	0,00%	0,00%	-8,33%	-8,33%	-8,33%	-8,33%	-8,33%	-8,33%	-8,33%
DESEMBOLSOS VARIÁVEIS NÃO OBRIGATÓRIOS	**-25,00%**	**-100,00%**	**25,00%**	**-50,00%**	**-100,00%**	**-100,00%**	**50,00%**	**-50,00%**	**-37,50%**	**37,50%**	**4000,00%**
Almoços/jantares fora	-25,00%	-100,00%	25,00%	-50,00%	-100,00%	-100,00%	50,00%	-50,00%	-37,50%	37,50%	0,00%
Lazer											
Viagens											
RECEITAS DE INVESTIMENTOS	**0,00%**	**0,00%**	**0,00%**	**0,00%**	**0,00%**	**0,00%**	**0,00%**	**0,00%**	**13,33%**	**13,33%**	**13,33%**
Aluguel de imóveis	0,00%	0,00%	0,00%	0,00%	0,00%	0,00%	0,00%	0,00%	13,33%	13,33%	13,33%
Resgate de aplicações											
Venda de ativos											
DESEMBOLSOS DE INVESTIMENTOS	**0,00%**	**25,00%**	**0,00%**	**30,00%**	**15,00%**	**45,00%**	**0,00%**	**0,00%**	**30,00%**	**0,00%**	**25,00%**
Aplicação financeira	0,00%	25,00%	0,00%	30,00%	15,00%	45,00%	0,00%	0,00%	30,00%	0,00%	25,00%
Compra de ativos											
RECEITAS DE FINANCIAMENTOS											
Recebimento de empréstimo											
DESEMBOLSOS DE FINANCIAMENTOS											
Pagamento de empréstimos - juros											
Pagamento de empréstimos - principal											

RESULTADOS	1	2	3	4	5	6	7	8	9	10	11
Cotidiano	62,11%	95,45%	-13,76%	0,26%	35,26%	41,05%	-10,51%	-7,21%	27,93%	37,84%	-237,83%
Investimento	0,00%	-50,00%	0,00%	-60,00%	-30,00%	-90,00%	0,00%	0,00%	-20,00%	40,00%	-10,00%
Financiamento											
Todos	90,09%	-91,03%	-10,88%	-12,34%	21,17%	12,74%	-8,08%	-5,54%	16,86%	38,34%	-214,65%

Tabela 3.13*: Comparação percentual entre realizado e projetado

A visualização percentual complementa a absoluta. Ela provê uma dimensão relativa de diferença entre os valores realizados e projetados, o que evita conclusões enviesadas por diferenças absolutas. Algumas diferenças absolutas podem parecer grandes, porém, quando comparadas aos valores analisados, podem se mostrar relativamente pequenas. De forma semelhante, algumas diferenças absolutas pequenas podem indicar um grande desvio quando analisadas de maneira relativa (percentual).

3.8. Dicas para elaborar projeções financeiras

Com o objetivo de facilitar a elaboração das projeções financeiras necessárias ao planejamento financeiro, apresentamos algumas dicas para a projeção das contas. O quadro a seguir apresenta as contas na primeira coluna. Na segunda coluna, são apresentadas dicas para permitir as projeções, além de alguns cuidados típicos.

CONTAS	DICAS/CUIDADOS
RECEITAS DE ATIVIDADES LABORAIS	
Comissões	Veja o comportamento histórico de suas comissões. Se possível, verifique o planejamento comercial da empresa em que você trabalha. Não esqueça que efeitos sazonais podem afetar seu desempenho. Seja conservador a fim de evitar estimativas irreais.
Prêmios	Vale o mesmo da dica anterior.
Salários	O salário a ser considerado é o líquido. Analise as possibilidades de aumento por promoção e/ou por ganhos em função de reajustes (acordo coletivo de trabalho).
DESEMBOLSOS FIXOS OBRIGATÓRIOS	
Condomínio	Veja qual tem sido o aumento médio do seu condomínio nos últimos anos e converse com o síndico. Avalie a possibilidade de existência de cotas extras.

Continua...

Continuação.

CONTAS	DICAS/CUIDADOS
Mensalidade escolar	Há dois tipos de aumentos em mensalidades escolares: o autorizado pelo governo (anuais, em função de acordos legais) e o da mudança de nível (saída do quinto ano para o sexto ano, por exemplo). Uma outra situação que pode implicar em mudança no nível de desembolso é quando a criança muda de escola. Não se esqueça que, em determinados momentos do ano, você paga mais de uma mensalidade. A conta da mensalidade escolar também contempla atividades extras como cursos de línguas, aulas de reforço, danças, esportes, etc.
Plano de saúde	Os planos de saúde podem sofrer variações de preço em função do aumento do governo e também em função da mudança de faixa etária. Observe os aumentos que o governo tem concedido e verifique com o plano se você vai mudar de faixa. Em planos de saúde com coparticipação, os desembolsos podem ser variáveis em função do uso.
Salário do(a) empregado(a) doméstico(a)	Veja quanto o governo vai conceder de aumento para o salário mínimo. Não se esqueça de contemplar no mês de férias o 1/3 de férias e o 13º no final do ano. Considere também os encargos sociais devidos.
DESEMBOLSOS VARIÁVEIS OBRIGATÓRIOS	
Água/esgoto	No caso de morar em condomínio, pode ser que esta conta não exista, por já estar incluída no condomínio. Mas se esse desembolso existir, pesquise qual é a perspectiva de aumento por parte do governo. Tenha como base o histórico de consumo no último ano e veja se existe sazonalidade ao longo desse período.
Combustível	A conta de combustível fará uso do histórico e terá o seu valor projetado em função da perspectiva do aumento do preço dos combustíveis. Ela pode sofrer impacto a partir de uma eventual mudança de carro. O nível de consumo pode ser afetado por mudança de domicílio, de local de trabalho, da escola das crianças e outras. Esta conta também pode sofrer sazonalidade. Durante as férias, por exemplo, diminuem as atividades escolares, mas aumenta o lazer (viagens).
Energia elétrica	Veja o histórico, a inflação e a perspectiva de aumento do governo. Esta é uma conta sujeita a sazonalidades em função do aspecto climático. Como no verão, em função do uso mais intenso de ar-condicionado, ou no inverno, com o aumento do uso do chuveiro elétrico.

Continua...

Continuação.

CONTAS	DICAS/CUIDADOS
Material escolar	Fazer uso do histórico e projetar o percentual de aumento. Esta conta é impactada pela mudança de nível do aluno e também pela escola. Temos ainda a sazonalidade. Geralmente têm-se valores mais representativos no início do ano letivo. Não se esqueça do material escolar das atividades complementares.
Mercado	A conta de mercado deverá contemplar o supermercado, padaria, carnes, frutas e verduras e em alguns casos a despesas com água mineral. A dica é trabalhar com o histórico das contas e projetar um aumento inflacionário.
Remédios	A conta de remédios ou farmácia pode ter uma parte que é constante, quando temos o uso de medicamentos de forma contínua, ou ser afetada por situações imprevistas. A dica é trabalhar com o histórico e projetar um aumento inflacionário. Se uma criança estiver para nascer, a conta de farmácia pode ter um aumento expressivo.
Telefonia	A conta de telefonia precisa contemplar a telefonia móvel e a telefonia fixa. A dica é trabalhar com o histórico e projetar aumentos pequenos. Para profissionais liberais que fazem uso intensivo do telefone, ela faz parte da profissão. Planos pré-pagos permitem uma maior previsibilidade, apesar de serem, geralmente, mais caros do que os pós-pagos.
Tributos	A conta de tributos pode ser constituída de diversos itens, tais como INSS dos funcionários, IPVA, IPTU, ISS autônomo e Imposto de Renda Pessoa Física. O INSS dos funcionários depende do salário deles. O IPTU será impactado por eventuais aumentos nas alíquotas e pelo valor venal do imóvel. O IPVA poderá aumentar ou diminuir em função do valor do carro (tende-se a diminuir em caso de permanência do mesmo veículo). Uma outra avaliação no caso do IPTU e do IPVA será a forma de pagamento (de uma única vez ou parcelado). Geralmente a incidência destes impostos é registrada no primeiro semestre.
Vestuário	Para conta de vestuário a dica é usar o histórico e projetar um aumento um pouco superior ao da inflação. Um outro aspecto que afeta esta conta é a mudança de perfil de consumo. Se passar a consumir produtos de marca superiores, o valor da conta aumentará. A dica é definir um valor e realizar as compras em função deste valor. Esta conta pode ser afetada por questões sazonais ou momentos festivos (aniversários, casamentos, formaturas, fim do ano, etc.)

Continua...

Continuação.

CONTAS	DICAS/CUIDADOS
DESEMBOLSOS FIXOS NÃO OBRIGATÓRIOS	
Assinatura de revistas	Ver o histórico, o período de renovação e projetar um pequeno aumento. A dica é aproveitar as promoções de renovação.
TV a cabo	A TV a cabo é uma despesa cada vez mais comum e geralmente ligada à internet. A dica é aproveitar as promoções, manter o preço ou, se possível, até diminuir.
DESEMBOLSOS VARIÁVEIS NÃO OBRIGATÓRIOS	
Almoços/jantares fora	A conta de almoço e jantar fora deve fazer uso do histórico. Esta é uma conta que pode variar muito em função do estilo de consumo. A dica é definir um valor e adequar as saídas ao valor definido.
Lazer	Fazer uso do histórico e também definir um valor adequado ao seu orçamento. Esta conta geralmente aumenta no período de férias e no fim do ano.
Viagens	Viagem é algo que precisa ter um planejamento mais detalhado. Viagens recorrentes, como visitar a família, podem ser orçadas em função de um histórico. Por outro lado, viagens de férias precisam ser orçadas (hotel, passagens, alimentação, transporte...) podendo ser pagas antecipadamente e com maior previsibilidade. Veja o calendário de feriados e de férias e converse com a família. Cuidado com as contas depois da viagem que não estavam orçadas, pois elas podem lhe gerar grandes problemas. Se possível, viaje na baixa estação.
RECEITAS DE INVESTIMENTOS	
Aluguel de imóveis	Veja a projeção dos índices e como está o mercado. Analise a probabilidade de seu imóvel ficar vago.
Resgate de aplicações	O resgate de aplicações geralmente aplica-se às seguintes situações: na fase de aposentadoria como complemento da renda, ou seja, algo já planejado. O resgate de algo que estava sendo guardado para determinado fim como (comprar um carro, fazer uma viagem, comprar um imóvel, etc.). Uma outra situação é o resgate da reserva emergencial para cobrir, por exemplo, o gasto com um acidente com o carro. Evite resgatar aplicações para cobrir gastos que podiam ser evitados. Reveja o seu orçamento.
Venda de ativos	A venda de ativo só tem sentido nas seguintes situações: se for uma boa oportunidade, se fizer parte de um projeto como a troca de um imóvel, se fizer parte do planejamento da aposentadoria ou ainda para fazer um outro investimento com melhor rentabilidade. Aqui vale também a dica: evite vender ativos para cobrir gastos que podem ser revistos. Refaça o seu orçamento.

Continua...

Continuação.

CONTAS	DICAS/CUIDADOS
DESEMBOLSOS DE INVESTIMENTOS	
Aplicação financeira	Aqui vai uma grande dica. Comece o seu orçamento por esta conta. Defina o quanto você deseja guardar para os seus objetivos. O que sobrar é o que você pode gastar.
Compra de ativos	Esta conta pode contemplar desde a compra de um carro até a compra de um imóvel. Veja o seu contrato e coloque as prestações de acordo com o contrato.
RECEITAS DE FINANCIAMENTOS	
Recebimento de empréstimo	Este tipo de receita deve ser usado para aquisição de um bem de forma planejada. Evite colocar este tipo de operação no seu orçamento para cobrir despesas que poderiam ser evitadas. Como, por exemplo, comprar um carro além das suas condições. Refaça o seu orçamento se for o caso. Existem situações específicas nas quais o empréstimo pode ser melhor do que usar um recurso próprio. Como, por exemplo, no caso de um pequeno comerciante ou de um profissional liberal. Dica: avalie com cuidado a real necessidade de contrair um empréstimo.
DESEMBOLSOS DE FINANCIAMENTOS	
Pagamento de empréstimos - juros	Veja as regras da linha de crédito que você vai usar. Pesquise a melhor forma de financiar.
Pagamento de empréstimos - principal	Seguir mesma orientação do item anterior.

Quadro 3.3: Dicas para elaborar projeções financeiras

3.9. Referências

Livros que abordam o fluxo de caixa e que podem ser consultados para complementar este capítulo:

CORREIA NETO, Jocildo F. *Elaboração e Avaliação de Projetos*. Elsevier. 2009.

FREZATTI, Fábio. *Gestão do Fluxo de Caixa*. Atlas, 2014.

4. Orçamento de Caixa

A sobrevivência operacional das empresas está intimamente ligada à qualidade da gestão do seu caixa. O mesmo ocorre na unidade familiar. Nas empresas, o departamento responsável pelo gerenciamento do caixa é a tesouraria. Seus colaboradores geralmente cuidam das contas a pagar, das contas a receber, dos saldos bancários e do fluxo de caixa, realizando a gestão do caixa de forma a garantir que a empresa tenha condições de honrar todos os seus compromissos. Nas unidades familiares, os seus membros também deverão ter estas preocupações e tomar as decisões mais adequadas em termos de saldos de caixa. Em diversos momentos, temos que realizar decisões de tesouraria, tais como de onde retirar recursos quando da falta de caixa ou o que fazer com as eventuais sobras de caixa.

Uma vez que o fluxo de caixa da família foi projetado ou realizado, o passo seguinte, bastante importante, é verificar os impactos sobre os saldos de caixa, os quais definem certas decisões que devem ser tomadas pela família. O orçamento de caixa trata da gestão dos níveis de caixa no que se refere aos seus eventuais excessos ou faltas.

O capítulo inicia com a conceituação de caixa e sua necessidade para as famílias. Em seguida, trata do orçamento de caixa. Parte-se, então, para a apresentação das decisões sobre os saldos de caixa que devem ser tomadas. Por fim, alguns aspectos adicionais são apresentados, como forma de complementação dos conceitos.

4.1. História motivadora

Iuri é um rapaz que tem uma certa tendência a consumir itens de tecnologia tão logo eles são lançados. No jargão tecnológico, ele é chamado de *early adopter*.

Infelizmente, tal comportamento tem comprometido um pouco suas finanças pessoais, apesar da satisfação sentida em ter os dispositivos tecnológicos mais recentes. Para comprar todos estes aparatos, ele costuma recorrer a parcelamentos no cartão de crédito ou no crediário das lojas. Em ambos os casos, a cada compra, ele assume parcelas que vencerão no futuro e que deverão ser honradas (a educação recebida de seus pais não permitiria que ele ficasse devendo na praça).

Ao perceber que havia muitas parcelas futuras a serem pagas, acrescentando-se a alguns desembolsos que ocorrem sazonalmente em determinadas épocas do ano, ele ficou preocupado com a possibilidade de não ter os recursos financeiros suficientes para fazer todos os pagamentos programados. Mas não sabia ao certo como estimar se eventualmente faltariam recursos financeiros.

Sua irmã, Luna, formada em administração de empresas e sempre preocupada com o irmão mais novo, comentou que ele poderia antever se eventualmente faltaria dinheiro fazendo um orçamento de caixa. Ela explicou a ele que, com este instrumento derivado do fluxo de caixa, ele poderia prever as datas nas quais eventualmente faltariam ou sobrariam recursos financeiros a partir da movimentação esperada de caixa. Com estas informações, ele poderia tomar uma decisão antecipada, a fim de evitar ficar inadimplente frente aos seus compromissos.

Montado o orçamento de caixa, Iuri pôde verificar que seu impulso para compras tecnológicas teria que ser freado imediatamente, sob pena de ter seu cadastro negativado na praça. Ainda bem que ele descobriu isto a tempo. Por outro lado, não terá como comprar o mais recente lançamento de smartphone do mercado. Terá que ficar com o seu atual por mais um tempo.

4.2. Necessidade de caixa

Genericamente falando, o termo caixa diz respeito a todo recurso financeiro disponível imediatamente ao indivíduo ou à família. Sendo assim, caixa se refere basicamente tanto a dinheiro em espécie como a depósitos à vista em instituições bancárias que podem ser movimentados imediatamente sem qualquer tipo de empecilho ou custo. São recursos financeiros altamente líquidos, não havendo custo ou demora para fazer uso deles em alguma transação financeira.

O conceito de liquidez é muito importante. Se o recurso financeiro não tiver seu uso permitido imediatamente ou se houver algum custo para o seu uso imediato, ele não pode ser considerado um recurso líquido. Portanto, aplicações financeiras com carência de resgate não podem ser consideradas imediatamente líquidas. Se você resgatá-las antes do prazo acertado, você não terá direito ao rendimento esperado, o que configura um custo financeiro.

Há, pelo menos, três motivos para que o indivíduo ou a família mantenha determinado nível de caixa disponível. O primeiro motivo é ter disponibilidade financeira para honrar as compras de bens ou ativos, bem como de pagamentos de serviços recebidos. Sem caixa suficiente, é possível que alguns compromissos não sejam honrados, levando a família a enfrentar consequências, tais como a inclusão do nome de um dos membros em algum cadastro de negativação de crédito.

O segundo motivo que indica a necessidade de caixa é a segurança que ele proporciona. Dispor de recurso financeiro com liquidez imediata confere ao seu detentor uma certa segurança contra imprevistos que podem forçar uma rápida necessidade de desembolso financeiro. Naturalmente, este uso é circunstancial e de pouquíssima capacidade de previsão. Por isto mesmo, a manutenção de caixa é essencial para honrar compromissos urgentes e imprevistos.

Um último motivo para a manutenção de certo nível de caixa é a especulação. O termo especulação é usado aqui no sentido de negociação em condições favoráveis. Quando se tem disponibilidade de recursos financeiros, ao se deparar com oportunidades de aquisição de ativos, por exemplo, tal condição de liquidez confere ao seu detentor uma situação vantajosa para conduzir a negociação. Especificamente, dispor de recursos financeiros permite a ele fazer propostas comerciais em melhores condições e aproveitar eventuais fraquezas financeiras do vendedor.

4.3. Orçamento de caixa

A seção anterior deve ter proporcionado a percepção de que, a cada momento, o indivíduo ou a família dispõe de determinado saldo (ou nível) de caixa. À medida que ocorrem movimentações financeiras, este montante é modificado. Quando há movimentações financeiras de entrada, o nível do caixa é aumentado. Para movimentações financeiras de saída, ele diminui.

Há, portanto, uma estreita relação entre o fluxo de caixa – objeto do capítulo anterior – e os saldos de caixa – objeto deste capítulo. A partir de cada movimentação financeira registrada no fluxo de caixa, há um impacto direto no nível de caixa. Portanto, o gerenciamento de ambos deve ser feito de maneira estreita e sincronizada.

O gerenciamento dos saldos de caixa é conhecido por orçamento de caixa. O orçamento de caixa consiste basicamente em projetar os saldos de caixa esperados a partir do saldo de caixa inicial do período e da movimentação financeira esperada (fluxo de caixa). Portanto, parte-se de um saldo inicial do período analisado, o qual será somado ao resultado do fluxo de caixa do primeiro período em análise (digamos, por exemplo, do primeiro dia de um determinado mês). Ao final deste dia, após todas as movimentações financeiras de entrada e de saída, o resultado do saldo inicial deste dia acrescido ao resultado de todas as movimentações financeiras gera o saldo final do dia. Este saldo final será o saldo inicial do dia seguinte.

A lógica para os demais dias da análise é a mesma: para cada dia, o saldo inicial é somado ao resultado de todas as movimentações financeiras do dia de forma a gerar o saldo final deste dia, o qual será transportado como saldo inicial do dia seguinte.

Observe este exemplo simples. Uma família projetou o seguinte fluxo de caixa para os próximos dez dias úteis.

DIA	1	2	3	4	5	6	7	8	9	10
Entradas	R$ 6.000,00									
Saídas		-R$ 750,00	-R$ 2.500,00		-R$ 1.500,00		-R$ 500,00			-R$ 1.000,00

Tabela 4.1*: Fluxo de caixa diário

Este fluxo de caixa está em formato de tabela. De forma a facilitar sua apresentação, as contas analíticas estão ocultas, restando apenas as contas sintéticas. A linha de entradas agrega todos os encaixes financeiros (movimentações financeiras positivas). A linha de saídas, por sua vez, agrega todos os desencaixes financeiros (movimentações financeiras negativas).

A fim de verificar o impacto destas movimentações financeiras nos saldos de caixa, inicialmente temos que estimar o saldo de caixa disponível no primeiro dia da série. Admita, hipoteticamente, que o saldo inicial do primeiro dia seja de R$500,00. Com esta informação, os saldos diários poderão ser estimados, conforme tabela a seguir.

DIA	1	2	3	4	5	6	7	8	9	10
SALDO INICIAL	R$ 500,00	R$ 6.500,00	R$ 5.750,00	R$ 3.250,00	R$ 3.250,00	R$ 1.750,00	R$ 1.750,00	R$ 1.250,00	R$ 1.250,00	R$ 1.250,00
Entradas	R$ 6.000,00									
Saídas		-R$ 750,00	-R$ 2.500,00		-R$ 1.500,00		-R$ 500,00			-R$ 1.000,00
SALDO FINAL	R$ 6.500,00	R$ 5.750,00	R$ 3.250,00	R$ 3.250,00	R$ 1.750,00	R$ 1.750,00	R$ 1.250,00	R$ 1.250,00	R$ 1.250,00	R$ 250,00

Tabela 4.2*: Saldos finais diários

O saldo inicial do primeiro dia será somado à entrada de R$6.000,00, gerando um saldo final de R$6.500,00. Este será o saldo inicial do segundo dia cuja movimentação financeira envolve apenas saídas no valor de R$750,00. O saldo final do segundo dia será, portanto, R$5.750,00, que será levado ao início do terceiro dia. Ao final do terceiro dia, o saldo será R$3.250,00, resultado do seu saldo inicial menos R$2.500,00. No quarto dia, não há nenhuma movimentação financeira, o que indica não haver alteração de saldo. O raciocínio segue de maneira similar até o último dia da projeção.

Alternativamente, os dados do fluxo de caixa também poderiam ser apresentados como um extrato, conforme a próxima tabela.

Dia	Valor projetado	Conta	Meio de pagamento	Histórico
1	R$ 6.000,00	Salários	Depósito bancário	
2	-R$ 750,00	Salário empregado(a)	Dinheiro	
3	-R$ 2.500,00	Condomínio	Débito bancário	Aluguel + condomínio
5	-R$ 1.000,00	Plano de saúde	Débito bancário	
5	-R$ 500,00	Energia elétrica	Débito bancário	Mês XX
7	-R$ 150,00	TV a cabo	Débito bancário	Mês XX
7	-R$ 350,00	Água/esgoto	Débito bancário	Mês XX
10	-R$ 1.000,00	Mensalidade escolar	Débito bancário	Mês XX

Tabela 4.3: Fluxo de caixa em formato de extrato

A primeira coluna contém o dia da movimentação financeira. A segunda coluna apresenta o valor da movimentação financeira, sendo positivo ou negativo respectivamente para entrada e saída de caixa. A terceira coluna apresenta a conta financeira analítica da movimentação financeira. A quarta coluna contém o meio de pagamento, pois esta informação é relevante para fins de gerenciamento das fontes utilizadas para o pagamento. A última coluna apresenta um histórico no qual podem ser registradas informações adicionais para cada movimentação financeira.

Utilizando esta apresentação detalhada, também é possível apresentar os saldos projetados ou realizados. Pode-se acrescentar duas colunas à direita da tabela anterior com os títulos "saldo inicial" e "saldo final". Veja como a tabela nova fica representada:

Dia	Valor projetado	Conta	Meio de pagamento	Histórico	Saldo inicial	Saldo final
1	R$ 6.000,00	Salários	Depósito bancário		R$ 500,00	R$ 6.500,00
2	-R$ 750,00	Salário empregado(a)	Dinheiro		R$ 6.500,00	R$ 5.750,00
3	-R$ 2.500,00	Condomínio	Débito bancário	Aluguel + condomínio	R$ 5.750,00	R$ 3.250,00
5	-R$ 1.000,00	Plano de saúde	Débito bancário		R$ 3.250,00	R$ 2.250,00
5	-R$ 500,00	Energia elétrica	Débito bancário	Mês XX	R$ 2.250,00	R$ 1.750,00
7	-R$ 150,00	TV a cabo	Débito bancário	Mês XX	R$ 1.750,00	R$ 1.600,00
7	-R$ 350,00	Água/esgoto	Débito bancário	Mês XX	R$ 1.600,00	R$ 1.250,00
10	-R$ 1.000,00	Mensalidade escolar	Débito bancário	Mês XX	R$ 1.250,00	R$ 250,00

Tabela 4.4: Saldos finais em formato de extrato

O valor do saldo inicial no primeiro dia é R$500,00, o mesmo constante no saldo inicial da planilha. O saldo final em cada dia é formado pelo seu saldo inicial mais a movimentação financeira do respectivo dia. O saldo final de um dia será o saldo inicial do dia seguinte.

Perceba que, em um mesmo dia, pode haver mais de uma movimentação financeira. Isto é devidamente apresentado no formato detalhado, o que confere a ele uma vantagem em termos de informações adicionais, o que é dificultado na visão por tabela.

Os saldos finais desta projeção também podem ser apresentados graficamente, conforme figura a seguir (Figura 4.1):

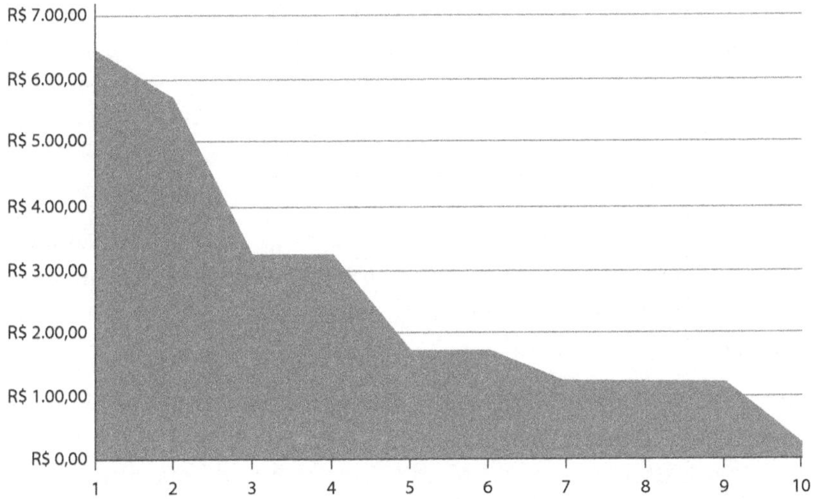

Figura 4.1: Saldos finais

Observe que a ilustração anterior utilizou uma referência diária. No entanto, esta poderia ser semanal, mensal ou anual. Disto depende o propósito da análise empreendida. De toda forma, independente da referência temporal utilizada, o critério e a lógica são os mesmos.

4.4. Decisões de caixa

Pelo menos duas circunstâncias nos fazem tomar decisões sobre o nível de caixa. A primeira é quando há uma previsão de insuficiência de caixa (saldo negativo). A segunda é quando é previsto um saldo de caixa excessivamente alto.

No caso da falta de caixa, as decisões devem ser feitas no sentido de evitar a ocorrência de saldos negativos. Saldos negativos não são "permitidos". Não é concebível ter um saldo de -R$1.000,00, por exemplo. Este saldo negativo deve ser suprido de alguma forma, pois não pode haver desembolso superior ao que não se tem de disponibilidade financeira.

Podemos suprir eventuais faltas de caixa por meio de uma linha de crédito, de um desinvestimento ou de antecipação de recebimentos.

No caso das famílias, exemplos de linhas de crédito disponíveis podem ser o cheque especial, o cartão de crédito ou até mesmo um empréstimo pessoal. Estas alternativas devem ser detidamente analisadas, uma vez que têm níveis de facilidade e custos bem distintos entre si. O livro abordará questões relacionadas a empréstimos em capítulo específico mais adiante.

Quando se trata de desinvestimentos, pode-se pensar em retirar recursos de alguma aplicação financeira ou vender algum ativo, como, por exemplo, um veículo ou imóvel. Porém, como estamos tratando de necessidades por um período de tempo relativamente curto, normalmente esta possibilidade recai sobre ativos financeiros de curto prazo, cuja recomposição é mais fácil do que recomprar um ativo não financeiro.

A antecipação de recebimentos pode ser feita quando é possível receber algum fluxo de caixa antes da data previamente prevista. Evidentemente, isto depende de se negociar com a fonte de pagamento, no sentido de ter esta antecipação de data.

Em quaisquer das alternativas anteriores, muito provavelmente a família incorrerá em algum custo financeiro enquanto a cobertura do saldo negativo for necessária. Alguns serão percebidos mais diretamente do que outros. Se houver alguma utilização de linha de crédito ou antecipação de recebimento, certamente haverá a incidência de custos financeiros na forma de juros. Ao retirar recursos de uma aplicação financeira, por exemplo, a família deixará de ter a remuneração sobre estes recursos, o que também representa um custo financeiro conhecido como custo de oportunidade – o que você deixa de ganhar por escolher um uso alternativo para o recurso financeiro.

Outra decisão de tesouraria refere-se a o que fazer com as sobras de caixa. Como indicado anteriormente, há boas razões para uma família manter recursos financeiros disponíveis, sem os quais compromissos poderão não ser honrados completamente e/ou oportunidades poderão ser perdidas.

As sobras de caixa aqui referenciadas, que demandam uma decisão de tesouraria, são aquelas excessivas e que não terão uso previsto durante certo período de tempo. Portanto, trata-se de uma disponibilidade temporária de caixa, que deverá ser usada posteriormente em um momento previsível e não muito distante no tempo.

A decisão neste contexto é fazer um uso alternativo deste excesso de caixa de maneira que ele não fique “parado”. Capital “parado” é aquele recurso financeiro que não tem uso e, desta forma, não gera qualquer tipo de remuneração. Dinheiro ocioso na carteira ou na conta corrente é um recurso que não está sendo remunerado. Se ele não gera remuneração, perde seu valor dada a inflação do período em que está ocioso.

Isto ocorre porque o dinheiro tem diferentes valores em diferentes momentos no tempo. Por exemplo, se você tem hoje R$1.000,00 disponíveis e precisa comprar um item cujo preço unitário é R$100,00, sua capacidade de compra atual é de 10 unidades deste item (R$1.000,00 / R$100,00).

Admita hipoteticamente que passaram-se 12 meses e que você queira comprar mais uma vez determinada quantidade deste item. Provavelmente, o preço de compra deste item não é mais R$100,00, e sim R$109,00. Neste meio tempo, houve um aumento no preço deste item de 9%. Isto indica que os R$1.000,00 que permitiam adquirir 10 unidades deste item há um ano, atualmente permitem comprar apenas 9,17 unidades (R$1.000,00 / R$109,00). Este caso ilustra que o dinheiro muda de valor com o passar do tempo, possivelmente perdendo valor, dentre outras coisas, em função da inflação do período.

Sendo assim, manter o dinheiro ocioso, sem qualquer uso que permita auferir alguma remuneração, é uma decisão ruim do ponto de vista financeiro.

A decisão a ser tomada é no intuito de evitar a ociosidade dos recursos financeiros e a consequente perda de seu valor. Isto é conseguido empregando os recursos financeiros em usos alternativos pelo período de tempo em que ele não seja necessário. Pode-se, por exemplo, destinar o recurso para algum tipo de aplicação de curto prazo, tais como poupança ou fundos de investimentos. Com isto, durante o período em que aquela parcela de capital não for necessária e estiver destinada à aplicação financeira, ela ficará rendendo juros.

Naturalmente, se for uma disponibilidade de caixa por um período de tempo muito curto, poucos dias, por exemplo, o dinheiro pode ficar no próprio caixa sem maiores consequências. Porém, se o tempo previsto de ociosidade do capital for representativo, digamos um mês, certamente valerá à pena fazer uma aplicação financeira de curto prazo para evitar a perda de valor.

Outra possibilidade de uso alternativo de capital ocioso seria a antecipação do pagamento de algum compromisso. Evidentemente, só teremos incentivo em antecipar um pagamento se tivermos algum tipo de compensação financeira na forma de desconto. Negociar um desconto com o credor do pagamento seria uma boa maneira de uso do excesso temporário de caixa.

O critério a ser usado neste caso é verificar se o desconto conseguido é maior do que o retorno esperado pela aplicação do recurso em um ativo financeiro. Se o ativo financeiro render mais do que o desconto conseguido, é melhor deixar o recurso na aplicação financeira do que utilizá-lo para antecipar as parcelas. Caso contrário, é melhor utilizar o recurso aproveitando o desconto superior ao ganho financeiro da aplicação.

Imagine que você está interessado em comprar determinado produto cujo preço de venda seja R$1.000,00. O fornecedor o informa que você pode pagá-lo com um cheque para 30 dias ou pagar à vista. Se escolher a segunda opção, ele concederá a você um desconto. A linha de raciocínio a ser seguida é explicada em seguida.

Você tem duas alternativas. A primeira é efetuar o pagamento à vista reivindicando o desconto. A segunda é colocar o dinheiro em uma aplicação financeira até a data de pagamento do produto, quando você poderá efetuar o pagamento. Neste último caso, enquanto não chega a data de pagamento pelo produto, você tem rendimentos financeiros. O que deve ser escolhido?

Se o desconto oferecido pelo fornecedor for maior do que o rendimento da aplicação financeira, é mais interessante aproveitar o desconto. Caso contrário, é melhor aplicar o dinheiro e pagar a prazo.

Imagine que o desconto é de 3% e que você tenha uma alternativa de investir o recurso pelo prazo de 30 dias auferindo um rendimento líquido de 1%. Se você pagar à vista, o valor pago hoje será de R$970,00 (desconto de R$30,00 hoje). Se, por outro lado, você decidir aplicar o dinheiro e pagar R$1.000,00 daqui a 30 dias, ao final deste período, o seu valor aplicado será de R$1.010,00 (ganho de R$10,00 daqui a 30 dias). Portanto, é melhor aproveitar o desconto do que pagar a prazo e fazer a aplicação financeira.

Uma discussão mais aprofundada a este respeito requer do leitor conhecimentos básicos de matemática financeira.

4.5. Aspectos do gerenciamento de caixa

Alguns aspectos adicionais devem ser levados em conta no gerenciamento do orçamento de caixa. Eles são apresentados nos tópicos seguintes.

4.5.1. Segurança versus ociosidade

Na discussão prévia sobre as decisões sobre os saldos de caixa, ficou claro que não podemos permitir saldos negativos, tampouco devemos aceitar saldos de caixa demasiadamente altos por longo período de tempo. A primeira situação é inviável e implica alguma forma de suprir o saldo, levando a família a incorrer em custos financeiros. A segunda é indesejada por tornar o gerenciamento ineficiente.

Isto faz surgir uma preocupação para a qual o gestor financeiro da família deve atentar que é a determinação do nível adequado de caixa. Tal definição deve contemplar simultaneamente a segurança financeira e a ociosidade de recursos.

Inicialmente, perceba que uma maneira de evitar que contas não sejam devidamente honradas é manter um nível de caixa suficientemente alto. Isto faz com que a probabilidade de deixar de pagar as contas seja minimizada.

O problema ocorre quando o saldo mantido é mais alto do que o efetivamente necessário. A manutenção deste saldo de caixa intencionalmente alto traz consequências indesejadas associadas à ociosidade do capital, cujo valor será depreciado pela inexistência de remuneração.

Assim, sob este prisma, o melhor seria manter níveis de caixa muito baixos, a fim de evitar que os recursos financeiros percam valor. A consequência disto seria favorecer uma situação indesejada de falta de caixa suficiente para honrar os compromissos financeiros.

Observe que é uma situação contraditória sobre o saldo de caixa. Saldos muito altos conferem segurança, mas são onerosos. Saldos muito baixos evidenciam otimização do capital, evitando perda do valor do dinheiro, mas podem levar a uma insuficiência de recursos financeiros para pagar as contas.

A palavra de ordem, portanto, é equilíbrio! Deve-se buscar um nível de caixa que evite ociosidade de capital, ao mesmo tempo que permita o pagamento dos compromissos.

Além disso, manter saldos de caixa que não sejam excessivamente altos pode forçar o gestor financeiro da família a ter um melhor nível de planejamento e gerenciamento dos recursos financeiros. Quando se tem uma boa folga financeira disponível, o gestor pode relaxar um pouco mais e não tomar as decisões com melhor afinco para aumentar os resultados. Se houver uma certa restrição de caixa disponível, provavelmente o gestor terá mais zelo com os parcos recursos, o que o levará a trabalhar de maneira mais eficiente, otimizando as decisões financeiras.

4.5.2. Descasamento de caixa

Muitas vezes, no dia a dia das organizações, os problemas financeiros são gerados não pela falta de recursos, mas, sim, pelo descasamento de caixa. Descasamento de caixa decorre da falta de sincronismo entre as entradas e as saídas de caixa, podendo levar a saldos negativos e à consequente necessidade de supri-los.

Tome por base o fluxo de caixa a seguir, baseado em um fluxo de caixa anteriormente apresentado neste capítulo.

DIA	1	2	3	4	5	6	7	8	9	10
Entradas				R$ 6.000,00						
Saídas		-R$ 750,00	-R$ 2.500,00		-R$ 1.500,00		-R$ 500,00			-R$ 1.000,00

Tabela 4.5*: Fluxo de caixa diário

Em relação ao fluxo de caixa anteriormente apresentado neste capítulo, a única diferença está no fluxo de caixa positivo de R$6.000,00 que ocorre agora no dia 4, em vez de ser no dia 1. Com esta alteração, veja como ficará a projeção dos saldos de caixa, admitindo igualmente um saldo inicial de R$500,00.

DIA	1	2	3	4	5	6	7	8	9	10
SALDO INICIAL	R$ 500,00	R$ 500,00	-R$ 250,00	-R$ 2.750,00	R$ 3.250,00	R$ 1.750,00	R$ 1.750,00	R$ 1.250,00	R$ 1.250,00	R$ 1.250,00
Entradas				R$ 6.000,00						
Saídas		-R$ 750,00	-R$ 2.500,00		-R$ 1.500,00		-R$ 500,00			-R$ 1.000,00
SALDO FINAL	R$ 500,00	-R$ 250,00	-R$ 2.750,00	R$ 3.250,00	R$ 1.750,00	R$ 1.750,00	R$ 1.250,00	R$ 1.250,00	R$ 1.250,00	R$ 250,00

Tabela 4.6*: Saldos finais diários

Perceba que os saldos finais dos dias 2 e 3 tornaram-se negativos. Isto ocorreu em função de a entrada de caixa ocorrer no dia 4 enquanto algumas saídas de caixa ocorrem antes desta entrada (dias 2 e 3). Como as saídas de caixa não são completamente suportadas pelo saldo inicial do período, há a situação de saldos finais negativos. Esta incompatibilidade temporal entre entradas e saídas indica o descasamento de caixa.

Descasamentos de caixa podem acontecer eventualmente ou ser uma característica do fluxo de caixa da família. Imagine que uma família receba 30% da sua renda, R$ 3.000,00, até o dia 10 do mês. Recebe mais 30% até o dia 20 e recebe os demais 40% no dia 25. Imagine que as despesas são na ordem de R$ 7500,00 e que 90% das despesas tenham vencimento até o dia 20 de cada mês. Nesta situação, é recorrente a família apresentar saldo de caixa negativo até o dia 20, embora gaste menos do que ganha.

Circunstâncias como esta levam as famílias a buscar formas de compensar o descasamento financeiro por meio de captação de recursos financeiros. Exemplos são o uso de cheque especial ou financiamento por meio do cartão de crédito. Evidentemente, tais fontes de recursos são bastante onerosas e impactantes, pois as taxas de juros costumam ser altas.

Para resolver este problema de maneira mais duradoura, sem incorrer em custos financeiros expressivos, a família deve buscar alterar o perfil do fluxo de caixa. Ela poderia tentar rever a data do vencimento de algumas contas, de forma que fiquem compatíveis temporalmente com as entradas. Paralelamente, também deveria haver esforço para tentar antecipar as datas dos recebimentos. Naturalmente, em ambas as situações, as tentativas são limitadas pela disposição das outras partes em aceitar tais mudanças. Alguns fornecedores, no entanto, têm diferentes possibilidades de vencimentos das suas contas, como, por exemplo, as concessionárias de energia, água/esgoto, telefonia, etc.

4.5.3. Sazonalidade

Outro aspecto que devemos levar em conta quando prevemos saldos de caixa são as sazonalidades. Há algumas contas cujos valores previstos de desembolso são dependentes da época do ano, tendo um componente sazonal muito forte.

Tais contas, geralmente, estão nos grupos de desembolsos variáveis. Como por exemplo as contas ligadas a lazer durante os períodos de férias. Em alguns casos, estas chegam a ficar zeradas e, em outros momentos, passam a ter valores representativos do orçamento, como por exemplo a conta de viagens.

Outro exemplo ocorre quando são necessárias reformas na residência ou revisões nos veículos. Tais necessidades de desembolso ocorrem de tempos em tempos, inclusive sem a devida previsão quando ocorrem por motivos corretivos e não preventivos.

Para contas deste tipo, é fundamental antecipar-se a estes períodos. Sugere-se que, antes destes momentos, a família faça uma reserva financeira para tal, de forma que, na época do desembolso, ela tenha garantidos os recursos financeiros.

4.5.4. Várias contas de caixa

Uma preocupação que se deve ter no orçamento de caixa é o gerenciamento de várias contas de disponibilidade. Uma conta de disponibilidade é um "local" no qual os recursos financeiros estão guardados. Você pode ter recursos financeiros guardados em casa, na forma de dinheiro, ou em contas correntes de bancos comerciais. Sua disponibilidade total é a soma dos recursos financeiros de todas estas contas.

Neste caso, a família tem que gerenciar mais de uma conta corrente e os recursos financeiros estocados em cada uma delas. Se não houver um gerenciamento adequado, ela pode deparar-se com situações indesejadas.

Imagine, por exemplo, ter duas contas correntes. Em uma conta corrente, o saldo disponível é baixo, enquanto na outra, o saldo é mais alto. Ao fazer um pagamento, você pode recorrer a uma destas duas contas. Se, inadvertidamente, você fizer um pagamento utilizando a primeira conta corrente, de saldo mais baixo, há uma possibilidade de o saldo disponível não ser suficiente para o pagamento pretendido, o que acarretará a assunção de uma dívida – caso você tenha limite de crédito automático junto ao banco. Enquanto isto, a outra conta corrente apresenta saldo de caixa positivo e ocioso. A falta de gerenciamento das contas correntes, neste caso, faz com que haja o pagamento de juros desnecessariamente.

Portanto, o monitoramento dos saldos e as eventuais transferências de recursos entre as diferentes contas financeiras é essencial para evitar a incorporação inadequada de dívidas, bem como para garantir a eficiência do uso dos recursos financeiros.

A importância de observar esta situação é agravada quando, além de se ter mais de uma conta de disponibilidade de caixa, há mais de um gestor destas contas.

Imagine, hipoteticamente, uma família formada pelo marido, esposa e dois filhos. Admita que marido e esposa têm atividades laborais e cada um tem seus respetivos salários e contas correntes. Qual é melhor maneira de gerenciarem os recursos financeiros da família?

Há várias possibilidades. Por exemplo, todas as receitas podem ser encaminhadas para uma única conta corrente para que todas as despesas sejam pagas conjuntamente. Outra forma seria cada qual ficar responsável por determinados desembolsos na proporção em que cada qual tem de remuneração individualmente. Outra possibilidade seria que despesas do cotidiano sejam divididas igualmente ou proporcionalmente aos salários e os investimentos sejam divididos de alguma outra maneira.

Enfim, a família deve encontrar a melhor maneira possível de gerenciar os saldos de várias contas, respeitando a individualidade, suas necessidades pessoais e as da família e a sustentabilidade financeira de todos.

4.6. Referências

Referências para este assunto também estão nos livros de planejamento e controle orçamentário indicados no capítulo anterior.

5. Ponto de Equilíbrio

O equilíbrio entre receitas, despesas e custos em uma empresa e em uma unidade familiar é o primeiro passo para a construção de um negócio superavitário e para uma família que deseja construir um patrimônio.

Este capítulo aborda de forma prática o conceito de ponto de equilíbrio e os seus desdobramentos para a empresa e para as famílias. São apresentadas a sua conceituação, a sua forma de cálculo, a análise e a suas consequências. Discute-se também uma visão diferenciada do conceito de poupança nas unidades familiares.

5.1. História motivadora

João recebeu R$10.000,00 de herança e decidiu montar uma sorveteria. Gastou R$8.000,00 para montá-la, e apresenta as seguintes despesas e custos mensais:

- **Aluguel:** R$1.500,00
- **Despesas com funcionários:** R$2.500,00
- **Energia elétrica:** R$500,00
- **Custo por sorvete:** R$2,00

João vende diversos sorvetes ao preço unitário de R$4,00. No final do primeiro mês, João vendeu 2.000 sorvetes, auferindo uma receita de R$8.000,00 e incorrendo em custo de produção de R$4.000,00. Desta forma, gerando um resultado parcial de R$4.000,00. Sendo que as despesas com aluguel, funcionários e energia elétrica foram no montante total de R$4.500,00. Nesta situação, João precisou usar mais R$500,00 da herança para cobrir esta diferença.

No segundo mês, a sorveteria vendeu 2.100 sorvetes, gerando uma receita de R$8.200,00 e custos de produção de R$4.100,00. Novamente, João precisou usar dinheiro da herança, desta vez no montante de R$400,00.

No terceiro mês, vendeu 2.250 sorvetes, gerando R$9.000,00 de receita, R$4.500,00 de custos de produção e os R$4.500,00 restantes foram suficientes para pagar o aluguel, os funcionários e a energia elétrica. A sorveteria chegou ao seu ponto de equilíbrio, situação na qual as receitas da sorveteria são suficientes para cobrir todos os custos e despesas, não tendo lucro, tampouco prejuízo. A partir deste ponto, se a receita de João crescer sem aumentar os custos e as despesas, a sorveteria passará a ter lucro operacional.

5.2. Conceito

As empresas trabalham com o conceito de ponto de equilíbrio financeiro. No ponto de equilíbrio, a soma das despesas com os custos se igualam à receita, ou seja, dado um montante de receita, deduzindo-se os custos e as despesas o resultado é zero. Isto significa que, no ponto de equilíbrio de uma empresa, o lucro operacional é zero. Neste nível de operação, a empresa está tendo um volume de receitas suficiente apenas para pagar suas contas operacionais, sem gerar lucro, sem sobrar recursos para distribuir para os sócios ou reinvestir nos negócios.

Partindo deste conceito, podemos então verificar que as empresas podem encontrar-se basicamente em três situações: abaixo do ponto de equilíbrio, no ponto de equilíbrio e acima do ponto de equilíbrio. Vamos avaliar cada uma destas situações, por meio do gráfico a seguir (Figura 5.1).

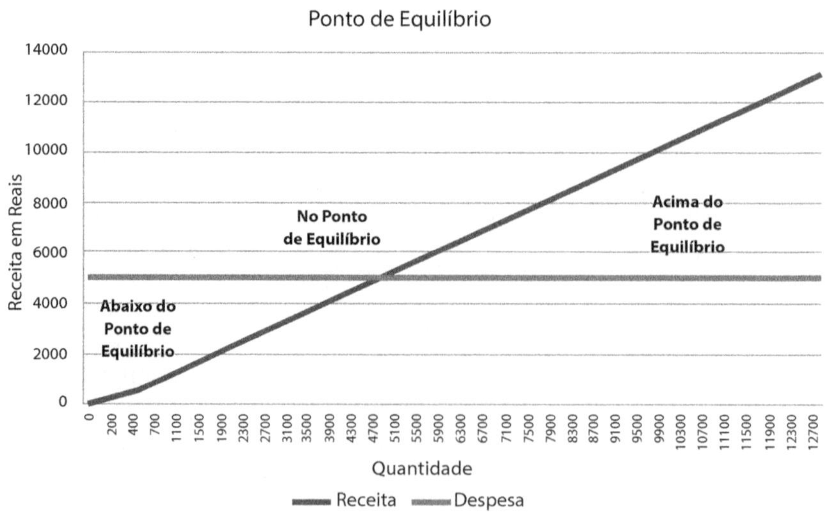

Figura 5.1: Ponto de equilíbrio

5.3. Empresa abaixo do ponto de equilíbrio

As empresas que se encontram abaixo do ponto de equilíbrio estão numa situação na qual o montante total das suas receitas está com um volume total menor do que a soma dos custos e despesas.

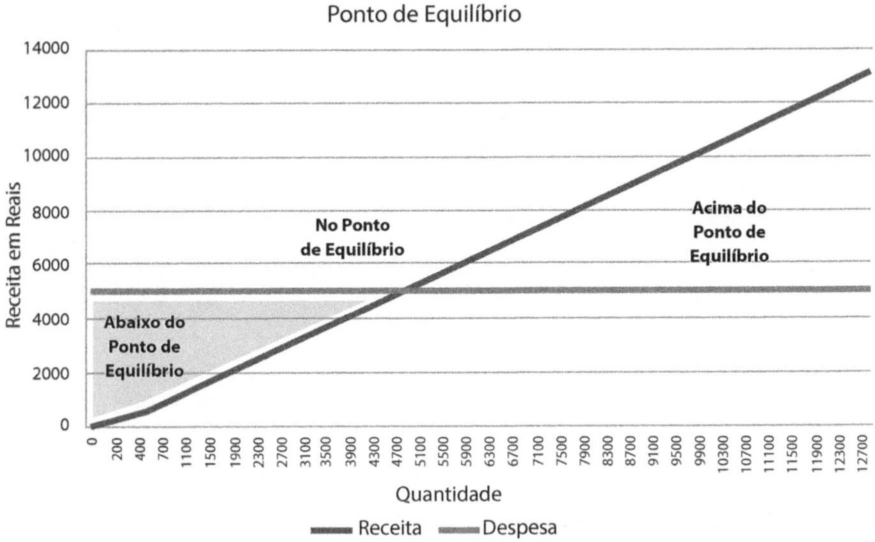

Figura 5.2: Abaixo do ponto de equilíbrio

Isto será refletido no resultado, gerando fluxos de caixas negativos, demandando que estes valores sejam supridos por alguma fonte complementar. Geralmente, isto é comum em empresas que estão começando suas operações, sendo esta falta de caixa suprida pelos acionistas ou por alguma linha de crédito.

Esta situação nas empresas é aceitável quando for momentânea, transitória e até mesmo prevista. Pois, geralmente, as empresas no início do desenvolvimento de suas operações fazem uso de recursos dos sócios ou de algum tipo de financiamento externo para suprir esta falta de dinheiro. Sendo que o objetivo é, no menor tempo possível, chegar ao ponto de equilíbrio e crescer, gerando lucro.

5.4. Empresa no ponto de equilíbrio

Como já colocado no início do capítulo, as empresas que se encontram no ponto de equilíbrio estão numa situação na qual o montante total das receitas iguala-se ao montante total de custos e despesas.

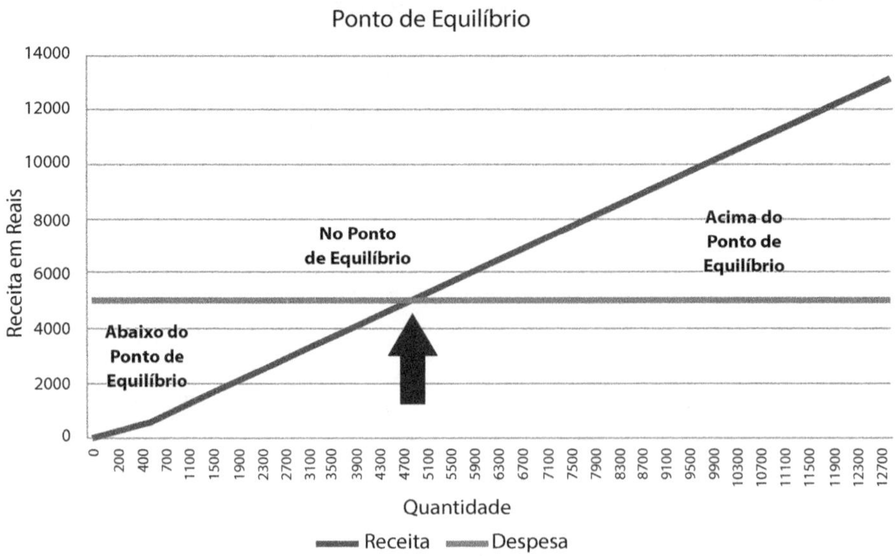

Figura 5.3: No ponto de equilíbrio

Nesta situação, o fluxo de caixa fica um pouco mais confortável, sendo que ainda podemos ter fluxos de caixas negativos em função do descasamento de caixa, situação já apresentada nos capítulos anteriores. Estes descasamentos momentâneos geralmente são financiados por alguma operação de crédito, como o uso de alguma linha de crédito tal como, por exemplo, o cheque especial.

O que podemos observar é que, no ponto de equilíbrio, a empresa tem uma situação um pouco mais confortável, mas ainda pode passar por momentos delicados financeiramente. O que a empresa busca agora é ir para uma situação acima do ponto de equilíbrio.

5.5. Empresas acima do ponto de equilíbrio

As empresas que estão acima do ponto de equilíbrio encontram-se em uma situação de superavit, ou seja, suas receitas pagam todos os seus custos e despesas e ainda sobram recursos. Isto significa que estas empresas estão gerando lucro operacional.

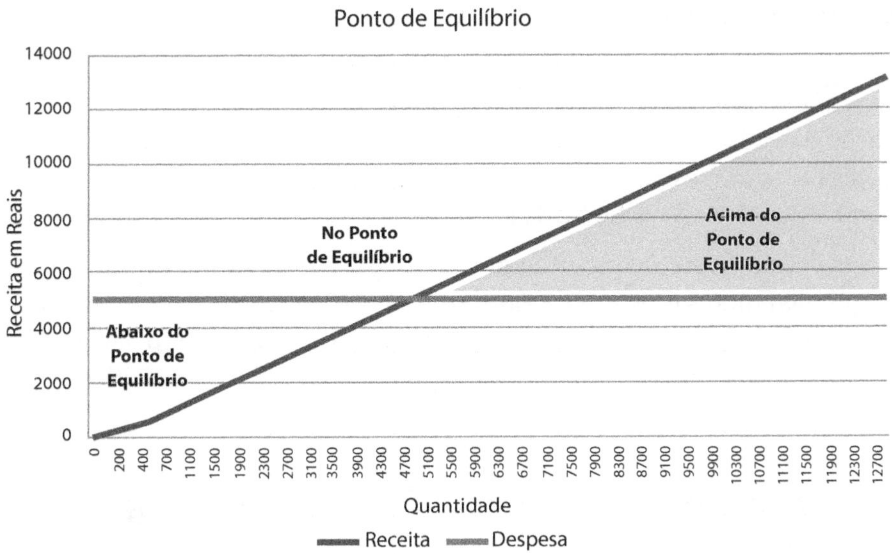

Figura 5.4: Acima do ponto de equilíbrio

Neste momento, a empresa passa então a decidir o que fará com o lucro. Podendo investir em novos projetos, usar para construir uma reserva para momentos ruins ou distribui-los aos acionistas. Podendo ainda realizar uma combinação destas opções.

Nesta combinação de opções, a empresa pode, por exemplo, usar 30% do lucro para a construção de reservas, 50% para investir na empresa e 20% para distribuir para os acionistas. Esta decisão dependerá do contexto da empresa e da sua perspectiva quando ao futuro.

De modo geral, empresas novas tendem a demandar recursos para novos investimentos e para a construção de reservas, enquanto que empresas mais maduras tendem a distribuir os lucros.

5.6. Distinções importantes

Nas três situações apresentadas, precisamos analisar com cuidado o desenvolvimento da empresa. Em empresas abaixo do ponto de equilíbrio, precisamos avaliar se as suas receitas estão crescendo e se a empresa está caminhando em direção ao ponto de equilíbrio, conforme o planejado. Demandando cada vez menos recursos para financiar este deficit.

Uma outra situação é quando a empresa continua a ser deficitária por mais tempo que o planejado. Nesta situação, a empresa precisará rever os seus planos e procurar fontes de financiamento adicionais, como, por exemplo, o aporte dos acionistas. Esta não é uma situação desejável.

Em empresas no ponto de equilíbrio, precisamos avaliar a consistência desta situação e avaliar se ela está caminhando em direção ao lucro. Caso contrário, podemos ter uma situação de equilíbrio na qual facilmente a empresa pode voltar para uma situação deficitária, gerando prejuízo.

E, por último, precisamos analisar como é o comportamento das receitas e do lucro das empresas que se encontram acima do ponto de equilíbrio. Analisar se o lucro é crescente e se a taxa de crescimento é suficiente para financiar a expansão da empresa, ou se a empresa precisará de recursos externos para dar continuidade ao processo de crescimento.

5.7. Cálculo do ponto de equilíbrio

Para calcular o ponto de equilíbrio, precisamos entender primeiramente que lucro operacional é igual à receita menos os custos fixos – custos variáveis, ou seja, L = R – CV – CF, em que:

- Receita (R) = Preço (P) x Quantidade (Q)
- Custos Variáveis (CV) = Custo unitário variável (Cv) X Quantidade
- Custos Fixos (CF)
- Lucro = (P x Q) – (Cv x Q) – CF

No ponto de equilíbrio, o lucro operacional é igual a zero então teremos R – CV = CF, de onde podemos deduzir que:

- (P x Q) – (Cv x Q) = CF
- Q x (P – Cv) = CF
- Q = CF / (P – Cv)

Para fixar o conceito, vamos então aplicar a fórmula na sorveteria do João. Na sorveteria, temos:

- Custos fixos = aluguel + funcionários + energia elétrica = R$1.500,00 + R$2.500,00 + R$500,00 = R$4.500,00
- Custo unitário = R$2,00
- Preço de venda= R$4,00
- Ponto de equilíbrio =CF / (P – Cv) = 4500 / (4 – 2) = 2.250 sorvetes

Portanto, a sorveteria do João no terceiro mês chegou no ponto de equilíbrio.

5.8. O mínimo que precisamos gerar de caixa

O mínimo que precisamos gerar de caixa em uma empresa refere-se ao excedente de caixa, ou seja, os recursos gerados após pagar as despesas e os custos, o necessário para a empresa pagar os investimentos atuais e futuros. Vejamos o exemplo a seguir

Com vendas superiores a 2.250 sorvetes, a sorveteria do João alcança o lucro operacional, gerando dinheiro para o caixa.

A sorveteria do João vendeu 2.500 sorvetes no quarto mês. Gerando R$10.000,00 de receita, R$ 5.000,00 de custos de produção, pagou R$4.500,00 de custos fixos e gerou R$ 500,00 de caixa, que o João aplicou. João agora já está pensando em ampliar a sorveteria.

João decidiu abrir uma nova unidade da sorveteria em outro bairro. Para isso, João tirou um empréstimo de R$8.000,00. O empréstimo gerou uma prestação mensal fixa de R$500,00 durante 20 meses.

As condições financeiras desta unidade são as mesmas da anterior: custos fixos de R$4.500,00, custos variáveis de R$2,00 por sorvete e preço de venda de R$4,00. Vimos que o ponto de equilíbrio nesta situação é de 2.250 sorvetes. Sendo que agora João tem um empréstimo para pagar de R$500,00. João precisa, então, usar o excedente de caixa de R$500,00, gerado pela primeira sorveteria, para pagar a prestação.

Conhecemos agora o conceito de geração de caixa que é o valor mínimo que precisamos gerar para pagar o financiamento do investimento ou para financiar investimentos futuro. Podemos usar este conceito para as famílias. Imagine que a família de Vânia e Sergio tenha uma renda familiar de R$6.000,00 e despesas de R$5.800,00. A família guarda na poupança R$200,00 por mês, tendo atualmente um saldo de R$10.000,00.

A família decidiu comprar um carro no valor de R$20.000,00, usando os R$10.000,00 da poupança e financiando o restante, com uma prestação mensal de R$300,00 reais. Para tanto, a família decidiu cortar R$100,00 das suas despesas mensais, gerando, desta forma, R$300,00 de excedente, sendo suficiente para pagar a prestação do carro. Este é o mínimo de excedente de caixa para viabilizar a compra do carro.

5.9. Ponto de equilíbrio família x empresa

Os conceitos apresentados de ponto de equilíbrio se aplicam perfeitamente às famílias. Como já vimos, na família temos as despesas fixas obrigatórias, variáveis obrigatórias, fixas não obrigatórias e as variáveis não obrigatórias.

No ponto de equilíbrio da família, as receitas precisam ser iguais ao somatório das despesas. Nesta situação, temos uma família que gasta tudo o que ganha, não guardando nenhum recurso. Há também as famílias nas quais as despesas superam as receitas. Nestas famílias, algumas despesas acabam não sendo pagas ou são pagas fazendo uso de linhas de crédito como o cheque especial. São famílias abaixo do ponto de equilíbrio, ou seja, deficitárias. Esta situação pode levar a família para um processo de endividamento.

Mas existem também as famílias nas quais as receitas superam as despesas, ou seja, estão acima do ponto de equilíbrio. Nestas famílias, no final do mês, há recursos disponíveis que podem ser aplicados em algum investimento, com objetivos de aquisição como comprar um carro, passagens aéreas para viagens de lazer ou um imóvel. Estes recursos também podem ser usados para a formação do patrimônio da família com o objetivo de chegar a uma aposentadoria tranquila e, quem sabe, gerar recursos para as gerações futuras.

A família, diferentemente de uma empresa, possui um crescimento da receita limitado. Logo, podemos verificar que ter uma família deficitária, ter uma família no ponto de equilíbrio ou ter uma família superavitária depende fundamentalmente da gestão eficiente das despesas.

Podemos dizer ainda que o limite mínimo é ter receitas iguais às despesas obrigatórias fixas e variáveis. Abaixo disto, teremos uma família em rota de endividamento crescente. Pois, abaixo disto, a família não terá condições de honrar as despesas obrigatórias, ou seja, as despesas das quais temos dificuldade de nos livrar.

5.9.1. Ponto de equilíbrio e a capacidade de formar patrimônio

No modelo clássico de formação de patrimônio, temos a seguinte situação: poupança ou investimentos são realizados depois de pagarmos as despesas, ou seja, é o que sobra. Temos então a seguinte equação:

POUPANÇA = RENDA - DESPESAS

Este é um conceito que vem da gestão das empresas. Esta visão é oriunda da análise do ponto de equilíbrio em virtude da capacidade da empresa de crescer e ampliar as suas receitas.

Neste modelo, temos o problema mais comum nas famílias, que é: como não sobra nada, não guardamos nada. E mais ainda ficamos endividados.

Na família, a capacidade de gerar receita é de certa forma limitada, logo o modelo ideal para as famílias visando à construção de uma poupança e um de patrimônio é o seguinte: gastos são realizados após termos feito os nossos investimentos, a nossa poupança. Temos então a seguinte equação:

DESPESAS = RENDA - POUPANÇA

Neste modelo, em primeiro lugar, encontra-se a poupança, privilegiando a formação de patrimônio. A partir daí, poderemos gerenciar as nossas despesas, adequando as mesmas aos recursos disponíveis e não correndo o risco de não poupar em virtude de não ter sobrado recursos financeiros.

Nesta situação, sempre teremos uma família superavitária. Família esta que, em momentos de crise, ou seja, de deficit, terá recursos para financiá-los. Ela ainda terá a capacidade de rapidamente voltar ao ponto de equilíbrio e, logo em seguida, tornar-se superavitária novamente.

Seguindo este modelo, teremos sempre famílias geradoras de caixa, famílias que poderão ser donas de seus destinos financeiros. Famílias acima do ponto de equilíbrio.

Roberto e Sâmia, por exemplo, possuem um filho e planejam comprar um apartamento. Para tanto, eles decidiram guardar R$3.000,00 por mês. Eles possuem uma renda mensal líquida de R$8.000,00. Logo no início do mês, ao receberem os seus salários, eles aplicam R$3.000,00 em um fundo de investimento. Desta forma, os R$5.000,00 restantes são usados para cobrir as despesas correntes da família.

Há três anos eles vêm fazendo isso e já possuem um reserva de aproximadamente R$150.000,00 que eles pretendem dar de entrada em um apartamento e ficar com uma prestação de financiamento de, no máximo, R$2.000,00. Com isto, ainda guardarão R$1.000,00 por mês e continuarão a ser um casal com geração de caixa acima do ponto de equilíbrio. Eles estão fazendo uso da prática de definir o que pode gastar depois de poupar.

5.10. Referências

ASSAF NETO, Alexandre; LIMA, Fabino Guasti. *Fundamentos de Administração Financeira*. São Paulo; Atlas, 2001.

Ponto de equilíbrio. *Sebrae*. Disponível em: <http://www.sebrae.com.br/sites/PortalSebrae/artigos/Ponto-de-equilibrio>. Acesso em 20 ago. 2015.

6. Estoque

Quando falamos de estoque nas empresas, estes podem ser de vários tipos. Como por exemplo, estoques de matéria prima, de produtos acabados e de material de consumo.

O foco principal da gestão de estoque nas empresas é tratar dois problemas. O primeiro deles é carregarmos estoques excessivos, gerando custos desnecessários em função da imobilização de recursos financeiros. O segundo problema trata de prejudicarmos a operação da empresa em função da falta de estoque. Isto significa, em uma empresa comercial, deixar de vender pela falta de mercadoria, e, numa indústria, parar a produção pela falta de insumos.

Os problemas acima citados têm feito com que as empresas tenham se preocupado cada vez mais com a gestão de seus estoques e com a gestão da cadeia de suprimentos, no seu sentido mais amplo. Muitas vezes, precisamos carregar estoque em virtude dos fornecedores demorarem excessivamente a entregar os pedidos. Imagine que você faz um pedido a um fornecedor e este demora 30 dias para entregar. Isto significa que a empresa terá que carregar um estoque superior a 30 dias.

Várias são as técnicas e estudos desenvolvidos na área de gestão de estoques e suprimentos, tais como: lote econômico, curva ABC, MRP – *Manufacture Resource Planning* (Planejamento dos Recursos de Manufatura), *just in time*, *supply chain management* e outras.

A gestão de estoque também é uma preocupação que devemos ter nas famílias, pois estoques desnecessários podem gerar problemas financeiros. A grande questão é responder à seguinte pergunta: quanto necessitamos ter de estoque de determinado produto para atender as necessidades da família?

Discutiremos, ao longo deste capítulo, diferentes aspectos da gestão de estoque e seus impactos financeiros nas empresas e nas unidades familiares.

6.1. História motivadora

Ana Maria e João estão passando por problemas com o seu cartão de crédito. As faturas com frequência são altas, o que tem começado a gerar um processo de endividamento. Sentindo que a situação estava começando a ficar fora de controle, eles decidiram analisar o que estava acontecendo.

Quando analisaram a fatura, verificaram compras frequentes em lojas de sapatos e bolsas por parte de Ana. E, no caso de João, verificaram compras frequentes em lojas de roupas. Quando foram ver os respectivos guarda-roupas, Ana tinha cerca de 200 pares de sapato e 60 bolsas. João, por sua vez, tinha cerca de 80 camisas e 40 calças. Perceberam que muitas destas peças tinham sido utilizadas apenas uma vez e algumas já não eram usadas há muito tempo.

Depois de uma longa discussão e de uma detalhada análise, verificaram que poderiam ter as suas necessidades atendidas com 1/5 dos produtos, ou seja, com 40 pares de sapatos, 12 bolsas, 16 camisas e 8 calças. Desta forma, eles passaram a fazer uma gestão de estoque mais eficiente, diminuindo as perdas e despesas no cartão de crédito. As contas voltaram a se equilibrar e sobraram também recursos para investir.

6.2. Elementos que estocamos

Nas famílias, estocamos diferentes produtos como objetivos distintos. Alguns produtos são usados, consumidos e comprados com maior frequência como, por exemplo, os alimentos. Outros são comprados com menor frequência, tais como os bens semiduráveis, como roupas e sapatos. Na última categoria, temos os bens duráveis que compramos com menor frequência, tais como geladeira, carro, condicionadores de ar, etc.

No caso dos alimentos e de qualquer outro produto com alta frequência de compra, o nível de estoque ideal precisar ser analisado levando-se em conta algumas variáveis como:

- **Consumo diário dos produtos:** quanto é consumido por dia do produto. Esta análise nos ajudará a definir o tamanho do estoque que tenho de ter. Por exemplo, se consumo 1 kg de açúcar por dia e preciso ter estoque para uma semana, isto implica um estoque mínimo de 7 kg.
- **Durabilidade:** analisar quanto tempo o produto dura, ou seja, se é perecível ou não. Como, por exemplo, frutas e verduras não podem ser estocados por longo prazo, diferentemente de açúcar, arroz ou ainda roupas.

Não posso, por exemplo, comprar frutas para um mês, pois uma grande quantidade irá se estragar.

- **Probabilidade de aumento de preços:** em ambiente de inflação, precisamos avaliar a probabilidade de aumento de preços do produto. Em situação de grande inflação, temos que fazer estoque com o objetivo de manter o poder de compra. Imagine que a inflação é de 10% ao mês. Isto significa que algo que você compra no início do mês que custa R$20,00, custará R$22,00 no fim do mesmo mês. No início do mês, com R$100,00, você compra 5 unidades deste produto e, no fim do mês, apenas quatro unidades. Esta situação nos força a ter estoque maiores e/ou a antecipar compras.
- **Custo de comprar:** precisamos também analisar o custo de comprar, ou seja, o custo de realizar a compra. Para ir ao supermercado, por exemplo, temos o combustível do veículo, o estacionamento e o nosso tempo. Muitas vezes, o processo de compra é mais caro do que a compra em si. Por exemplo, se vou ao supermercado comprar pão e gasto R$5,00 e o estacionamento é R$6,00, o custo de comprar foi mais oneroso do que a compra do produto.

Precisamos então analisar e equilibrar todos estes aspectos na gestão de estoque. E, desta forma, encontrar a solução mais eficiente, otimizando o uso dos recursos e evitando desperdício.

6.3. Equilíbrio é a palavra-chave

O ponto chave na gestão de estoque chama-se equilíbrio, ou seja, não se levar por aspectos puramente emocionais. Estes aspectos emocionais são trabalhados pelo varejo com o intuito de nos fazer comprar mais do que o necessário.

Já é ponto pacífico para o varejo que um maior número de visitas ao ponto de venda aumenta a probabilidade de compra, assim como também uma maior permanência no ponto de vendas tem o mesmo efeito. Vários são os artifícios e técnicas utilizados para induzir o consumo.

Se observarmos atentamente, em um shopping center, não há relógio, assim como também evita-se qualquer coisa que lhe dê noção de tempo. No supermercado, os produtos essenciais, como arroz, feijão e açúcar, encontram-se geralmente no fundo da loja e produtos mais supérfluos e com maior lucratividade, tais como doces e biscoitos, encontram-se na frente e na linha de caixa.

O fator estoque é determinado por aspectos emocionais e por nossas preferências de compras. Existem pessoas que gostam de ter vários pares de sapatos, outros gostam de ter várias peças de roupas e alguns compram vinhos e alguns bens de maior valor como motos e carros.

Precisamos entender que, no geral, depois que compramos um bem, este tende a se desvalorizar pelo uso ou por aspectos de mercado, ou seja, pelo simples fato de deixar de ser novo. Dizemos "no geral", pois há situações específicas nas quais bens de consumo podem se valorizar, como um vinho de uma determinada safra ou o carro de um colecionador.

Outro aspecto na gestão de estoque é a inflação. Há situações em que somos levados a comprar produtos em maior quantidade, em função de uma perspectiva de uma grande alta de preços, uma vez que, neste ambiente, perdemos rapidamente o poder de compra. O ato de comprar uma quantidade menor pode nos levar a pagar mais caro na próxima compra, em um curto espaço de tempo, como, por exemplo, de uma semana para outra.

Neste contexto de aspectos financeiros e emocionais, a palavra-chave é equilíbrio, ou seja, equilíbrio financeiro e emocional. Precisamos então definir qual a quantidade ideal a ser comprada.

Em uma análise puramente racional e financeira, os nossos estoques seriam mínimos. No entanto, na prática, nossas compras e decisões de consumos são fortemente influenciadas por aspectos emocionais. Não conseguimos sempre nos pautar pela racionalidade, pois a vida perderia muito do seu brilho.

Por outro lado, não podemos tomar decisões orientados somente pela emoção. Isto poderia nos levar a problemas financeiros sérios. Uma gestão de estoque eficiente precisa contemplar os nossos desejos sem prejudicar as nossas finanças, tanto no presente, quanto no futuro.

6.4. Gerenciamento dos estoques

O gerenciamento de estoque nas empresas tem sido algo importante. Modernamente, fala-se mais em gerenciamento de fluxo, ou seja, estoque em movimento, e, em alguns casos, na gestão realizada pelos próprios fornecedores.

Nas famílias, isto é mais difícil de ser realizado, mas não significa que não podemos gerenciar os nossos estoques. Precisamos gerenciar os estoques, otimizando o custo de comprar, o tempo, as compras em si e, é claro, o fluxo de caixa.

Uma boa gestão de estoque pode nos gerar folgas no fluxo de caixa, assim como uma gestão ineficiente pode gerar deficit no fluxo. Muitas vezes, temos problemas financeiros não por falta de dinheiro, mas por uma má gestão das nossas compras e dos nossos estoques.

A gestão de estoque pode fazer uso de técnicas, tais como a do lote econômico e a da curva ABC, discutidas a seguir.

6.4.1. Lote econômico

O conceito de lote econômico na gestão de estoque nas empresas procura responder qual o tamanho ideal do lote, a quantidade de produtos a ser comprada em função de diversos aspectos como a demanda, o custo de estocar e o custo da compra, como, por exemplo, o frete e/ou custos logísticos. Lotes de compras menores significam menor custo de estoque, mas, por outro lado, maiores custos logísticos, ou seja, de entrega.

Aplicando este conceito às famílias, podemos identificar situações bem simples como quantos quilos de arroz comprar? Vamos supor que você consome um quilo de arroz a cada 3 dias. Você pode comprar lotes de 1 kg até lotes de 10 kg para um mês. Qual é o ideal?

Para responder a esta pergunta, precisamos de algumas variáveis de contexto. Imagine que o valor do estacionamento onde você faz as compras é de R$5,00 a hora, sendo gratuito quando você realiza compras superiores a R$20,00. Além de pagar o estacionamento, você gasta meio litro de gasolina no deslocamento, ou seja, R$1,70. O preço de compra do arroz é R$2,30 por quilo. Se você definir que fará compras de 1 kg a cada três dias, teremos dez idas ao supermercado em 30 dias. Isto significa R$50,00 de estacionamento, R$17,00 de gasolina e R$23,00 de arroz, totalizando R$90,00, ou seja, R$9,00 por quilo de arroz.

Por outro lado, se você fizer uma única compra de 10 quilos de arroz, teremos: R$23,00 de arroz, R$1,70 de gasolina e o estacionamento de graça. Desta forma, o custo do quilo de arroz fica R$2,47.

A tabela a seguir simula várias situações intermediárias entre as duas apresentadas.

Demanda Mês	10	10	10	10	10	10	10	10	10	10
Qtd de Arroz	1	2	3	4	5	6	7	8	9	10
Preço do arroz	R$ 2,30	R$ 2,30	R$ 2,30	R$ 2,30	R$ 2,30	R$ 2,30	R$ 2,30	R$ 2,30	R$ 2,30	R$ 2,30
Estacionamento	R$ 5,00	R$ 5,00	R$ 5,00	R$ 5,00	R$ 5,00	R$ 5,00	R$ 5,00	R$ 5,00	R$ -	R$ -
Gasolina	R$ 1,70	R$ 1,70	R$ 1,70	R$ 1,70	R$ 1,70	R$ 1,70	R$ 1,70	R$ 1,70	R$ 1,70	R$ 1,70
Valor da Compra	R$ 9,00	R$ 11,30	R$ 13,60	R$ 15,90	R$ 18,20	R$ 20,50	R$ 22,80	R$ 25,10	R$ 22,40	R$ 24,70
Preço do quilo do arroz na compra	R$ 9,00	R$ 5,65	R$ 4,53	R$ 3,98	R$ 3,64	R$ 3,42	R$ 3,26	R$ 3,14	R$ 2,49	R$ 2,47
Idas ao supermercado	10	5	4	3	2	2	2	2	2	1
Estacionamento (Mês)	R$ 50,00	R$ 25,00	R$ 20,00	R$ 15,00	R$ 10,00	R$ 10,00	R$ 10,00	R$ 10,00	R$ -	R$ -
Gasolina (Mês)	R$ 17,00	R$ 8,50	R$ 6,80	R$ 5,10	R$ 3,40	R$ 3,40	R$ 3,40	R$ 3,40	R$ 3,40	R$ 1,70
Gastos no mês total	R$ 90,00	R$ 56,50	R$ 49,80	R$ 43,10	R$ 36,40	R$ 36,40	R$ 36,40	R$ 36,40	R$ 26,40	R$ 24,70
Preço do quilo do arroz (Mês)	R$ 9,00	R$ 5,65	R$ 4,98	R$ 4,31	R$ 3,64	R$ 3,64	R$ 3,64	R$ 3,64	R$ 2,64	R$ 2,47

Tabela 6.1*: Simulação Preço Médio Arroz

Analisando a tabela anterior, podemos facilmente verificar que o seu gasto mensal com arroz pode variar de R$90,00 a R$24,70, em função do custo de comprar, uma vez que o preço do arroz é sempre o mesmo.

Podemos ter outra situação. Imagine que você consuma mensalmente 10 quilos de maracujá, 8 quilos de tomate, 4 quilos de batata, 3 quilos de cenoura e 5 quilos de banana. Você poderia fazer a compra para o mês no supermercado, junto com o arroz. O grande problema é que, no prazo máximo de 10 dias, as frutas e verduras estariam estragadas. Você então decidiu fazer as compras uma vez por semana. Talvez você possa combinar estas compras com a do arroz e melhorar o seu fluxo de caixa.

Imagine agora uma terceira situação. A sua família consome por mês 12 quilos de carne, 5 quilos de frango e 3 quilos de peixe. Você poderia comprar tudo de uma única vez. Entretanto, você descobriu que o congelador da sua geladeira tem uma capacidade máxima de armazenamento de 8 quilos. Você então foi avaliar a possibilidade de comprar um freezer e descobriu que precisaria gastar R$900,00 e que a sua conta de energia aumentaria em R$40,00 por mês. Com isso, você decidiu realizar compras semanais de carnes, somado ao arroz, frutas e verduras.

Na situação descrita, podemos observar algumas variáveis a serem analisadas na gestão do estoque. A primeira delas é a durabilidade das frutas e verduras, a segunda é a capacidade limitada de armazenamento do congelador e a terceira o custo da aquisição de um freezer. Neste novo contexto, você optou por fazer compras semanais, combinando a compra de frutas e verduras com a compra de carne, frango e peixe.

Nas compras semanais, você percebeu que comprava, a cada ida ao supermercado, alguma coisa a mais, tal como uma guloseima, um queijo ou até mesmo uma garrafa de vinho. A solução foi fazer uma lista e comprar apenas o que estava na lista. Isto inibe a compra por impulso, o que, frequentemente, implica compras maiores do que o necessário. Quando estamos em um supermercado, os produtos são organizados de forma a estimular o consumo; portanto, a lista de compras nos orienta consumir apenas o que foi planejado.

6.4.2. Gestão ABC de estoque

A segunda técnica de gestão de estoque é a curva ABC, na qual os itens do estoque são classificados pela sua representatividade dos custos. Os itens do grupo A são poucos e representam cerca de 80% do valor do estoque. Por outro lado, os itens do grupo C são muitos e representam cerca de 20% do estoque. Com esta classificação, a empresa pode concentrar os seus esforços de gestão nos itens do grupo A.

Nas famílias, esta técnica também pode ser empregada. Imagine que a compra de carne, peixe e frango representa a maior parte da sua despesa. Uma boa gestão destes itens pode melhorar o fluxo de caixa da família ao longo do mês e também gerar economia.

6.5. Gestão de estoque e reflexos financeiros

Imagine a seguinte situação: você tem uma renda familiar líquida de R$5.000,00, com recebimento quinzenal. No dia 15 do mês, sua família recebe 40% do salário, ou seja, R$2.000,00. As suas despesas mensais totais são de R$4.500,00, sendo que 60% delas vencem antes do dia 15, ou seja, R$ 2.700,00 levando-o a entrar no cheque especial por alguns dias durante o mês.

Analisando as despesas, você verificou que as compras no supermercado, realizadas do dia 10 de cada mês, respondem por 30% das suas despesas. Portanto, você decidiu dividi-las ao longo do mês, tornando equilibrado o fluxo de entradas e saídas, evitando, assim, o uso do cheque especial.

Como as despesas com supermercado são na ordem de R$ 1.350,00, 30% das despesas, se você dividir as compras sendo R$ 350,00 antes do dia 15 e R$

1.000,00 para depois do dia 15, teremos despesas de apenas R$ 1.700,00 antes do dia 15 e assim não precisará fazer uso do cheque especial.

6.6. Referências

Como elaborar o controle de estoque de mercadorias. *Sebrae*. Disponível em: <http://www.sebrae.com.br/sites/PortalSebrae/artigos/Como-elaborar-o-controle--de-estoque-de-mercadorias>. Acesso em 1 set. 2015.

GITMAN, Lawrence J. *Princípios de Administração Financeira*. São Paulo; Ed. Pearson, 2010.

Seção de INVESTIMENTOS

7. Ativos

Um dos principais objetivos financeiros de uma família – se não o principal – é a formação de determinado nível de patrimônio. O patrimônio, quando bem montado, torna-se importante fonte de renda futura, proporcionando à unidade familiar uma desejável segurança financeira.

Este capítulo apresenta conceitos básicos sobre ativos e sobre sua importância para a composição de patrimônio das famílias. Em seguida, são apresentadas algumas dificuldades típicas para a formação do patrimônio. Depois, são discutidas algumas características que devem ser consideradas antes de definir quais ativos serão adquiridos. Por fim, apresenta-se o conceito de diversificação de ativos e sua relevância para a redução da exposição a fatores de risco.

7.1. História motivadora

Isabel e Aninha são amigas de longa data. Ao se formarem na faculdade de direito, ingressaram imediatamente no mercado de trabalho; cada qual em um escritório de advocacia distinto. Ao longo dos vários anos de trabalho em escritórios de advocacia e em empresas de vários setores, elas foram construindo suas carreiras e ascendendo profissionalmente. Apesar de terem carreiras bem parecidas, igualmente bem-sucedidas e com níveis de remuneração similares, no aspecto de finanças pessoais, as situações pareciam bem distintas.

Isabel era mais comedida em suas despesas. Ela sempre teve um comportamento poupador, o que, por vezes, a deixava apreensiva se era uma forma ideal de lidar com o dinheiro. A despeito das eventuais dúvidas, estava convicta de que o adequado, a fim de garantir um futuro financeiramente estável, seria poupar parte dos seus rendimentos para poder compor um patrimônio no futuro que assegurasse uma renda adequada após sua aposentadoria. No esforço de poupança, evidentemente, ela e sua família incorriam em certos sacrifícios e em desembolsos controlados, o que nunca, segundo ela, comprometeu suas necessidades de lazer, viagens, diversão e cultura.

Aninha, por sua vez, sempre teve um comportamento mais tranquilo em relação à administração dos seus recursos financeiros, beirando às vezes um comportamento irresponsável no trato de suas finanças. Cometia alguns excessos, os quais, segundo ela, não era de todo ruim, afinal: "Quem não se dá ao luxo?". A família sempre andava com carro novo, vestia roupas de grife, ia a muitos shows e se hospedava em hotéis muito luxuosos quando viajavam. Evidentemente, com um padrão de vida destes, sobrava muito pouco para formar uma poupança, o que não parecia incomodá-la muito.

Portanto, cada uma ao seu jeito, gerenciou suas finanças e as de suas famílias.

Ambas, no entanto, estavam entrando em outra fase da vida. Com os respectivos filhos e filhas criados e casados, já estavam em vias de se aposentar. Do ponto de vista financeiro, o que representava um momento de tranquilidade para Isabel, para Aninha foi o início de um tormento. A falta de um patrimônio, o qual normalmente é constituído com muito esforço e ao longo de anos, certamente não permitiria à última a mesma condição financeira de vida da primeira. Para Aninha, a aposentadoria oficial não conseguiria suprir suas necessidades, forçando-a a recorrer aos filhos por auxílio financeiro. Por outro lado, Isabel conseguiu compor um patrimônio que complementava sua aposentadoria oficial, permitindo a ela uma condição financeira confortável.

Apesar de todas as circunstâncias financeiras serem muito parecidas, inclusive os rendimentos laborais, o comprometimento com a formação de um patrimônio levou as amigas de longa data a terem situações financeiras muito distintas na melhor idade.

7.2. Conceito básico

Um ativo representa o resultado de um esforço financeiro pelo qual há um comprometimento imediato de recursos na sua aquisição, a fim de gerar retornos financeiros ao seu detentor no futuro. Portanto, o ativo é um elemento incorporado ao patrimônio familiar que permite gerar retornos financeiros posteriores à sua aquisição, normalmente durante o período de tempo em que o ativo for de posse da família.

Esquematicamente, de modo geral, investir em algum ativo tem o seguinte fluxo de caixa. Inicialmente, a família incorre em desembolsos necessários à incorporação do referido ativo (fluxos de caixa negativos). Em seguida, há expectativas de retornos na forma de fluxos de caixa positivos que devem ocorrer enquanto este ativo estiver sendo utilizado e enquanto for de propriedade da família.

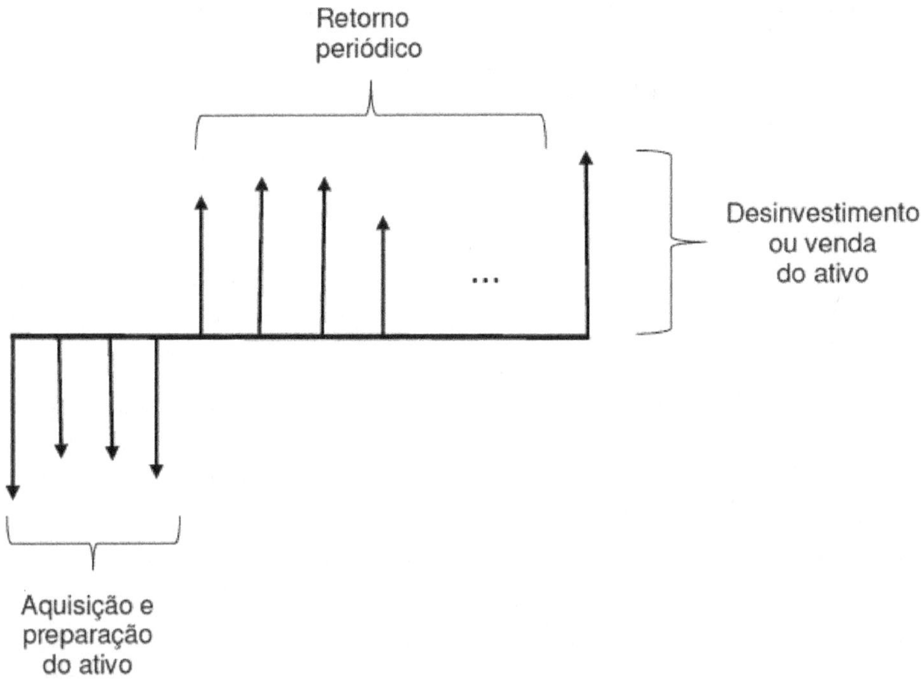

Figura 7.1: Representação gráfica do fluxo de caixa típico de um ativo

Há basicamente duas categorias de ativos que as famílias podem adquirir: financeiros e não financeiros (aspectos, detalhes e alternativas apresentados nos dois capítulos seguintes). Tais categorias representam características e alternativas de investimentos distintas, as quais devem ser compreendidas a fim de serem devidamente escolhidas.

Os ativos financeiros são compostos por todos os produtos financeiros disponíveis aos investidores, a fim de que eles gerem retorno pelo capital neles empregados. Os produtos financeiros são ofertados por instituições financeiras, tais como bancos comerciais, bancos de investimento, corretoras de valores, etc. Atualmente, há uma gama muito extensa de alternativas de investimentos no mercado financeiro, tais como cadernetas de poupança, fundos de investimento, ações de empresas listadas na bolsa de valores, etc.

Os ativos não financeiros, por sua vez, são representados pelas demais alternativas de investimento que estão fora da categoria financeira. Neste grupo, podem ser abrangidos, por exemplo, desde imóveis até participações em empresas, havendo também uma vasta gama de alternativas, o que faz com que o investidor deva fazer uma análise minuciosa antes de qualquer decisão. Como exemplos, podemos citar imóveis, participações societárias em empresas, obras de arte, etc.

O investimento pode ser analisado bem antes da aquisição propriamente dita do ativo. Não raro, o esforço em relação ao ativo desejado pode iniciar bem antes de sua aquisição, durante um período de tempo em que é necessário fazer uma poupança. Admita, hipoteticamente, que você deseja adquirir um imóvel. Tal aquisição deve ser feita considerando a capacidade financeira para tal, o que pode exigir de sua parte uma fase inicial de "estocagem" de recursos financeiros. Sendo assim, você demanda um tempo poupando recursos financeiros que o permitirão posteriormente adquirir o ativo desejado.

Neste exemplo, o procedimento mais comum é passar um período poupando por meio do investimento em algum ativo financeiro (fundo de renda fixa, por exemplo). Não é recomendado que o recurso financeiro fique parado ao longo deste período de poupança, pois o seu valor (poder de compra) se deteriorará se não houver nenhuma remuneração sobre ele. Portanto, o período de acúmulo de capital destinado à aquisição de algum ativo tipicamente envolve o investimento temporário em um ativo financeiro.

Quando o momento de adquirir o ativo desejado chegar ou o acúmulo de recursos financeiros for suficiente, o indivíduo poderá resgatar a aplicação financeira (fundo de renda fixa) e comprar o ativo desejado (imóvel). Perceba, portanto, que o ciclo de vida deste planejamento envolveu uma etapa prévia de acúmulo de recursos (poupança) e a aquisição do ativo (investimento). A partir daí é que os rendimentos do ativo surgirão.

Neste caso particular, a aplicação no ativo financeiro (fundo de renda fixa) foi um investimento intermediário necessário para chegar ao investimento final (imóvel). Esta situação costuma ocorrer na prática. Investimentos intermediários devem ser feitos para viabilizar investimentos finais, os quais efetivamente vão compor o patrimônio e vão gerar os resultados esperados.

Evidentemente, este exemplo não quer dizer necessariamente que todos os ativos financeiros devam ser encarados como investimentos temporários. Eles podem compor a carteira de ativos de um indivíduo ou família, sem qualquer problema. Na realidade, quando se comenta este uso temporário, isto é devido à característica de liquidez de alguns ativos financeiros, a qual permite a execução desta estratégia de acúmulo de recursos para viabilizar a aquisição de outros ativos. Mais adiante neste capítulo, serão feitos comentários sobre o tópico liquidez.

Por fim, é fundamental ter uma visão mais ampla dos investimentos. Eles devem ser associados a objetivos genéricos ou específicos dentro de um planejamento familiar. Desta forma, eles devem refletir financeiramente o planejamento traçado pela família, o que implica a formação de patrimônio para gerar renda futura de acordo com as necessidades estabelecidas e a situação futura almejada.

Dentro de uma empresa, por exemplo, geralmente, os investimentos realizados são feitos de acordo com um planejamento, a fim de que os objetivos e metas traçados sejam alcançados. Toda a formação dos ativos em uma empresa está associada a elementos do planejamento, sob pena de alguns investimentos não terem aderência aos seus propósitos. Uma família também deve ter um planejamento traçado, tendo os investimentos um papel fundamental neste planejamento.

7.3. Importância da formação de patrimônio

Um fato inevitável de nossas vidas nos permite compreender claramente a importância de formar patrimônio. No futuro, há uma tendência inexorável de redução da nossa força laboral. À medida que o tempo passa, nossa capacidade de trabalhar diminui, por mais prazerosa e gratificante que seja nossa atividade profissional.

E ainda que você creia firmemente que sua disposição e energia para o trabalho não decairão com o passar do tempo, outros interesses podem surgir. Como exemplos, você desejará viajar mais, passar mais tempo com a família, realizar trabalhos voluntários, aprender idiomas, praticar novos *hobbies*, etc. Tudo isto concorrerá para tomar parte do seu tempo e limitar sua disponibilidade para o trabalho antes executado. Portanto, por um motivo ou outro, a geração de recursos financeiros advindos das atividades laborais tenderá a diminuir com o passar do tempo na maioria das situações.

Ao mesmo tempo, é igualmente importante considerar que o perfil dos desembolsos pode mudar em uma fase mais adiantada da vida. Desembolsos que anteriormente não eram representativos podem tornar-se muito expressivos, tais como os associados à saúde (necessidades básicas) e às viagens.

Em adição, não é difícil perceber que novos compromissos podem surgir. Talvez, alguma circunstância familiar implique a necessidade de prover suporte financeiro a algum parente ascendente ou descendente, direto ou indireto.

Evidentemente, há questões familiares e pessoais que envolvem a definição de prover este suporte que devem ser discutidas e definidas.

De forma a enfrentar a queda da remuneração laboral e o aumento de alguns elementos de desembolso, a família deve buscar alternativas de geração de recursos financeiros além dos – ou em substituição aos – gerados pelas atividades laborais.

Uma maneira de conseguir tal objetivo é formar, ao longo da vida, um patrimônio que permita a geração de receitas não originadas do trabalho, mas do rendimento auferido com os ativos incorporados. Ao longo de determinado período (tipicamente, vários anos), a família monta um patrimônio por meio do comprometimento de recursos financeiros destinados à aquisição de tais ativos. Quando estes ativos estiverem disponíveis, eles serão usados para gerar renda em outra etapa do ciclo de vida da família.

A ideia é que os esforços de poupança e formação do patrimônio sejam recompensados com o que eles podem gerar à família em termos de renda, fazendo com que esta última seja originada do capital acumulado, e não mais do trabalho. É uma maneira de assegurar a tão necessária renda no futuro e a tão desejada tranquilidade financeira.

7.4. Dificuldades típicas para a formação do patrimônio

De modo geral, há dois grupos – não mutuamente excludentes – de circunstâncias associadas à dificuldade de formar patrimônio. O primeiro grupo é composto pelas limitações financeiras propriamente ditas. O segundo abrange aspectos comportamentais.

Para compor um patrimônio, é necessário gerar caixa suficiente para sua formação. Tipicamente, durante o período produtivo do indivíduo, ele gera recursos financeiros a partir de suas atividades laborais. Os recursos gerados devem ser suficientes para pagar todas as despesas cotidianas, amortizar eventuais financiamentos e, com os saldos remanescentes, fazer uma reserva financeira para adquirir ativos que comporão o seu patrimônio.

Se a geração de caixa não for suficiente para honrar todos estes compromissos financeiros, certamente não haverá como formar patrimônio sem que antes as necessidades mais imediatas sejam atendidas. Portanto, por mais que a família tenha a percepção da importância de formar patrimônio por meio da aquisição de ativos, se não houver capacidade financeira para poupar além dos desembolsos correntes, a composição patrimonial será prejudicada.

Não obstante, por menor que seja a capacidade de poupança da família, é extremamente recomendado que haja este esforço. Ainda que não seja possível poupar uma quantidade relevante de recursos financeiros, o efeito do acúmulo de capital, considerando o seu crescimento pela capitalização composta (forma de variação dos recursos financeiros ao longo do tempo em que os juros acumulados até o período imediatamente anterior compõem a base de cálculo dos juros do período seguinte, fazendo com que os montantes calculados tenham um comportamento exponencial), pode surtir efeitos interessantes em um prazo longo. Além disso, a disciplina de poupar deve ser incentivada tanto em situações de alta e baixa capacidade de acúmulo de capital. Em alguns períodos, o indivíduo pode não ter uma boa disponibilidade financeira para poupar. Porém, em outros, esta disponibilidade pode aumentar.

Do ponto de vista comportamental, deve-se perceber que toda decisão de formação de patrimônio terá reflexos no futuro, em maior ou menor medida, distante. Isto é reforçado pelo fato de alguns ativos terem um período relevante para iniciarem a gerar receitas (imagine, por exemplo, adquirir um imóvel na planta para fins de geração de renda de aluguel – ele demandará anos até que esteja pronto e apto a ser locado). O horizonte temporal longo, para algumas pessoas, pode tornar sua percepção de importância e/ou capacidade de análise, limitadas pois perspectivas de longo prazo podem ser de difícil mensuração e avaliação.

Em adição, quando se trata de futuro, sobretudo em relação a prazos mais longos, deve-se admitir que a incerteza é uma circunstância pertinente aos retornos esperados. A própria dificuldade em avaliar e prever com certo grau de exatidão como se comportarão os retornos gerados pelos ativos pode, de forma indesejada, desestimular esta visão de futuro e o consequente destino de parte dos recursos à formação de patrimônio.

Além disso, ainda no âmbito comportamental, quando se toma uma decisão cujas consequências, por mais positivas que sejam, serão realizadas em um futuro distante, face a alternativas de consumo mais prementes, algumas pessoas podem ter uma preferência pela satisfação imediata em detrimento daquela mais distante no tempo. Pode haver uma preferência pelo uso imediato do recurso financeiro em relação ao seu uso posterior.

Em verdade, quando se fala em poupar para formar patrimônio, o que se pretende é retardar um consumo atual por um consumo maior no futuro, o qual será proporcionado pela renda gerada pelos ativos incorporados. Portanto, inevitavelmente, a decisão de se investir em um ativo implica em a família deixar de consumir um pouco hoje para consumir um pouco mais no futuro.

Para que a família seja incentivada a fazer esta troca, deve haver compensação financeira. Tal compensação é dada pelos retornos futuros proporcionados pelos ativos incorporados ao patrimônio, em momentos nos quais provavelmente haverá redução de geração de caixa laboral por parte de algum(ns) membro(s) da família.

A troca entre consumo e poupança é um tópico muito relevante neste contexto. É um sacrifício financeiro representado pelo menor nível atual de consumo, a fim de permitir uma situação financeira futura mais saudável e segura.

Portanto, os membros da família devem estar alinhados quanto a estas questões. Diferentes entendimentos e desejos podem incitar discordâncias. Os interesses devem estar razoavelmente coerentes em prol de um melhor equilíbrio entre as necessidades atuais e futuras.

7.5. Características a serem consideradas na decisão de investimento

As várias alternativas de investimento, financeiros ou não financeiros, apresentam inúmeras características, que podem representar pontos positivos ou negativos de cada alternativa.

Não se espera, de forma geral, que uma alternativa de investimento tenha todas as suas características com o melhor comportamento – se assim fosse, a decisão seria bem fácil. O que é mais observado na prática são alternativas de investimentos com alguns pontos positivos e outros negativos. Tais pontos devem ser ponderados, a fim de que a decisão seja a mais adequada possível.

A seguir, são discutidas algumas destas características que normalmente devem ser levadas em conta quando da escolha dos ativos a serem adquiridos para formar o seu patrimônio.

7.5.1. Retorno

O retorno é normalmente a primeira característica avaliada nas decisões de investimento. Quando se investe em um ativo, o que se espera é que ele ofereça retorno financeiro compatível com o valor que foi comprometido na sua aquisição. Um ativo é mais atrativo quanto maior for o retorno proporcionado por ele.

O retorno de um ativo é representado por todo fluxo de caixa positivo decorrente de sua aquisição. Este fluxo de caixa pode ocorrer periodicamente – mensalmente, por exemplo – ou quando o ativo é realizado (vendido ou desinvestido). Retornos financeiros periódicos são exemplificados por aluguéis recebidos, dividendos, rendimentos de aplicações financeiras, etc. Exemplos de retornos financeiros que ocorrem quando da realização dos ativos são os ganhos de capital auferidos na venda de imóveis, a venda de participações acionárias em empresas, o resgate de aplicações financeiras, etc. É importante perceber que, após a realização do ativo, o fluxo de retornos periódicos deixa de existir a partir deste momento.

A definição anterior de retorno é restrita ao aspecto financeiro. É possível que uma família atribua critérios não financeiros ao conceito de retorno. Ela pode decidir, por exemplo, investir em projetos sociais, os quais não darão retorno financeiro, mas têm um valor social que pode considerar inestimável. No entanto, como o nosso foco aqui é eminentemente financeiro, estamos nos concentrando neste aspecto, apesar de ressaltarmos que critérios não financeiros também podem fazer parte da decisão.

Não obstante, deve-se atentar para a sustentabilidade financeira da família ao se decidir por investimentos sem retornos financeiros ou com retornos muito baixos. Em determinadas situações, a família pode, inadvertidamente, enfrentar situações financeiras adversas se optar por tomar decisões de investimentos sem que haja um retorno financeiro compatível. Os investimentos feitos sem que haja retornos financeiros devem limitar-se até o ponto em que isto não prejudique a saúde e a segurança financeiras.

Um ponto importante sobre os retornos, particularmente em relação aos ativos financeiros, é que eles podem ter características de rendimentos fixos ou variáveis. Aplicações financeiras de rendimento fixo têm como característica principal uma menor volatilidade (variabilidade) dos retornos, permitindo uma maior previsibilidade de seus retornos em função da maneira como estes são calculados. As aplicações financeiras ditas como de rendimentos variáveis, por sua vez, não apresentam comportamentos razoavelmente previsíveis. São ativos financeiros cuja formação proporciona altos níveis de volatilidade dos seus retornos. Compreender se os ativos financeiros analisados têm comportamentos fixos ou variáveis nos rendimentos é essencial. Nem todos os investidores estão aptos a enfrentar volatilidades que podem, em certos momentos, apresentar retornos até mesmo negativos.

Há dois patamares mínimos que os retornos esperados devem considerar. O primeiro é o custo de oportunidade, e o segundo é a inflação.

Custo de oportunidade é o que alguém deixa de ganhar por retirar seu recurso financeiro de determinado uso para fazer uso dele em outra alternativa. Se, por exemplo, alguém retira o recurso financeiro de uma aplicação financeira para investir em uma empresa, isto significa que esta pessoa deixa de receber os retornos proporcionados pela aplicação financeira. O que ela deixa de receber da aplicação financeira, no caso, é denominado custo de oportunidade.

A pessoa somente será incentivada a incorrer neste custo de oportunidade (retirar o recurso financeiro do seu uso atual) se o retorno da outra alternativa for maior do que o retorno da primeira alternativa. Caso contrário, é melhor deixar o recurso em seu uso atual. Portanto, o custo de oportunidade torna-se um aspecto a ser considerado na avaliação de alternativas de investimento.

O outro patamar a ser considerado é a inflação. Inflação pode ser entendida como o aumento generalizado dos preços de bens e serviços em uma economia em determinado período de tempo. Em consequência deste aumento, há a perda do poder de compra do dinheiro. Com isto, uma certa quantidade de unidades monetárias que permitia comprar determinada cesta de produtos em uma época não permitirá comprar a mesma cesta de produtos em um momento no futuro, uma vez que os preços dos itens componentes da cesta terão acréscimos.

A discussão sobre inflação é pertinente neste âmbito, pois os ganhos auferidos com os retornos do investimento devem ser comparados com a perda monetária imposta pela inflação do período. Em outras palavras, deve-se comparar o retorno nominal proporcionado pelo investimento com o retorno real (descontada a inflação do período).

Observe o seguinte exemplo. Você faz uma aplicação financeira hoje de R$1.000,00. Depois de um ano, você resgata esta aplicação financeira, obtendo R$1.100,00. Portanto, no período de um ano, você ganhou R$100,00, ou seja, retorno de 10% (R$100,00 / R$1.000,00).

Admita que, durante este mesmo período de tempo, o indicador oficial de inflação do governo calculou que a variação dos preços foi de 7%. Isto significa que um produto comprado por R$1,00 no início do período tem o seu novo preço de R$1,07 no final do período analisado.

Portanto, com R$1.000,00 na data inicial, você conseguiria adquirir 1.000 unidades deste produto (R$1.000,00 / R$1,00). Na data final, os mesmos R$1.000,00 permitiriam adquirir aproximadamente 934 unidades do produto (R$1.000,00 / R$1,07), evidenciando a perda do valor de compra no período.

No entanto, admitindo que foi feita a aplicação financeira, cujo retorno foi de 10%, no final do período analisado, você teria R$1.100,00 para comprar produtos ao preço unitário de R$1,07. Neste caso, você conseguiria comprar aproximadamente 1.028 unidades (R$1.100,00 / R$1,07). Sendo assim, o seu poder de compra aumentou em 28 unidades ou 2,80% ([1.028 – 1.000] / 1.000).

Se você não tivesse considerado a inflação do período, você poderia ter analisado, de forma equivocada, que o seu retorno foi de 10%. Porém o retorno real foi de apenas 2,80%, uma vez que parte do retorno de 10% foi corroído pela inflação. O retorno nominal da aplicação foi de 10%, mas o seu retorno real foi de 2,80%. Se o retorno nominal da aplicação tivesse sido, por exemplo, 7%, o retorno real teria sido nulo, uma vez que todo o retorno auferido teria sido eliminado pela inflação. Para um retorno nominal menor do que os 7% de inflação, o investidor teria perdido valor de compra.

7.5.2. Incerteza / risco

No tópico anterior, deve ter ficado claro que há uma situação interessante sobre a avaliação dos retornos. A decisão de investimento deve ser feita no momento presente e é realizada considerando os retornos proporcionados pelo ativo. Note que tais retornos são representados por expectativas futuras de fluxos de caixa positivos. Os retornos não aconteceram ainda – espera-se que aconteçam de determinada maneira no futuro. Portanto, ao se referir a eles, na realidade, nos referimos a retornos esperados.

Como são expectativas de movimentações financeiras, naturalmente elas estão sujeitas a alguns fatores que podem impactá-los. Tais fatores podem fazer com que os fluxos de caixa sejam melhores do que o inicialmente esperado ou piores. Nos depararmos com situações melhores do que o previsto *a priori* é algo positivo, desejado. Como exemplo, a receita realizada pode ser maior do que a projetada ou um elemento de desembolso realizado pode ser menor do que sua projeção. Por outro lado, quando fatores ocorrem impactando negativamente os resultados previstos, então nos deparamos com uma circunstância negativa, não desejada. Podemos incorrer em desembolsos não previstos no momento da projeção decorrentes de algum fato novo, por exemplo.

Quando nos referimos à palavra incerteza, estamos admitindo nossa incapacidade plena de prever todos os fatores que direta ou indiretamente terão efeito sobre os fluxos de caixa. A incerteza é a possibilidade de que os fluxos de caixa realizados sejam diferentes dos projetados. No entanto, ao nos referirmos a esta diferença, implicitamente estamos focando nas diferenças a menor, ou seja, que evidenciam resultados piores do que os previstos.

Por outro lado, quando nos referimos a risco, há uma distinção em relação à incerteza. Risco é a incerteza com a probabilidade quantificada de ocorrência de um evento adverso ocorrer. Portanto, passamos de uma situação de incerteza para uma situação de risco quando calculamos a probabilidade de ocorrência do evento indesejado. Apesar de ambos se referirem essencialmente ao mesmo objeto, um indica que podemos incorrer em um evento desfavorável, enquanto o outro indica a probabilidade de tal evento ocorrer.

De uma forma ou de outra, quando projetamos fluxos de caixa, estamos fazendo um esforço cujo resultado não é certo. Há possibilidade/probabilidade de aquelas movimentações financeiras não ocorrerem conforme esperamos.

Sendo assim, quando analisamos um investimento, invariavelmente estamos diante de um cenário sobre o qual normalmente não temos capacidade plena de prever todos os desdobramentos, o que limita nossa capacidade de projetar com certeza os retornos esperados. Isto é um componente relevante quando estamos avaliando os nossos investimentos, na medida em que diferentes alternativas podem apresentar diferentes níveis de incerteza/risco.

Admita, hipoteticamente, que temos um recurso financeiro ocioso e que estamos decidindo entre aplicá-lo em um fundo de renda fixa ou em um fundo de renda variável. Os fundos de renda fixa trazem a expectativa de gerar retornos mais previsíveis do que os esperados em fundos de renda variáveis. Como os retornos em fundos de renda variável são bastante voláteis, esta dispersão (variação em relação a um valor médio ou esperado) sugere um maior nível de incerteza/risco, uma vez que eles podem apresentar retornos muito baixos ou, até mesmo, negativos – naturalmente, também podem gerar retornos muito altos. A dispersão dos retornos obtidos por fundos de renda fixa é bem menor, tornando-os menos incertos e, consequentemente, mais previsíveis.

Isto também pode ser observado quando se compra, por exemplo, um imóvel para colocação em aluguel. Não se sabe, em princípio, quando exatamente ele será locado. Tampouco se sabe se o preço desejado pela locação será alcançado. Portanto, há uma incerteza inerente aos retornos esperados por este investimento.

Estes dois exemplos ilustram que diferentes ativos têm diferentes níveis de incerteza/risco. Isto sugere que, ao se decidir por um ativo, a dimensão incerteza/risco deve ser levada em conta, além da dimensão retorno.

Em adição, há uma expectativa conceitualmente fácil de entender que é a relação entre o risco e o retorno de um ativo. Quando se fala da relação entre risco e retorno, tem-se em conta que um indivíduo somente será incentivado a investir em um ativo de maior risco (maior dispersão e menor previsibilidade), se ele tiver uma compensação por assumir este maior grau de risco. Esta compensação é refletida no retorno esperado, o qual deverá ser maior ao daquele esperado por um ativo com menor grau de risco (menor dispersão e maior previsibilidade). Portanto, quanto maior o risco de um ativo, mais retorno o seu detentor espera dele, e vice-versa.

7.5.3. Liquidez

Um aspecto a ser considerado na incorporação de um ativo é a facilidade com que ele pode ser realizado, caso seja necessário. A liquidez é o indicador da capacidade de fazer o "desinvestimento" em condições favoráveis e em tempo aceitável.

Imagine que, por algum acaso, você precise levantar um determinado montante de recursos financeiros para honrar certo compromisso. Uma possibilidade seria desfazer-se de um ativo, a fim de gerar este caixa. Digamos, por exemplo, que você, neste contexto, avalia vender um imóvel. Se o esforço em termos de tempo e/ou desconto para conseguir vendê-lo for muito grande, este ativo tem baixa liquidez. Você pode inclusive conseguir vendê-lo com certa rapidez, porém a um custo relativamente alto (terá que conceder um desconto relevante). Neste caso, a liquidez do ativo é baixa.

Se, por outro lado, você pensa em levantar este recurso desfazendo-se de uma aplicação financeira, caso ela possa ser resgatada a qualquer momento, sem que haja qualquer abatimento nos rendimentos, classificamos esta aplicação como bastante líquida.

A liquidez, portanto, é uma característica importante quando precisamos nos desfazer do ativo. Por mais que, em princípio, quando um ativo é adquirido não se pense na sua venda, esta é uma importante característica que deve ser incorporada à decisão.

7.5.4. Tributação

Um aspecto que permeia muitas decisões financeiras, inclusive a aquisição de ativos, é a tributação. Para um ativo, podemos ter tributações em momentos distintos. Ela pode ocorrer quando adquirimos o ativo, quando ele gera rendimentos e/ou quando ele é vendido.

A tributação sobre a aquisição do ativo ocorre em alguns casos, tais como, por exemplo, na compra de imóveis (ITBI) e na compra de veículos (IPVA).

A tributação sobre retornos periódicos ocorre quando estes retornos estão sujeitos, por exemplo, ao imposto de renda, como é o caso dos rendimentos oriundos de aluguéis e de algumas aplicações financeiras.

Ao se desfazer do ativo, também podem incidir tributos. Quando se vende um imóvel, por exemplo, a depender do caso, é possível que seja necessário recolher imposto de renda sobre o ganho de capital auferido.

A concepção genérica é verificar quais tributos incidem sobre estes três momentos do ativo. Isto é fundamental, pois, em termos práticos, reduz os ganhos gerados pelo ativo.

7.5.5. Desembolsos acessórios

Além dos tributos que indicam desembolsos com a aquisição, rendimentos e venda dos ativos, é importante verificar se há outros desembolsos associados a estas movimentações.

Um exemplo de desembolso acessório que ocorre no momento da aquisição de um ativo é quando adquirimos um imóvel. Além de termos que pagar pelo imóvel em si e desembolsar o ITBI (Imposto sobre a Transmissão de Bens Imóveis), também devemos pagar o registro e a escritura do referido imóvel. Sem isto, a transação comercial não é completada. Ao se adquirir um veículo, por exemplo, é fundamental fazer desembolsos além do valor do veículo, tais como emplacamento, seguro, etc.

Como exemplo de desembolsos acessórios relacionados aos rendimentos periódicos, imagine que o seu imóvel está locado por intermédio de uma imobiliária. Ela deverá ser remunerada pelo gerenciamento do seu imóvel, o que configura um desembolso acessório. Um banco que gerencia o fundo de investimentos no qual você investe também tem uma remuneração que é deduzida dos seus ganhos.

Por fim, um exemplo de desembolso acessório no momento de se desfazer do ativo é o pagamento de comissões para a imobiliária, caso o imóvel seja vendido por intermédio de uma. Da mesma forma que os tributos, ao analisar qualquer ativo, é fundamental antecipar que desembolsos acessórios são necessários em cada fase, a fim de não haver nenhuma surpresa.

7.6. Diversificação

O último tópico neste capítulo a respeito dos ativos é o conceito de diversificação. Imagine que você queira fazer investimentos em alguns ativos para formar um patrimônio. Digamos, por exemplo, que você decide alocar todos os seus recursos financeiros na aquisição de unidades de apartamentos em um único edifício. Neste exemplo, você está se expondo a um risco muito alto que pode se originar a partir de algumas situações. Pode ser que o prédio demore a ficar pronto, postergando o seu uso. Ou que haja algum problema relacionado à concessão dos documentos necessários para que o prédio seja efetivamente habitado. Ou, talvez, você não consiga alugar rapidamente as unidades que adquiriu. E quem sabe você tenha dificuldade em vender alguma unidade se precisar fazer um desinvestimento. Enfim, podem ocorrer uma série de circunstâncias indesejadas que afetam o retorno do seu investimento.

Digamos agora que você investiu em dólar. Você fez isto baseado em uma expectativa de valorização desta moeda frente ao real. Sendo assim, você utilizou parte relevante de suas disponibilidades e adquiriu moeda estrangeira. No entanto, depois de algum tempo, por algum motivo macroeconômico sobre o qual você talvez não tenha muito conhecimento, o dólar sofreu desvalorização frente ao real. Se parte considerável do seu patrimônio é baseada em moeda estrangeira, o impacto no seu patrimônio será muito forte.

Estas histórias, e tantas outras que podemos imaginar, evidenciam a importância de diversificarmos os investimentos. Diversificar é alocar diferentes partes dos seus recursos em diferentes ativos. Com esta providência, se ocorrer alguma circunstância negativa que impacte negativamente os retornos de um ativo ou o seu valor patrimonial, o resultado negativo não será excessivamente extenso sobre o seu patrimônio total. A fim de evitarmos uma grande exposição a fatores de risco aos quais estamos sujeitos, uma forma de abordarmos este ponto é diversificarmos os investimentos, distribuindo os recursos financeiros em diferentes ativos.

A diversificação reduz os riscos aos quais estamos expostos porque certas circunstâncias podem impactar diferentemente ativos distintos. Se, por exemplo, você tiver aplicações financeiras de renda fixa que são baseadas na taxa básica de juros e houver uma queda desta taxa, seus rendimentos serão reduzidos. Mas uma redução da taxa básica de juros pode ter impactos em outros pontos da economia, como incentivar as atividades econômicas, o que pode, hipoteticamente, melhorar o nível de procura por locação de imóveis comerciais. Se você tiver um imóvel comercial para locação, talvez a redução da taxa de juros básica seja um fator incentivador à locação de imóveis comerciais.

De forma semelhante, admita que seus recursos são investidos em ativos ligados ao dólar (aplicações financeiras no exterior) e em uma empresa comercial que comercializa mercadorias importadas. Para uma valorização do dólar frente ao real, você terá diferentes impactos em seus ativos. A aplicação financeira no exterior será valorizada, enquanto que os resultados da sua empresa importadora provavelmente sofrerão impactos negativos, o que será refletido nos seus dividendos.

Isto posto, percebe-se porque é importante não pensarmos em um único ativo, mas em uma carteira diversificada de ativos. Isto é feito por meio da incorporação de vários ativos de diferentes naturezas ao seu portfólio – dentro do que é viável à família, naturalmente.

Voltando ao exemplo do edifício, se você tiver uma unidade para alugar, você estará exposto a alguns fatores de risco. Se você tiver outra unidade com as mesmas características neste mesmo edifício, você ainda estará exposto aos mesmos fatores de risco. Se uma circunstância indesejada ocorrer, o impacto será igual sobre os dois imóveis e o resultado negativo será muito representativo.

O ideal, neste caso, seria ter uma unidade neste edifício e outro ativo de outra natureza para compensar os riscos assumidos com a primeira alternativa. Naturalmente, este outro ativo estará sujeito a outros fatores de risco, porém diferentes daqueles do primeiro ativo. Se o segundo ativo for outro imóvel, por exemplo, você poderá enfrentar alguns fatores de riscos similares entre os dois e outros que não são similares, que dependem exclusivamente do ativo em questão.

Desta forma, tomando esta descrição como exemplo ilustrativo, a concepção básica da diversificação é incorporar ativos à sua carteira de forma que eventuais problemas que ocorram com algum(s) não impactem o(s) outro(s) da mesma forma ou na mesma intensidade. A diversificação dilui o risco assumido com os ativos incorporados, protegendo parcialmente a família contra as consequências não previstas e que eventualmente podem ocorrer.

Portanto, para uma estratégia de diversificação funcionar bem, a montagem da carteira deve ser adequada. Se tivermos somente ativos com exposição aos mesmos fatores de risco, efetivamente, por mais que tenhamos vários ativos, a carteira não está diversificada. Se os ativos incorporados tiverem exposição a diferentes fatores de risco, quando um ativo eventualmente sofrer algum efeito negativo, outros podem não ser igualmente afetados.

7.7. Referências

É essencial consultar livros que tratam tecnicamente dos assuntos aqui apresentados. Para saber como os retornos dos ativos devem ser avaliados, sugerem-se os seguintes:

CALÔBA, Guilherme; MOTTA, Regis. *Análise de Investimentos*. Atlas, 2002.

CORREIA NETO, Jocildo. F. *Elaboração e Avaliação de Projetos de Investimentos*. Elsevier, 2009.

Para verificar o assunto de diversificação de ativos, são sugeridos os seguintes livros:

BODIE, Zvi; KANE, Alex; MARCUS, Alan. *Investimentos*. McGraw-Hill, 2015.

GOETZMANN, William; BROWN, Stephen; GRUBER, Martin; ELTON, Edwin. *Moderna Teoria de Carteiras e Análise de Investimentos*. Elsevier, 2012.

8. Ativos Financeiros

Conforme observado no capítulo anterior, um dos tipos de ativos nos quais as famílias podem investir são os financeiros. Ativos financeiros são os vários produtos ofertados por instituições financeiras disponibilizados às famílias para que elas possam investir a fim de receber rendimentos periódicos.

Este capítulo apresenta alguns produtos financeiros que podem compor o patrimônio da família. Naturalmente, as instituições financeiras frequentemente lançam novos produtos, os quais são bastante dinâmicos. Portanto, as alternativas aqui apresentadas provavelmente não abrangerão todas as disponíveis no mercado, sendo um guia básico para que o leitor compreenda as mais comuns e possa ter uma melhor referência para tomada de decisão.

Em adição, as alternativas serão apresentadas em termos das características indicadas no capítulo anterior para auxiliar a escolha do leitor. Não há a pretensão de ser um glossário completo sobre os produtos financeiros disponíveis no mercado. Para tanto, recomenda-se, após a leitura deste capítulo, o aprofundamento dos produtos financeiros disponíveis por meio dos sites das instituições financeiras com as quais o leitor mantém relacionamento para verificar quais produtos financeiros são ofertados com suas condições e características.

8.1. História motivadora

Dona Celeste é uma senhora muito simpática. Ela tem um coração enorme. Já aposentada há algum tempo, vive dos benefícios recebidos pela aposentadoria oficial (menor parte) e de rendas auferidas por alguns ativos constituídos ao longo de uma longa vida profissional (maior parte). Parte de seus ativos atuais está direcionado a aplicações financeiras variadas, incluindo algumas com nível de risco considerável e outras com rendimentos menos atrativos.

Ela resolveu solicitar a um dos seus genros que verificasse o seu portfólio de investimentos. Este genro tinha algum conhecimento sobre aplicações financeiras. Após uma detida verificação de suas aplicações, ele identificou que sua sogra tinha aplicações que provavelmente não estavam adequadas à sua situação atual. Portanto, ele fez uma sugestão de alteração dos produtos financeiros investidos que tornou mais adequada a relação entre risco e retorno mantida por ela. Ele explicou a ela algumas características dos produtos financeiros, o conceito de risco, a ideia sobre diversificação e os enquadramentos tributários que ela deveria levar em conta no momento de decidir pelas aplicações financeiras.

Naturalmente, o genro cobrou por esta consultoria. Dona Celeste pagou pelos seus préstimos com a sua famosa massa carbonara.

8.2. Renda fixa e variável

De forma ampla, podemos dividir as aplicações financeiras em renda fixa e em renda variável. Aplicações de renda fixa são aquelas cujos retornos são relativamente previsíveis, não sofrendo variações muito expressivas. Títulos de renda fixa podem ser emitidos por empresas privadas ou pelo governo. Em ambos os casos, ao adquirir um título, você efetivamente está emprestando dinheiro a eles e, em troca, você recebe uma remuneração na forma de juros periódicos. Quando encerrar a operação, você terá o principal de volta.

As aplicações de renda fixa podem ser pré-fixadas ou pós-fixadas. Nas aplicações pré-fixadas, as taxas de remuneração são fixadas a priori, ou seja, já são conhecidas quando você as efetua. Nas pós-fixadas, por sua vez, as taxas de remuneração são definidas posteriormente, dependendo de algum critério.

Como exemplos de aplicações de renda fixa, podem ser citados: caderneta de poupança, fundos de investimento DI e de renda fixa, certificados de depósitos bancários (CDBs), letras de crédito do agronegócio (LCAs), letras de crédito imobiliário (LCIs) e títulos públicos.

As aplicações de renda variável, como o nome sugere, têm seus retornos mais voláteis, uma vez que sua composição é formada por elementos sujeitos a fatores de risco mais intensos. Dessa forma, seus retornos podem ser positivos ou negativos em momentos distintos.

Como exemplos de aplicações de renda variável, podem ser citadas as ações e os fundos de ações.

Para concluir este ponto, observe a figura a seguir (Figura 8.1). Ela ilustra o que foi comentado a respeito da diferença central entre aplicações com características de rendimentos fixos e variáveis.

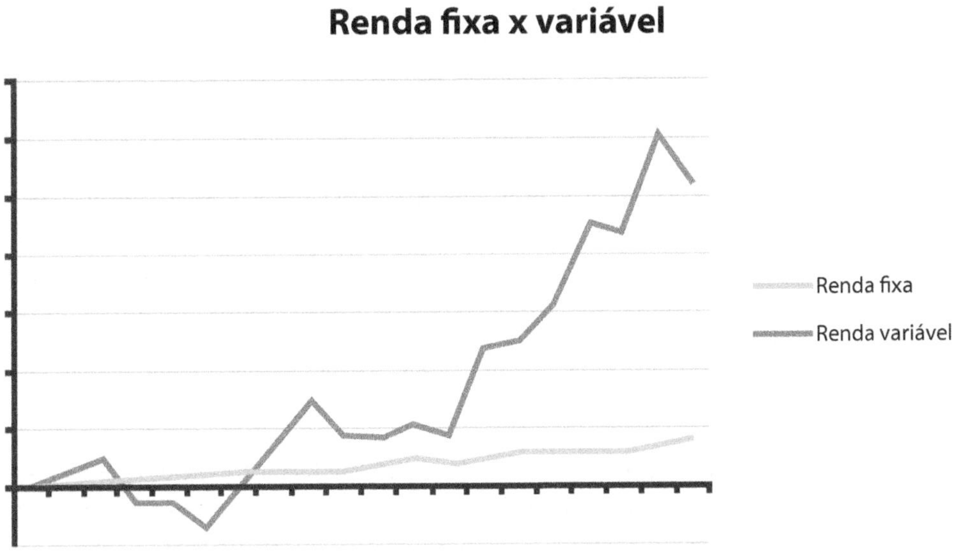

Figura 8.1: Renda fixa x variável

Perceba que a aplicação de renda fixa tem um comportamento razoavelmente previsível e com poucos "solavancos". Ao mesmo tempo, a aplicação com características de renda variável apresenta variações muito intensas, tendo fortes altas e fortes quedas.

Possivelmente, quem aloca seus recursos em aplicações de renda fixa tem aversão ao risco – não suporta muito bem fortes variações patrimoniais. Quem, por outro lado, coloca seus recursos em renda variável de modo geral é menos sensível a estas fortes "emoções". Portanto, tal decisão decorre em parte do nível de propensão ou aversão ao risco.

8.3. Recomendações gerais

Algumas recomendações devem ser observadas antes de decidir por uma aplicação financeira específica.

Todo produto financeiro tem um prospecto e um regulamento. Neles, estão contidas todas as informações pertinentes, o que permite ao investidor ter uma visão ampla sobre o que ele pretende adquirir. Como exemplos destas informações, têm-se: valor mínimo da aplicação inicial e das subsequentes, valor mínimo de resgate e de saldo médio, grau de risco da aplicação, taxas de administração e de performance e a categoria no fundo na AMBINA (Associação Brasileira das Entidades dos Mercados Financeiro e de Capitais). Perceba, ademais, que estes documentos contemplam as informações que foram ressaltadas nas características apontadas no capítulo anterior. Sendo assim sua leitura prévia é essencial à escolha.

Dentre os vários aspectos a serem considerados, um ponto importante é verificar se o produto de investimento é amparado pelo Fundo Garantidor de Crédito (FGC). O FGC é uma associação civil privada sem fins lucrativos que objetiva administrar mecanismos de proteção a titulares de créditos contra instituições financeiras. Ele presta garantia de créditos contra as instituições associadas a ele em situações de intervenção, liquidação extrajudicial ou insolvência. O objetivo essencial é prover um ambiente financeiro mais estável, prevenindo crises sistêmicas bancárias.

Nas situações indicadas, o Fundo Garantidor de Crédito garante os recursos investidos pelos investidores até o limite indicado e de acordo com as regras estabelecidas. Isto constitui uma segurança adicional ao investidor, sendo um critério bastante relevante para a decisão.

As instituições financeiras costumam divulgar a rentabilidade histórica dos seus produtos. A respeito desta informação, é importante que o investidor observe dois pontos. O primeiro é que a rentabilidade passada não representa garantia de comportamento semelhante no futuro. Como alguns fundos dependem de variáveis que podem ter um comportamento futuro bem diferente do passado, sobretudo os fundos pós-fixados, esta indicação é mais relevante. A segunda é observar se a rentabilidade divulgada é líquida de impostos que incidem sobre o produto. Alguns produtos são isentos de impostos, enquanto outros, não. Os impostos têm impacto não desprezível sobre os resultados e, como tal, devem ser objeto de verificação.

A propósito de impostos, é fundamental verificar quais tributos incidem sobre os rendimentos de cada tipo de ativo financeiro. A incidência de tributos pode impactar bastante os seus resultados. Além disso, diferentes ativos financeiros têm diferentes tributações, alguns dos quais isentos, o que certamente interfere no processo decisório. Antes de decidir o investimento, deve-se observar atentamente os tributos incidentes.

Por fim, deve-se atentar para eventuais prazos de maturação dos produtos investidos. Você pode estar avaliando investir em um produto financeiro cujo prazo de maturação seja maior do que efetivamente você está disposto a esperar. Alguns fundos de investimento fechados, por exemplo, têm prazos para a retirada dos recursos. Caso o investidor faça o resgate antecipado, é possível que perca parte ou o total dos rendimentos esperados. Sendo assim, avaliar o prazo durante o qual os recursos financeiros não serão necessários para outros fins é fundamental para a escolha do ativo financeiro.

8.4. Alternativas disponíveis no mercado

Esta seção apresenta algumas alternativas de aplicações financeiras disponíveis no mercado. Inicialmente, são apresentados os fundos de investimentos, conforme classificação da ANBIMA. Em seguida são apresentadas alternativas específicas, tais como caderneta de poupança, CDBs, LCAs/LCIs, títulos públicos transacionados pelo Tesouro Direto e ações.

Não se espera cobrir todos produtos financeiros no mercado, até mesmo porque sempre são criados novos produtos nos quais os investidores podem alocar seus recursos financeiros. O leitor interessado deve pesquisar de maneira detida os produtos financeiros que atendem suas características de investimento, tais como prazos, nível de risco, valores disponíveis para investir, etc.

8.4.1. Fundos de investimentos

Há muitos fundos de investimentos disponíveis no mercado. Um fundo de investimentos pode ser compreendido como um conjunto de investidores que se reúnem para aplicarem seus recursos financeiros utilizando uma estratégia comum, dividindo os rendimentos gerados e as despesas incorridas para a administração deste condomínio. A administração deste fundo normalmente é realizada por bancos comerciais ou instituições financeiras, que cuidam dos aspectos jurídicos, técnicos e financeiros, sendo remunerados por estas atividades por meio de taxas de administração. Os gestores seguem a estratégia estipulada para o fundo, tentando maximizar os resultados e minimizar os riscos, dentro das restrições impostas pelas regras de composição de carteira do fundo.

Para que seja possível a operacionalização dos fundos, seu patrimônio é convertido em cotas. Assim, cada investidor detém parte do fundo na forma de cotas. Quando o investidor faz uma aplicação no fundo, ele está comprando cotas. Quando ele faz um resgate, ele está vendendo cotas. O rendimento do fundo é operacionalizado por meio da valorização das cotas adquiridas por cada investidor.

Uma vantagem de investir em fundos é que os investidores contam com especialistas gerenciando-os, tomando decisões de composição das carteiras de acordo com as regras de funcionamento estabelecidas para o fundo. Além disso, como o patrimônio é convertido em cotas, elas tornam-se mais líquidas do que se o investidor adquirisse diretamente os ativos que compõem o fundo.

A ANBIMA apresenta uma classificação de fundos de investimentos. Esta classificação baseia-se em três níveis, a fim de evidenciar as estratégias de cada tipo e a lógica do processo de investimento. O primeiro nível indica a classe dos ativos que compõem a carteira. O segundo nível aponta os riscos nos quais o investidor incorre. O terceiro e último nível relaciona-se às estratégias dos fundos componentes. O quadro a seguir ilustra estes níveis.

Regulação	**Autorregulação**	
1. Classe de ativos	2. Tipos de gestão de riscos	3. Estratégias
Renda fixa Ações Multimercados Cambial	Indexados Ativos Investimento no exterior	Conforme a estratégia

Quadro 8.1: Classificação de fundos segundo a ANBIMA (2015)

A seguir, serão explicadas cada uma destas categorizações.

8.4.1.1. Fundos de renda fixa

Os fundos de renda fixa buscam retorno aplicando em títulos de renda fixa nacionais ou do exterior.

Dentro da classificação de renda fixa, há as seguintes divisões:

Nível 1	Nível 2	Nível 3
Renda fixa	Renda fixa simples	Renda fixa simples
	Indexados	Índices
	Ativos de duração baixa	Soberano Grau de investimento Crédito livre
	Ativos de duração média	Soberano Grau de investimento Crédito livre
	Ativos de duração alta	Soberano Grau de investimento Crédito livre
	Ativos de duração livre	Soberano Grau de investimento Crédito livre
	Investimento no exterior	Investimentos no exterior Dívida externa

Quadro 8.2: Divisão dos fundos de renda fixa segundo a ANBIMA (2015)

Os fundos de renda fixa simples montam carteiras com títulos de renda fixa, excluindo ativos expostos à renda variável. Remuneram o investidor a uma taxa estabelecida previamente, permitindo àquele um cálculo prévio do seu retorno.

Os fundos indexados objetivam seguir algum indicador de referência no mercado de renda fixa.

Os fundos ativos são aqueles não classificados nos itens anteriores. Os ativos que compõem esta categoria são classificados de acordo com a sensibilidade em relação a alterações nas taxas de juros do mercado, o que é indicado pela duração (*duration*) dos títulos. As categorias são de duração baixa, média, longa e livre. A definição das durações utilizadas para estabelecer os limites é revista anualmente.

Na categoria de baixa duração, por exemplo, estão os fundos que buscam refletir o CDI e a taxa SELIC. São títulos emitidos por bancos que acompanham o CDI (certificado de depósito interbancário), que é a remuneração de empréstimos interbancários, ou títulos pós-fixados indexados pela SELIC, os quais acompanham a taxa de juros básica do mercado, buscando refletir o CDI.

Para os fundos ativos, a subcategoria do terceiro nível indica três possibilidades em relação à exposição ao risco de crédito. A primeira é chamada soberano, pois investe 100% dos recursos em títulos públicos federais do país. A segunda é grau de investimento, investindo no mínimo 80% em títulos públicos federais ou em ativos domésticos ou externos com baixo risco de crédito. Por fim, os de crédito livre, os quais podem manter mais de 20% da carteira em títulos domésticos ou externos de médio ou alto níveis de risco de crédito.

Por fim, os títulos classificados como investimento no exterior aplicam 40% ou mais do patrimônio em ativos financeiros no exterior. Eles são subdivididos em investimentos no exterior e em dívida externa. O primeiro grupo aplica pelo menos 40% em ativos financeiros no exterior. O segundo grupo aplica no mínimo 80% em títulos que representam a dívida externa da União.

Com relação à tributação dos fundos de renda fixa, há uma distinção entre fundos de curto prazo (prazo médio igual ou inferior a 365 dias) e de longo prazo (prazo médio acima de 365 dias), apesar de, em ambos os casos, as alíquotas serem decrescentes conforme o período de aplicação.

Para fundos de curto prazo, se o prazo de investimento for inferior a 180 dias, a alíquota de imposto de renda será 22,50%. Para prazo de investimento acima de 180 dias, a alíquota vai a 20%.

Para fundos de longo prazo, as alíquotas de imposto de renda respeitam a tabela a seguir.

Tempo de permanência	Alíquota do IR
Até 180 dias	22,50%
De 181 a 360 dias	20,00%
De 361 a 720 dias	17,50%
Acima de 720 dias	15,00%

Tabela 8.1: Tabela regressiva de imposto de renda sobre fundos de renda fixa de longo prazo

Perceba que há um incentivo tributário à manutenção da aplicação por prazos mais longos.

Deve-se informar que, ao final dos meses de maio e novembro, há o chamado come-cotas para os fundos de renda fixa. É uma cobrança semestral do imposto de renda pela menor alíquota de cada categoria (20% para curto prazo e 15% para longo prazo). Este come-cotas não é uma cobrança adicional às alíquotas indicadas anteriormente, mas uma cobrança semestral que, por ocasião de resgates, é complementada até atingir as alíquotas indicadas anteriormente, conforme o prazo de aplicação. Caso o prazo de aplicação esteja na última faixa temporal de cada categoria, não haverá alíquota complementar à alíquota do come-cotas.

8.4.1.2. Fundos de ações

Os fundos de ações objetivam incorporar na carteira predominantemente ativos de renda variável. Alguns exemplos de ativos de renda variável são ações, bônus ou recibos de subscrição e certificados de depósitos de ações.

Dentro da categoria de fundos de ações, há as seguintes subdivisões:

<table>
<tr><th>Nível 1</th><th>Nível 2</th><th>Nível 3</th></tr>
<tr><td rowspan="4">Ações</td><td>Indexados</td><td>Índices</td></tr>
<tr><td>Ativos</td><td>Valor/crescimento
Dividendos
Small caps
Sustentabilidade/governança
Índice ativo
Setoriais
Livre</td></tr>
<tr><td>Específicos</td><td>FMP-FGTS
Fechados de ações</td></tr>
<tr><td>Investimentos no exterior</td><td>Investimentos no exterior</td></tr>
</table>

Quadro 8.3: Divisão dos fundos de ações segundo a ANBIMA (2015)

Este grupo tem no segundo nível quatro categorias. A primeira é de fundos indexados, os quais buscam refletir a variação de indicadores de referência no mercado de renda variável.

O grupo de fundos ativos objetiva superar determinado índice de referência ou não faz referência a nenhum índice específico.

Este grupo de ativos tem algumas subcategorias no terceiro nível. A primeira é valor/crescimento que busca aplicar em empresas subavaliadas e/ou com alta perspectiva de crescimento. A segunda é de dividendos, cuja estratégia é investir em empresas com histórico ou perspectiva de pagamento de dividendos. A seguinte é a de *small caps*, que investe majoritariamente em ações de empresas não incluídas entre as 25 maiores do Índice Brasil (IBrX). Os fundos de sustentabilidade/governança investem em ações de empresas com bons níveis de governança corporativa ou destacadas com ações de responsabilidade social e sustentabilidade. Os fundos de índice ativo objetivam superar um índice de referência para o mercado acionário. Os fundos setoriais investem em ações de empresas pertencentes a um único setor de atividade. Por fim, os fundos livres não apresentam uma estratégia específica de concentração dos ativos.

O terceiro grupo é o de fundos específicos, os quais adotam estratégias particulares, tais como fundos fechados de ações, fundos de ações FMP-FGTS (fundo mútuo de privatização do fundo de garantia por tempo de serviço) e ações de uma empresa específica.

O último grupo é de fundos com investimentos no exterior. Eles investem no mínimo 40% de ativos financeiros de renda variável no exterior, admitindo alavancagem (levantamento de recursos para fazer investimentos).

A alíquota de imposto de renda sobre fundos de ações é de 15%, independentemente do prazo de aplicação.

8.4.1.3. Fundos multimercados

Fundos multimercados assumem vários fatores de risco em sua composição, não tendo uma concentração específica em nenhum fator.

Para os fundos multimercados, há as seguintes divisões:

<table>
<tr><th>Nível 1</th><th>Nível 2</th><th>Nível 3</th></tr>
<tr><td rowspan="3">Multimercados</td><td>Alocação</td><td>Balanceados
Dinâmicos</td></tr>
<tr><td>Estratégias</td><td>Macro
Trading
Long e short direcional
Long e short neutro
Juros e moedas
Livre
Capital protegido
Estratégia específica</td></tr>
<tr><td>Investimento no exterior</td><td>Investimento no exterior</td></tr>
</table>

Quadro 8.4: Divisão dos fundos de multimercados segundo a ANBIMA (2015)

Os fundos multimercados do tipo alocação investem em diversas classes de ativos, tais como de renda fixa, cambiais e de renda variável. Esta categoria é subdividida em balanceados e dinâmicos. Os primeiros possuem uma estratégia de alocação pré-determinada, tendo especificado o conjunto de investimentos nas classes de ativo. Além disso, não admitem alavancagem (incorrer em financiamento para adquirir ativos). Os segundos, além de admitirem alavancagem, não têm uma indicação prévia de composição dos ativos, sendo um fundo mais flexível na composição dos seus ativos.

Os fundos multimercados categorizados por estratégias são baseados em estratégias específicas. São divididos em macro (baseiam a estratégia nos cenários macroeconômicos de médio e longo prazos), trading (exploram oportunidades em relação a preços de ativos no curto prazo), long e short direcional (operações com ativos e derivativos – ativos financeiros cujos valores derivam dos valores de outros ativos –, tanto com posições compradas como vendidas, ganhando com as diferenças entre estas posições), long e short neutro (similar ao anterior, sem explorar as diferenças das posições), juros e moedas (investem em renda fixa e com estratégias de exposição a riscos de taxas de juros e cambiais), livres (sem estratégia previamente definida), capital protegido (buscam proteger parcialmente ou totalmente o principal investido) e de estratégia específica (commodities e índices futuros, por exemplo).

Os fundos multimercados de investimento no exterior buscam adquirir ativos financeiros no exterior no nível mínimo de 40% do patrimônio líquido.

A tributação é semelhante à tributação dos fundos de investimentos em renda fixa de longo prazo. Variam de 22,50% a 15,00%, conforme o horizonte temporal de aplicação.

8.4.1.4. Fundos cambiais

Os fundos cambias aplicam majoritariamente (pelo menos 80%) em ativos relacionados à moeda estrangeira. A parcela restante (20% ou menos) normalmente é aplicada em títulos de renda fixa.

A tributação também é semelhante à tributação dos fundos de investimentos em renda fixa de longo prazo.

8.4.2. Caderneta de poupança

A caderneta de poupança é um tipo de investimento financeiro bastante popular no Brasil. Talvez isto se deva à relativa facilidade de manuseio desta modalidade de investimento e à possibilidade de abrir e mantê-la com qualquer valor financeiro (não há limite mínimo de investimento). É uma aplicação de liquidez diária, tendo os rendimentos mensais, ocorrendo na data de aniversário da conta poupança (dia do mês de sua abertura). As datas de aniversário de contas poupança com depósitos nos dias 29, 30 e 31 são no dia primeiro do mês seguinte.

A caderneta de poupança também é considerada um investimento de baixo risco. Caso a instituição financeira tenha problemas de solvência, as aplicações em caderneta de poupança estão garantidas pelo fundo garantidor de crédito (FGC), dentro de limites indicados pelo fundo.

Outra vantagem da caderneta de poupança é que é uma aplicação isenta de imposto de renda (IR) e de imposto sobre operações financeiras (IOF).

Conforme a legislação atual, a remuneração da poupança depende da taxa SELIC. Se a taxa SELIC for maior do que 8,5% ao ano, a remuneração da poupança é dada pela taxa referencial (TR) mais 0,50% ao mês. Caso contrário, a remuneração da caderneta de poupança é a TR acrescentada de 70% da taxa SELIC mensalizada, vigente na data de início do período de rendimento.

8.4.3. CDBs

Os certificados de depósitos bancários (CDBs) são títulos vendidos por instituições financeiras para captação de recursos junto ao público em geral. Tais certificados podem ser pré-fixados ou pós-fixados.

Os CDBs pré-fixados têm a sua remuneração acordada no momento da contratação. Portanto, o investidor sabe antecipadamente qual será a sua remuneração e o prazo. Já os CDBs pós-fixados têm sua remuneração baseada no desempenho do indicador que servirá de referência para o CDB. Como exemplos de indicadores referência, têm-se o CDI, a SELIC e o IPCA.

Tanto o prazo quanto a remuneração dependem da instituição emissora. Para este instrumento financeiro, as diferentes instituições financeiras podem estipular diferentes remunerações pelos títulos que elas emitem.

Sobre o rendimento dos CDBs (e sobre os fundos de investimentos também), há incidência de impostos sobre operações financeiras (IOF) e de renda (IR). A alíquota do IOF é regressiva. Para CDBs resgatados após 30 dias, a alíquota torna-se zero. Portanto, a incidência de IOF ocorre somente para resgates de CDBs antes de 30 dias.

A alíquota de IR também sofre influência do tempo em que o recurso permaneceu investido, variando de 22,50% até 15,00%. Veja a tabela completa de incidência de imposto de renda sobre o CDB de acordo com o tempo da aplicação.

Tempo de permanência	Alíquota do IR
Até 180 dias	22,50%
De 181 a 360 dias	20,00%
De 361 a 720 dias	17,50%
Acima de 720 dias	15,00%

Tabela 8.2: Tabela regressiva de IR sobre CDBs

8.4.4. LCAs/LCIs

As Letras de Crédito do Agronegócio (LCAs) são títulos vinculados a direitos creditórios de negócios entre produtores rurais, suas cooperativas e terceiros, inclusive financiamentos ou empréstimos

Elas são emitidas por uma instituição financeira, sendo utilizadas para captar recursos para participantes da cadeia do agronegócio. Os investidores pessoas físicas têm seus rendimentos isentos de Imposto de Renda e têm cobertura do Fundo Garantidor de Crédito (FGC).

As Letras de Crédito Imobiliário (LCIs) são títulos cujos recursos aplicados são direcionados para financiamentos habitacionais, possuindo como lastro créditos imobiliários. São instrumentos de renda fixa isentos de Imposto de Renda e cobertos pelo Fundo Garantidor de Crédito. Sua remuneração pode ser pré-fixada ou pós-fixada.

A LCI não pode ser resgatada a qualquer momento, sendo possível negociá-la no mercado secundário. O prazo mínimo de vencimento desse ativo varia de acordo com o indexador que possui. São 36 meses quando o título for atualizado mensalmente por índice de preços ou 12 meses se for atualizado anualmente por esse indexador. Se não utilizar índice de preços, é de 60 dias.

8.4.5. Tesouro Direto (títulos públicos)

O Governo Federal emite títulos de dívida ao mercado para financiar suas necessidades. Atualmente, tais títulos podem ser adquiridos por pessoas físicas por meio do Tesouro Direto.

O Tesouro Direto é um programa do Tesouro Nacional, por meio do qual títulos públicos federais podem ser vendidos para pessoas físicas pela internet. Este programa tem a parceria da BM&FBovespa e de várias instituições financeiras por meio das quais as ordens de compra e venda de títulos são enviadas. O Tesouro Direto objetiva levar a uma maior base de investidores pessoas físicas a possibilidade de adquirir títulos públicos, permitindo que sejam feitos investimentos iniciais baixos.

Para investir no Tesouro Direto, é necessário escolher uma instituição financeira habilitada (banco ou corretora) que será o agente de custódia intermediador da transação com o Tesouro Direto. Por esta intermediação, o agente de custódia cobrará uma taxa de administração. Ao fazer o seu cadastro no agente de custódia, este abrirá uma conta em seu nome para operar com o Tesouro Direto. A partir daí, a BM&FBovespa envia ao investidor uma senha. Após alterar esta senha, ele estará habilitado para fazer as compras e vendas de títulos, bem como acompanhar saldos e extratos.

Há três maneiras para operar com o Tesouro Direto: por meio do site do Tesouro Direto, por meio do site da instituição financeira (caso seu site esteja integrado ao do Tesouro Direto) e autorizando a instituição financeira a negociar os títulos em seu nome.

O Tesouro Direto transaciona alguns tipos de títulos. Eles são divididos basicamente em pré-fixados e pós-fixados. Os títulos pré-fixados são dois: Tesouro Prefixado e Tesouro Prefixado com juros semestrais. Os títulos pós-fixados são: Tesouro SELIC, Tesouro IPCA+ e Tesouro IPCA+ com juros semestrais.

O Tesouro Prefixado indica que o investidor receberá o valor investido acrescido da remuneração contratada na data de vencimento estipulada para o título. Caso eventualmente precise vender o título antecipadamente, o Tesouro Direto pagará o valor de mercado do título.

O Tesouro Prefixado com juros semestrais também tem remuneração previamente definida. No entanto, há pagamentos de remunerações semestralmente, permitindo ao investidor auferir ganhos parciais a cada seis meses.

O Tesouro SELIC é um título pós-fixado que utiliza como indexador da remuneração a taxa de juros básica da economia, SELIC. Caso o investidor creia que haja uma tendência de elevação da SELIC, este é um título indicado para ele, pois sua remuneração é dada pela variação da SELIC mais uma taxa previamente estipulada. Este título paga a remuneração somente no final do seu prazo de maturação, quando será pago o valor principal mais a rentabilidade acumulada.

O Tesouro IPCA+ tem sua remuneração dada por uma taxa de juros previamente definida acrescida da variação do IPCA (inflação) do período. Portanto, este título sempre apresentará um retorno real positivo em relação à inflação. Sua remuneração ocorre apenas no vencimento do título, quando é pago o principal acrescido da remuneração do período.

Por fim, o Tesouro IPCA+ com juros semestrais tem sua remuneração gerada por uma taxa de juros previamente definida acrescida da variação do IPCA do período. Em relação ao título anterior, a diferença é o pagamento semestral de juros. No prazo final do título, haverá o pagamento do principal, acrescido da remuneração remanescente do período.

Há duas taxas nas quais o investidor incorre ao comprar títulos no Tesouro Direto. A primeira é a taxa de custódia da BM&FBovespa de 0,30% ao ano sobre o valor dos títulos. Ela é cobrada semestralmente (início de janeiro e de julho) ou na ocorrência de um evento, tal como pagamento de juros, venda ou vencimento do título. A segunda taxa é paga à instituição financeira, cuja taxa é negociada diretamente com o investidor.

Há incidência de impostos sobre operações financeiras (IOF) e imposto de renda (IR) nos moldes do que ocorre com títulos de renda fixa. O IOF incide caso haja alguma operação com prazo inferior a 30 dias. O imposto de renda incide sobre os rendimentos auferidos com a venda antecipada do título, sobre o pagamento de juros e sobre o resgate do título no seu vencimento. As alíquotas do IR são regressivas e iguais às dos títulos de renda fixa. Para aplicação até 180 dias, a alíquota de IR é de 22,50%. Para aplicações entre 181 e 360 dias, a alíquota do IR cai para 20%. Para aplicações com prazos entre 361 e 720 dias, a alíquota de IR cai para 17,50%. Por fim, para aplicações com prazos superiores a 720 dias, a alíquota de IR vai para 15%.

O investidor pode vender seus títulos a qualquer momento antes do prazo de carência, desde que respeite algumas regras estabelecidas. O investidor também deve estar atento para a incidência de taxas do agente de custódia e da Companhia Brasileira de Liquidação e custódia (CBLC), imposto de renda e imposto sobre operações financeiras.

8.4.6. Ações

Uma ação é um título que representa uma fração de uma empresa. Isto faz com que detentores de ações de uma empresa sejam proprietário de parte dela. Ser acionista de empresas significa que o investidor pode auferir retornos pelo ganho de capital ao vendê-los e/ou pelo recebimento de dividendos.

O mercado de capitais permite que investidores adquiram ações de empresas de maneira a serem acionistas delas. Por meio de uma bolsa de valores (BM&FBovespa, no Brasil), as ações de empresas são transacionadas de maneira padronizada, e investidores institucionais e pessoais podem adquirir e vendê-las.

Para transacionar as ações na bolsa de valores, é necessário que o investidor se utilize dos serviços de uma corretora de valores. Ela é uma instituição cadastrada na bolsa de valores que, além de fazer todas as ordens de compra e de venda de ações (*home broker*), também presta serviços de assessoria financeira e de informações sobre suas posições investidas. Após o cadastro na corretora de valores escolhida, ele poderá iniciar seus investimentos.

Há basicamente duas taxas na quais se incorre ao investir em ações. A primeira é a taxa de corretagem, que é o valor cobrado pelas corretoras pelo acesso ao mercado. Esta taxa pode ser um percentual sobre a operação ou um valor fixo. A segunda taxa é a de custódia, que é o valor mensal cobrado pela bolsa de valores para guardar as ações.

Há a incidência de imposto de renda, com a alíquota fixa de 15% sobre os ganhos com ações. No entanto, caso o volume de operações em determinado mês seja inferior a R$20.000,00, há isenção do imposto de renda.

Para operações de day trade, isto é, aquelas iniciadas e encerradas em um mesmo dia em uma mesma instituição intermediadora para um mesmo ativo, esta alíquota sobe para 20%. Não há isenção para este tipo de operação.

Naturalmente, ações representam títulos de renda variável. Por sua natureza, são investimentos arriscados, com alto nível de volatilidade nos retornos, podendo até mesmo gerar prejuízos aos seus detentores. A investir em ações, o investidor está assumindo riscos bem expressivos.

8.5. Referências

Para complementar este capítulo, sugere-se ao leitor consultar alguns sites que podem apresentar os produtos financeiros aqui apresentados.

- Tesouro Nacional: www.tesouro.fazenda.gov.br
- Associação Brasileira das Entidades dos Mercados Financeiros e de Capitais: http://portal.anbima.com.br
- BM&FBovespa: http://bmfbovespa.com.br

É igualmente importante que o leitor visite o site das instituições financeiras com as quais mantém relação, a fim de se familiarizar com os produtos ofertados por elas.

9. Ativos Não Financeiros

Outra forma de compor o patrimônio familiar é investir em ativos não financeiros. Ativos não financeiros são aqueles que não estão caracterizados como ativos financeiros, os quais foram apresentados no capítulo anterior.

Este capítulo pretende apresentar alguns ativos não financeiros, a fim de que o leitor amplie as possibilidades de investimento que pode utilizar. Ao final, apresenta uma perspectiva um pouco mais ampla do que uma visão eminentemente financeira.

9.1. História motivadora

Após trabalhar como funcionária em algumas empresas industriais e comerciais, Vanessa decidiu dar uma virada em sua carreira profissional. Ela se convenceu de que poderia alcançar maior sucesso profissional, pessoal e financeiro caso se tornasse empreendedora e fundasse seu próprio negócio. Assim, ela montou um plano de negócios e, com as reservas financeiras feitas, estruturou um negócio no segmento de alimentação, o que era tão sonhado por ela.

Evidentemente, Vanessa tinha uma percepção clara de que seria necessário um alto comprometimento de recursos financeiros, não somente para montar fisicamente o negócio, mas também para prover capital de giro suficiente, sobretudo no início de sua operação, quando o nível de atividade costuma ser baixo (o próprio plano de negócios indicava isto claramente).

Ciente disto, Vanessa passou os primeiros anos após a montagem de seu negócio com rendimentos mais baixos e menos previsíveis do que aqueles aos quais ela era habituada quando funcionária de empresas. Os rendimentos eram divididos em duas partes. A primeira era o pró-labore, que representava a remuneração pelo seu trabalho. A segunda parte era a distribuição de dividendos, que era a remuneração pelo capital aportado por ela. Porém, ela estava convicta de que o esforço de receber menos atualmente seria compensado no futuro.

Após alguns anos, a empresa dela se consolidou no mercado e iniciou uma fase de crescimento. Vanessa, então, pôde começar a pensar na profissionalização da sua empresa, o que a livraria para dedicar-se a outras atividades mais prazerosas.

Após formatar as mudanças devidas, ela contratou profissionais (Luciana na produção e Elizabeth na administração) para atuarem no dia a dia da empresa, ficando apenas com atividades consultivas e de definições estratégicas. A partir deste momento, sua remuneração não seria mais em função de suas atividades laborais na empresa, e sim exclusivamente como sócia. Ou seja, ela deixaria de receber pró-labore e ficaria recebendo somente os dividendos, conforme a política de dividendos estabelecida.

Portanto, o investimento feito por ela estava sendo remunerado por meio do recebimento de dividendos e da valorização da empresa.

9.2. Alternativas

Dentre as alternativas apresentadas, destacam-se os imóveis, os investimentos em empresas e outros menos convencionais.

9.2.1. Imóveis

Ao adquirir um imóvel para fins de investimento, e não para fins de utilização, o investidor está interessado em dois tipos de retorno. O primeiro é a renda periódica que ele pode gerar na forma de aluguel, caso seja colocado para locação. O segundo retorno esperado é a valorização imobiliária, cujo resultado somente será realizado quando o imóvel for vendido.

Ambos os retornos esperados apresentam certo nível de incerteza. Com relação à renda de aluguel, não se sabe em princípio quando e por quanto o imóvel será locado. Pode haver uma demora em locar o imóvel, face a circunstâncias de baixa procura pelo tipo de imóvel ofertado, por exemplo. Naturalmente, esta circunstância leva a outras consequências. Durante o período no qual o imóvel não está locado, o seu dono terá que arcar com despesas tais como condomínio, segurança, limpeza, manutenção, IPTU, etc. Sendo assim, é possível que durante determinado período, em vez de gerar retorno, o imóvel implicará desembolsos.

Tampouco sabe-se com razoável grau de certeza se o imóvel se valorizará com o passar do tempo. Tal valorização depende de muitos aspectos, a exemplo de melhorias no entorno e da oferta de facilidades tais como acesso a meios de transporte, segurança, iluminação pública, etc. Além disso tudo, há aspectos pertinentes ao imóvel em si, tais como seu estado de conservação, obsolescência tecnológica, compatibilidade com necessidades dos locatários, etc.

Portanto, não existe uma circunstância única na qual se possa basear para estabelecer a atratividade de todo e qualquer imóvel. A análise prévia à decisão de compra do imóvel deve ser bem extensa, avaliando inúmeros aspectos que possam impactar tanto a geração de renda por aluguel como a sua valorização.

Sobre os retornos indicados, é importante perceber que há a incidência de tributos. No momento da aquisição do imóvel, o comprador deve recolher o imposto sobre a transmissão de bens imóveis (ITBI). O ITBI é um imposto municipal que incide sobre o valor de avaliação do imóvel. A alíquota deve ser observada no município onde o imóvel está localizado.

Sobre os rendimentos periódicos de aluguel, o proprietário do imóvel (locador, no caso) incorrerá no recolhimento de imposto de renda, uma vez que o aluguel é um rendimento tributável. Em adição, independente de o imóvel estar sendo usado ou não, o proprietário deverá recolher anualmente o imposto predial e territorial urbano (IPTU), que é um imposto municipal cuja alíquota incide sobre o valor venal do imóvel.

Por fim, no momento da venda do imóvel, o proprietário poderá incorrer no pagamento de imposto de renda sobre o ganho de capital. Haverá a incidência de alíquota de imposto de renda sobre o ganho de capital auferido com a operação. Caso não ocorra ganho de capital, não haverá incidência de imposto de renda.

Evidentemente, estes tributos preveem circunstâncias de isenções que devem ser observadas de acordo com o caso particular. Quando ocorrerem estas isenções, certamente o impacto sobre os rendimentos será muito expressivo. Além dos tributos, devem ser considerados alguns desembolsos acessórios que ocorrem na aquisição, durante sua utilização e no momento da venda do imóvel.

Em relação à aquisição, o comprador não deve negligenciar o pagamento da escritura e do registro para regularizar o imóvel. Também deve levar em conta que, em alguns casos, antes de colocar o imóvel para locação, é necessário fazer benfeitorias e/ou reformas, bem como mobiliar.

Durante a utilização do imóvel, algumas possibilidades podem ocorrer. Se o imóvel estiver locado por meio de uma imobiliária, haverá a necessidade de pagar a taxa de administração, a qual será abatida da renda de aluguel. Caso o imóvel não esteja locado, o proprietário deverá arcar com despesas tais como condomínio, segurança, etc.

Por fim, quando o imóvel for vendido, pode-se incorrer em alguns desembolsos acessórios. Um deles é o eventual pagamento de comissão a um intermediário (imobiliária). Portanto, ao analisar a atratividade de adquirir um imóvel, todos estes pontos devem ser contemplados na decisão.

9.2.2. Participação em empresas

Uma empresa pode ser considerada um ativo com período indefinido para o término de suas atividades – salvo algumas exceções nas quais há um período definido para o seu encerramento. O proprietário da empresa investe seus recursos financeiros na formação dela, gerando a expectativa de obter retornos sobre estes recursos alocados.

Os retornos esperados a partir do investimento em uma empresa são de dois tipos: dividendos e valorização da empresa. Os dividendos são pagos periodicamente aos proprietários, a fim de remunerar o capital por eles investido na empresa. Eles são calculados e pagos com determinada periodicidade conforme a política de dividendos da empresa. De modo geral, a política de dividendos indica a forma de apuração do resultado que servirá de base para a mensuração dos dividendos a serem pagos, uma vez que estes são tipicamente pagos de forma proporcional aos resultados alcançados pela empresa em determinado período de tempo.

A política de dividendos também determina o percentual do resultado apurado que será distribuído aos proprietários. Parte do resultado alcançado pode ser mantida na própria empresa para financiar projetos futuros, os quais necessitarão recursos financeiros para serem viabilizados. No limite, empresas em fase de crescimento muito acelerado e com forte necessidade de reinvestimento, podem adotar uma política de dividendos bastante restritiva à remuneração dos proprietários. Com isto, a empresa preserva recursos financeiros para viabilizar os investimentos que darão suporte ao seu crescimento. Evidentemente, isto ocorre às expensas temporárias dos proprietários que podem optar por esta política tendo em vista a expectativa de valorização da empresa, que representa o outro retorno desejado.

A valorização da empresa é o aumento no seu valor de mercado decorrente das melhores expectativas de resultado que ela tem no futuro. Uma empresa em funcionamento tem o seu valor derivado do que se espera que ela gere de caixa no futuro, a partir de suas atividades operacionais.

Esta valorização ocorre naturalmente como consequência de uma empresa bem gerenciada, bem posicionada no mercado e com produtos/serviços aceitos por parte dos clientes. No entanto, o proprietário somente tem a percepção clara desta valorização se efetuar a venda da empresa ou de parte dela. A valorização da empresa será refletida em um valor de venda que supera o valor necessário para estruturá-la quando de sua implantação. Quando isto ocorre, diz-se que ela gera valor.

Evidentemente, a partir do momento que o proprietário vende a sua empresa para outro investidor ou para outra empresa, ele não terá mais direito a receber os dividendos que eram pagos a ele enquanto dono dela. O novo proprietário passará a ter direito aos dividendos.

É importante ressaltar que não incide imposto de renda sobre os dividendos distribuídos aos proprietários da empresa. Isto torna esta remuneração mais interessante. No entanto, sobre a eventual venda da empresa ou parte dela, haverá a incidência de imposto sobre o ganho de capital auferido.

9.2.3. Obras de arte / vinhos / joias / ouro

Alguns investidores podem se interessar por ativos tais como obras de arte, vinhos ou joias. Estes itens podem valorizar-se com o passar do tempo. Naturalmente, eles não vão gerar receitas periódicas, mas podem gerar retorno no momento em que eles forem vendidos.

Evidentemente, o investidor que arrisca adquirir estes tipos de bens, para conseguir bons retornos, deve ter certo nível de conhecimento sobre o mercado. Obras de arte tanto podem experimentar uma forte valorização, como podem amargar uma queda no seu valor.

9.2.4. Passe de atletas

Alguns investidores alocam parte dos seus recursos financeiros na aquisição do passe de atletas. Tais investimentos podem ser feitos em conjunto com outros investidores ou até mesmo com clubes esportivos. Com esta compra de parte do passe do atleta, quando ele for transferido de clube, parte do dinheiro que mediou esta transação será devida ao investidor na proporção do seu investimento no passe do jogador.

9.3. Outras dimensões dos investimentos

Os investimentos podem apresentar dimensões mais amplas do que as até então apresentadas. Pode-se ter uma visão menos restrita do que vem a ser um investimento e de como ele se comporta sob o prisma financeiro.

Esta seção apresenta uma visão menos ortodoxa dos investimentos, para que, pelo menos, sirva como ponto de reflexão sobre algumas posturas e percepções que temos sobre o que vem a ser investimento.

9.3.1. Educação

Um objeto de investimento muito importante, sobretudo quando se discutem fortemente aspectos como capacitação, geração de valor e produtividade, é a educação formal. Trabalhadores com melhor formação normalmente têm capacidade de enfrentar os desafios profissionais de forma mais adequada. Além disso, uma melhor capacitação torna-os mais produtivos, gerando um efeito bastante desejado na cadeia produtiva como um todo.

Pesquisas têm sido feitas para verificar a relação existente entre a educação formal e o nível salarial dos profissionais. Elas sugerem que pessoas com maior grau de escolaridade tendem a ter uma melhor remuneração em suas atividades laborais. Além delas, outras pesquisas também tentam apontar a relação entre cursar em escolas de melhor qualidade e o desempenho salarial, o que também parece evidenciar uma relação positiva.

De toda forma, buscar uma educação de qualidade e ampliar os anos de estudo tendem a ser investimentos com retornos expressivos. O investimento de tempo, dedicação e recursos financeiros na educação pode render, além de salários maiores, habilidades que permitam maior nível de empregabilidade e adaptabilidade a novas situações, bem como uma preparação para montar um negócio próprio, caso deseje ser um empreendedor.

9.3.2. Trabalho

Naturalmente, o trabalho gera retornos financeiros diretos. Ele implica a remuneração pelo esforço laboral empreendido pelo indivíduo. Porém, aqui nos concentramos no investimento no trabalho, ou seja, no esforço adicional que é feito para conseguir uma diferenciação que o permita ser remunerado de maneira igualmente diferenciada.

Este conceito está associado ao anterior relacionado à educação. O indivíduo, ao investir na melhoria do seu trabalho, seja pela capacitação ou pelo esforço e dedicação adicionais, está gerando para si uma perspectiva de ampliação dos seus resultados. Naturalmente, a partir deste aumento, espera-se, em um primeiro momento, uma recompensa financeira. Em adição, mas não menos relevante, também há aspectos relacionados à satisfação pessoal e ao crescimento profissional que podem surgir.

9.3.3. Saúde

Quando nos referimos à saúde como investimento, também estamos buscando uma compreensão mais ampla. Do ponto de vista estritamente financeiro, significa gastar menos com medicamentos e tratamentos de doenças, não gastar precocemente com cuidadores e ser produtivo por mais tempo. Todos são aspectos importantes sob a ótica financeira.

No entanto, a perspectiva que se pode pensar ultrapassa estas. Ao pensar em gastar menos com medicamentos e tratamentos de doenças, busca-se um melhor bem-estar, com mais condições de aproveitar a vida. Não gastar precocemente com cuidadores, por exemplo, deve ser interpretado como ter autonomia para fazer tudo o que deseja. Ter produtividade por mais tempo não está restrito às atividades laborais, mas às atividades que dão prazer e tornam a vida mais interessante.

Investir em saúde é, antes de tudo, assegurar uma vida melhor quando o indivíduo chegar à idade mais avançada. A fase da vida mais avançada não deve ser confundida com uma etapa na qual a pessoa não terá qualquer desejo ou perspectiva futura. É a fase na qual os vários frutos que foram plantados no passado serão colhidos e consumidos com um profundo deleite.

O investimento em saúde, por seu turno, não é algo que se faz isoladamente com fluxos financeiros. É algo que é construído ao longo da vida, sendo calcado em uma vida com qualidade, com cuidados com a alimentação e com a prática de exercícios físicos regulares.

Além disso, a saúde física não prescinde da saúde mental, com a qual os tópicos seguintes mantêm relação.

9.3.4. Família

A família é o círculo íntimo mais importante na sociedade. Nela, recebemos os primeiros ensinamentos e conceitos que certamente nos moldarão pelo resto de nossas vidas.

Do ponto de vista pessoal, investir na família significa termos uma estrutura de apoio emocional e pessoal para quando passarmos por momentos difíceis, o que representa um suporte fundamental à nossa saúde mental.

Do ponto de vista financeiro, uma família coesa e bem estruturada diminui as chances de as novas gerações destruírem, em parte ou totalmente, todos os esforços prévios de formação de patrimônio. Isto também está relacionado a não ter novos gastos no futuro, decorrentes de decisões equivocadas e/ou descontrole financeiro por parte de membros da família mal orientados financeiramente.

Evidentemente, parte do investimento que se trata neste tópico não decorre de desembolsos financeiros. Decorre do estabelecimento de relações familiares fortes e baseadas em sentimentos de amor e carinho, os quais fundamentam uma vida familiar plena. Isto dá a devida solidez à família e às suas conquistas financeiras.

9.3.5. Amigos

A manutenção de laços de amizade também é essencial para as pessoas. Manter uma amizade não se baseia em relações financeiras, mas em atitudes e companheirismo que fortalecem os laços que unem as pessoas. Boas amizades tornam-se um incentivo para que as pessoas melhorem e caminhem em direção a um objetivo desafiador e louvável, o que estão alinhados a uma vida financeira profícua.

Os laços de amizade no período ativo do indivíduo também podem auxiliar diretamente os seus resultados financeiros. Na medida em que muitas oportunidades de emprego e de negócios surgem inicialmente das relações de amizade, isto pode favorecer indicações de colocação profissional e de negócios que não apareceriam de outra maneira.

Na etapa de vida mais avançada, as amizades têm relação com a saúde do indivíduo. Laços firmes de amizade são relevantes para a manutenção de uma vida mais longa, produtiva e feliz. Portanto, os amigos são ótimos investimentos.

9.3.6. Qualidade de vida

Este último tópico, por sua vez, acaba abrangendo o que se comentou nos anteriores. Quando se trata de qualidade de vida, estão sendo avaliadas as condições de vida de um ser humano. Tais condições envolvem muitas facetas, como o bem-estar físico, mental, psicológico e emocional. Não obstante, também devem ser agregados a isto os relacionamentos sociais com familiares, amigos e colegas de trabalho e de estudo.

No contexto da qualidade de vida, ainda devem ser admitidos os aspectos financeiros. Não que o indivíduo para ter uma boa qualidade de vida tenha que, necessariamente, estar entre os mais ricos da sociedade da qual faz parte. Porém, deve objetivar ter uma situação financeira sustentável, que o permita consumir o que deseja e poupar para a formação de um patrimônio que gerará renda no futuro de acordo com suas necessidades.

A qualidade de vida, portanto, está pautada em uma ideia de equilíbrio entre os vários aspectos de nossa vida, dentre eles o financeiro. Em todas as nossas decisões, há um *trade off*, ou seja, ao decidir fazer algo, outra coisa deixa de ser feita parcialmente ou totalmente. Sendo assim, há uma necessidade de conciliar e equilibrar as várias demandas que surgem em nossa vida. Este é um ponto a ser contemplado e decidido por cada um de nós.

9.4. Referências

Referências interessantes para os leitores complementarem as informações deste capítulo são leituras frequentes de sites, jornais e revistas de negócios e de economia, materiais estes que podem apontar oportunidades de investimentos fora do mercado financeiro. Além disso, participar de palestras e conversar com colegas do mercado pode evidenciar novos negócios e projetos com potenciais de retorno interessantes.

Seção de PREVIDÊNCIA

10. Previdência

Ainda pertinente ao contexto de formação de patrimônio discutido na seção anterior, espera-se que o indivíduo consiga estabelecer uma carteira de ativos a fim de assegurar um fluxo de rendimentos no futuro. Uma possibilidade para ele é ter um plano de previdência público e/ou privado que viabilizará fluxos de caixa no futuro, gerando renda para permitir consumo ou para adquirir algum ativo que ele tenha em vista.

Este capítulo trata sobre os planos de previdência que os membros da família podem fazer para atingir determinado objetivo financeiro futuro. Inicialmente, destaca-se o que é previdência e a importância de ser previdente, sobretudo para estágios mais avançados na vida. Posteriormente, são apresentadas as diferenças entre previdências pública e privada, bem como os tipos de planos de previdência existentes no mercado.

10.1. História motivadora

O senhor Roberto trabalhou muito ao longo de toda a sua vida. Já exerceu variadas funções em diversas empresas. Porém, em breve, ele se aposentará.

Desde muito cedo, o senhor Roberto sempre se preocupou com sua situação após os longos e árduos anos de trabalho. Durante toda a sua carreira, ele fez contribuições à previdência oficial, cujo sistema tem um teto para os benefícios concedidos.

No caso particular do senhor Roberto, o valor deste teto está aquém da sua remuneração atual, o que comprometerá seu orçamento, uma vez que, merecidamente, ele espera ter mais conforto após sua aposentadoria.

Antevendo esta situação, há dez anos, ele contratou um plano de previdência complementar, a fim de evitar enfrentar esta perda de rendimentos. Com isto, ele garantirá um fluxo conjunto de rendimentos (previdências social e privada) que assegurarão o conforto desejado após sua aposentadoria. Caso ele não tivesse tomado esta decisão, seu período de aposentadoria certamente traria consequências financeiras indesejadas para ele e para sua família.

10.2. O que é previdência?

Um indivíduo é qualificado como previdente se ele, antecipadamente, se preparar para o que pode vir a acontecer a ele e à sua família no futuro. Tal antecipação não está limitada a aspectos financeiros apenas, mas a outros que exijam igual precaução, tais como saúde, segurança, moradia, etc.

De modo geral, qualquer tipo de precaução requer um esforço atual do indivíduo a fim de evitar circunstâncias negativas no futuro ou, na inevitável ocorrência delas, reagir da melhor forma possível. Do ponto de vista financeiro, similar a um investimento em algum ativo, há comprometimentos financeiros atuais que geram expectativas futuras de benefícios financeiros.

Portanto, previdência diz respeito a preparar-se financeiramente para o futuro, no que se refere a assegurar renda adequada às necessidades de consumo e/ou para construir um patrimônio almejado.

Neste contexto, a importância da previdência é acentuada. Com a maior expectativa de vida, o homem precisará assegurar renda por mais tempo após encerrar suas atividades laborais. Acrescido a isto, novas necessidades financeiras surgirão, o que reforça a relevância de se ter um comportamento previdente.

Tecendo um paralelo com as empresas, a previdência pode ser compreendida com uma postura de prudência frente a expectativas de momentos de dificuldade financeira. A antecipação a estes momentos não assegura uma passagem isenta de percalços, mas permite que a empresa se prepare da forma mais adequada possível para este período.

Além disso, nas empresas, o conceito de previdência também pode ser percebido em termos de continuidade das operações das organizações. Como uma empresa, de modo geral, é uma entidade sem término definido para suas operações, assegurar sua continuidade é desejável.

10.3. Previdência pública x privada

Há dois tipos de previdência que um indivíduo tem à disposição: a previdência pública ou social e a previdência privada ou complementar. Elas serão explicadas a seguir.

10.3.1. Previdência pública

O Instituto Nacional do Seguro Social (INSS) é uma instituição pública cujo objetivo é reconhecer direitos e conceder benefícios aos seus segurados e às suas famílias. O INSS concede aposentadorias aos trabalhadores que fizeram contribuição ao regime, desde que estes observem as regras de recebimento do benefício em termos de idade e tempo de contribuição, além de aposentadorias por invalidez. Além da aposentadoria, o INSS também ampara temporariamente os trabalhadores em casos específicos, tais como doença, acidente e gravidez.

No Brasil, este sistema funciona por meio do regime de caixa. Todo trabalhador com carteira assinada recolhe mensalmente para o INSS parte do seu salário. O seu empregador também faz contribuições complementares às feitas pelo trabalhador. Todas as contribuições realizadas pelos trabalhadores ativos e pelos empregadores são alocadas em um fundo comum, o qual permite o pagamento de todos os benefícios.

É importante destacar a existência de um regime especial de previdência social que é o dos funcionários públicos. Tal regime difere em alguns aspectos operacionais do regime geral do INSS, tanto no que se refere aos valores de recolhimento como aos valores de benefícios.

10.3.2. Previdência privada

A previdência privada ou complementar é uma opção do indivíduo que busca formar uma reserva para complementar a renda de aposentadoria do INSS ou atingir algum objetivo futuro. A aposentadoria do INSS é limitada por um teto, podendo reduzir a renda da família. Portanto, a previdência complementar permite "complementar" a renda gerada pela aposentadoria oficial concedida pelo INSS.

Além disto, estes planos podem ofertar benefícios adicionais relacionados à proteção dos indivíduos contratantes. Há, por exemplo, a pensão ao cônjuge, na qual é paga uma renda mensal vitalícia, em caso de falecimento do cliente durante o período de cobertura. Há também a pensão aos filhos menores de 21 anos, em que é paga uma renda mensal aos filhos, até que estes completem 21 anos de idade, em caso de falecimento do cliente durante o período de cobertura. Também pode ser citado o pecúlio por morte. Um pagamento único é realizado aos beneficiários indicados, em caso de falecimento do cliente durante o período de cobertura.

Eles são oferecidos tanto por entidades fechadas como por entidades abertas. Entidades abertas são empresas constituídas especificamente para atuar no ramo de previdência complementar, cujos planos podem ser adquiridos por qualquer pessoa física ou jurídica. Tais entidades são fiscalizadas pela SUSEP (Superintendência de Seguros Privados), autarquia vinculada ao Ministério da Fazenda, que é responsável pelo controle e fiscalização dos mercados de seguro, previdência privada aberta, capitalização e resseguro.

As entidades fechadas administram fundos de pensão de uma ou mais empresas, cujos planos são direcionados exclusivamente aos funcionários das empresas. As empresas que optam por ter um fundo fechado ou fundo de pensão são as patrocinadoras do plano, podendo fazer contribuições em nome de seus funcionários.

Tanto as entidades que administram planos abertos como fechados têm custos operacionais decorrentes de suas atividades. Para viabilizar as atividades desenvolvidas, elas cobram taxas dos usuários. Normalmente, há duas taxas: administração e carregamento.

A taxa de administração é cobrada pela tarefa de administrar os recursos do fundo de investimento criado para o plano, sendo cobrada diariamente sobre o valor total de reserva. A taxa de carregamento, por sua vez, cobre despesas de corretagem e de administração, incidindo sobre cada depósito efetuado ao plano.

A observação destas taxas é fundamental. Taxas altas podem tornar o plano menos atrativo, uma vez que reduzem a sua remuneração. Uma maneira de evitar pagar taxas muito altas é pesquisar as taxas praticadas por diferentes planos de previdência complementar, em diferentes instituições financeiras.

Outra forma de se proteger de altas taxas é a portabilidade dos planos. É possível que o indivíduo troque de entidade de maneira rápida e sem ônus (respeitando algumas condições e prazos). A portabilidade permite ao indivíduo trocar de plano caso haja outro com melhores condições. Os planos de previdência podem gerar os benefícios de maneiras distintas. Podem gerar renda ou permitir o resgate do valor investido.

Em termos de renda, o primeiro tipo é a renda mensal temporária, em que se paga ao cliente durante um determinado prazo contratado. A renda cessa com o término do prazo contratado ou com o falecimento do participante, o que ocorrer primeiro.

Também há a renda mensal vitalícia, que é paga vitaliciamente, a partir da idade escolhida pelo cliente. Após o falecimento do participante, não há restituição de eventuais valores ou acesso à reserva por parte dos beneficiários.

A renda vitalícia tem algumas variantes. Há com prazo mínimo garantido, em que é paga vitaliciamente ao cliente, a partir de determinada idade. Em caso de falecimento durante o período garantido, os beneficiários indicados recebem a renda mensal pelo restante do período garantido.

Também há a renda mensal vitalícia reversível ao beneficiário indicado. Neste caso, se o cliente falecer, a renda será total ou parcialmente revertida ao beneficiário indicado. Já a renda mensal vitalícia reversível ao cônjuge com continuidade aos filhos menores de 21 anos, em caso de falecimento, será revertida ao cônjuge ou companheiro e, na falta deste, será reversível temporariamente aos filhos, até que estes completem 21 anos.

Se o plano previr resgate, há duas possibilidades. A primeira é o resgate total, em que o cliente retira todo o recurso aportado que foi acrescido do rendimento. A segunda é o resgate programado, em que são definidas as datas para a retirada do dinheiro.

Na realidade, se respeitados os prazos de carência, o cliente pode realizar resgates do seu plano sempre que necessário. No entanto, ao fazê-lo, o indivíduo diminui a reserva de recursos financeiros, com reflexo na redução da renda futura.

É fundamental perceber que, sobre os valores resgatados, haverá incidência de imposto de renda, conforme a legislação vigente referente à opção de tributação escolhida. Há duas opções de tributação pelas quais os investidores podem optar: progressiva e regressiva.

Na tributação progressiva, os resgates têm a incidência de IR na fonte, feita com base na alíquota única de 15%, de forma antecipada, com posterior ajuste na declaração anual de IR. No recebimento de renda, a incidência de IR é feita conforme a tabela progressiva do IR vigente à época do recebimento.

Na tributação regressiva, a incidência de IR ocorre de forma definitiva e exclusiva na fonte, no resgate ou no recebimento de renda. Ela é variável, começando com alíquota de 35% com redução de 5% a cada 2 anos até atingir 10% para prazos acima de 10 anos. Neste caso, quanto mais tempo o dinheiro ficar investido, menor a taxa de imposto a ser paga pelo cliente. Veja a tabela completa do imposto de renda regressivo:

Tempo de permanência	Alíquota do IR
Até 2 anos	35%
2 a 4 anos	30%
4 a 6 anos	25%
6 a 8 anos	20%
8 a 10 anos	15%
Acima de 10 anos	10%

Tabela 10.1: Tabela regressiva de IR sobre planos de previdência

Os planos de previdência podem ter diferentes estratégias de composição de suas carteiras. De forma semelhante aos fundos de investimentos, eles podem direcionar os investimentos a ativos com características de rendimentos fixos e/ou variáveis. A definição do percentual a ser investido em ativos com diferentes características é do contratante do plano de previdência.

Um benefício de planos de previdência normalmente destacado é o de sucessão patrimonial. No caso de falecimento do titular, o pagamento do saldo será feito aos beneficiários indicados no plano, conforme observado em algumas situações de renda relatadas anteriormente.

Este recurso não passa por inventários, normalmente bastante onerosos e demorados. Além disso, é permitido alterar os beneficiários a qualquer momento, o que o torna bastante flexível.

10.4. Tipos de planos de previdência privada

Há basicamente dois tipos de planos de previdência complementar. São eles o plano gerador e benefício livre (PGBL) e o vida gerador de benefício livre (VGBL).

O PGBL é um plano indicado para quem declara o imposto de renda no formulário completo. Isto porque os aportes podem ser deduzidos da base de cálculo do imposto de renda até o limite de 12% da renda bruta anual tributável. Em contrapartida, no resgate ou no recebimento da renda, haverá a cobrança de imposto de renda sobre o valor total, ou seja, montante mais os rendimentos.

O VGBL, por sua vez, é indicado para quem declara o imposto de renda no formulário simplificado ou é isento. Tal indicação existe pois os aportes não podem ser abatidos da declaração do imposto de renda. Também é indicado para indivíduos que já possuem o PGBL e que desejam investir mais de 12% da renda bruta anual tributável em um plano de previdência. Em contrapartida, no resgate ou no recebimento do VGBL, a incidência de imposto de renda ocorre somente sobre o valor dos rendimentos.

10.5. Referências

Para este capítulo, também vale a dica de pesquisar os produtos previdenciários nos sites das instituições financeiras para quem deseja adquirir um plano de previdência complementar. Consultar a SUSEP (www.susep.gov.br) também é recomendado para coletar informações sobre o mercado.

Com relação à previdência social, a melhor fonte de informações é o site do Instituto Nacional de Seguro Social – INSS (www.previdencia.gov.br), o qual contém as informações sobre todos os tipos de benefícios concedidos aos beneficiários.

Seção de FINANCIAMENTO

11. Dívidas

O que são dívidas? Precisamos separar as nossas despesas rotineiras das nossas dívidas e entender quando estas despesas rotineiras se tornam dívidas.

É necessário também entender quando estamos ou não endividados. Analisando pelo significado da palavra dívida, todas as empresas e famílias são endividadas. De acordo com a definição conceitual da palavra, dívida é aquilo que se deve. Sendo assim, todos temos dívidas: a conta da água, da energia elétrica, do telefone, do aluguel, entre outras. Geralmente, já começamos o mês devendo.

A grande preocupação quando falamos que estamos endividados está no que se refere à solvência, ou seja, a capacidade que temos de pagar os nossos compromissos em dia.

Este capítulo tem como objetivo entender as dívidas e saber gerenciá-las. Aproveitaremos para as desmistificarmos, pois nem todas as dívidas são necessariamente ruins – há dívidas boas, que geram bons resultados tanto para as empresas como para as famílias. Para isso, trataremos de aspectos como: passivos, motivos das nossas dívidas, consequências, dívidas de curto e de longo prazo, aquisições e dívidas e como sair das dívidas.

11.1. História motivadora

Roberto e Mariana se casaram e fizeram uma festa de casamento para 250 pessoas e depois foram passar a lua de mel na Europa, onde ficaram 30 dias. A festa e a viagem foram realizadas por meio de financiamentos, compras parceladas no cartão de crédito e no cheque pré-datado.

A renda familiar dos recém-casados é de R$8.000,00. Ao retornarem de viagem, eles verificaram que as parcelas dos financiamentos, do cartão de crédito e do cheque totalizavam em torno de R$6.000,00 durante os próximos 15 meses.

O casal, logo ao retornar da lua de mel, teve que enfrentar grandes restrições financeiras que, em alguns momentos, os levaram a conflitos e até a lamentar terem casado, pois, quando solteiros, não tinham este tipo de problema.

Fernando e Andrea, amigos de Roberto e Mariana, também recém-casados, estavam em uma situação bem diferente. Eles decidiram se casar e se planejaram de forma que, ao retornarem de lua de mel, todas as contas do casamento e da lua de mel estivessem pagas.

Eles tinham uma renda familiar de R$7.000,00. Com despesas mensais de R$4.500,00, investiam R$2.500,00 por mês, sendo que R$1.500,00 seria para trocar de carro e viajar e R$1.000,00 para a construção de patrimônio. Estavam felizes com o casamento, pois, casados, tinham maior poder de compra. Esta situação foi viabilizada pelo baixo endividamento, ou seja, pela não existência de grandes passivos.

11.2. O que são passivos?

Nas empresas, os passivos são todos os compromissos e/ou obrigações que a empresa tem. Estas informações encontram-se no lado direito do balanço patrimonial. Os passivos nas empresas podem ser classificados de acordo com os seus prazos de vencimento: passivos de longo prazo e de curto prazo

Como curto prazo, podemos entender tudo aquilo que vencerá no prazo de até um ano. Temos, por exemplo, salários, impostos, contas a pagar, prestações de empréstimos e financiamentos. Os passivos de longo prazo, por sua vez, são aqueles cujo vencimento se dará em prazos superiores a um ano. Como exemplos, podemos citar o financiamento de bens de capital utilizados no processo produtivo, o empréstimo contraído para financiar a construção de uma nova planta fabril, etc.

Nas famílias, também podemos adotar classificação semelhante no que se refere ao prazo de vencimento dos passivos. Nas famílias, a maior parte dos passivos (obrigações e compromissos) são de curto prazo e estão relacionados ao dia a dia da família. Temos passivos de curto prazo como as contas de água, energia elétrica, telefone fixo, celular, empréstimos e financiamento.

Além destes, há alguns de longo prazo, como a compra de apartamento ou de um carro. Geralmente, são dívidas superiores a um ano e, no exemplo da moradia, pode chegar a trinta anos.

11.3. Por que fazemos dívidas?

Nas organizações empresariais, os gestores sempre estão preocupados em garantir a lucratividade da empresa, sem comprometer a sua liquidez. Os gestores querem que a empresa fature cada vez mais, gerando lucro, sem comprometer a capacidade da empresa em pagar as suas obrigações.

Mas, para isso, precisam, em diversos momentos, gerar passivos maiores. Este aumento do passivo pode ocorrer em função do aumento do tamanho da operação, ou seja, abertura de uma filial ou expansão da planta de produção. Isto gera aumento das obrigações, por meio de uma maior folha de pagamento, aluguel da nova unidade, financiamento das máquinas, empréstimos para capital de giro e outros passivos relativos ao negócio.

Nas unidades familiares, temos passivos operacionais relativos ao seu dia a dia, como, por exemplo, o aluguel, o condomínio, a energia elétrica, o colégio das crianças, entre outros passivos relativos ao dia a dia. Nas famílias, o aumento do passivo ou das dívidas está relacionado com o padrão de vida que a família deseja ter, com seu nível de consumo e com a formação de patrimônio.

Em síntese, todo passivo ou toda dívida tem um fator gerador, tem uma história, podendo ser fruto de uma má gestão ou de um bom planejamento. No segundo caso, temos uma dívida planejada que, em alguns casos, pode até ser um investimento.

11.3.1. Fato explicável

Nas empresas, conseguimos entender a origem das dívidas ou das obrigações. Como, por exemplo, a compra de um equipamento, a compra de mercadorias, a expansão de uma filial, falta de pagamento dos clientes, entre tantos outros fatores.

Um grande problema nas empresas é quando não conseguimos explicar ou entender claramente a origem da dívida, quando ela ocorreu ao longo de diversas decisões erradas, devidas à má gestão dos recursos.

Nas famílias, as dívidas também possuem uma história que as explicam. Como, por exemplo, algo inesperado como a batida de um carro, a doença de um parente, a perda do emprego ou algum outro fato. Nestas situações, mesmo inesperadas, sabemos claramente o que aconteceu, ficando mais fácil estabelecer um plano para fazer as correções necessárias.

Por outro lado, o maior problema nas famílias são as dívidas que não estão relacionadas a um fato em si, mas em função de um comportamento errado de consumo ou em função de uma má gestão dos seus recursos financeiros. Muitas famílias ainda são surpreendidas com o valor da fatura do cartão de crédito, com a entrada no cheque especial, com a falta de dinheiro no fim do mês. A surpresa é uma evidência clara de que algo está fora do controle, evidenciando claramente uma má gestão financeira.

11.3.2. Má gestão

Uma dívida fruto de má gestão significa que estamos endividados não em função de algo que não podíamos prever e/ou controlar, mas em função das nossas decisões. Neste caso, o que temos claramente nas empresas e nas famílias é uma responsabilidade pela situação financeira que a empresa e/ou a família se encontra. Como, por exemplo, no caso de uma empresa que decide abrir uma nova filial sem ter dimensionado os recursos necessários de investimento e recursos necessários para a operação da nova filial. Nas famílias, temos este mesmo tipo de problema quando decidimos comprar um carro de luxo financiado sem avaliar o impacto da prestação nas contas e os seus custos de manutenção.

Uma má gestão financeira em uma empresa, por mais rentável que ela seja e por mais que ela venda, vai levá-la, em algum momento, a ter problemas para honrar com os seus compromissos. O mesmo pode acontecer com as famílias, por maior que seja a sua renda.

O que podemos concluir é que a má gestão de recursos financeiros leva as empresas e as famílias a ficarem endividadas, independentemente do seu faturamento e da sua renda. O que se pode ter de diferente é por quanto tempo uma empresa ou uma família consegue suportar esta situação. Quanto tempo ambas demoram para sentir as consequências das dívidas.

11.4. Quais são as consequências das dívidas?

As consequências das dívidas em uma empresa refletem-se inicialmente em sua necessidade de fazer uso de recursos de terceiros para manter o seu funcionamento. Isto pode se refletir no uso corriqueiro de linhas de crédito, de antecipação de recebíveis e de frequentes renegociações de prazo de pagamentos junto aos fornecedores. Este tipo de situação reflete-se nas decisões da empresa e na visão que o mercado financeiro, fornecedores, funcionários e clientes têm dela.

No mercado financeiro, isto refletirá no custo das linhas de crédito que vão se tornar cada vez mais caras. Empresas endividadas são avaliadas como de maior risco de solvência, portanto, com maior risco de não pagar. Consequentemente, as taxas de juros cobradas pelas instituições financeiras serão mais altas. Quanto maior o risco, maior a taxa de juros cobrada.

No que se refere aos fornecedores, isto refletirá nos limites de crédito e nos prazos de pagamento. Em algumas situações extremas de endividamento, alguns fornecedores venderão apenas à vista, o que vai demandar da empresa uma maior necessidade da capital de giro, uma limitação operacional.

Na relação com os funcionários, o endividamento pode se refletir numa frequência contínua no atraso dos pagamentos. Isto, certamente, levará a empresa a ter dificuldade de contar com o comprometimento dos funcionários, e, no limite, teremos a saída de bons colaboradores em busca de oportunidades melhores.

Na visão dos clientes, a empresa poderá ser avaliada como de risco, em função da possibilidade não conseguir produzir e entregar o que foi encomendado, dadas as dificuldades financeiras geradas pelo processo de endividamento.

Nas famílias, as consequências das dívidas se refletirão em diversas dimensões. Os seguintes aspectos devem ser considerados: liberdade, saúde, problemas familiares, problemas no emprego e outros.

No que se refere à liberdade, as dívidas vão limitar as suas decisões, como, por exemplo, a oportunidade de fazer um curso, trocar de emprego, viajar com a família, tirar férias. Enfim, diversas decisões serão afetadas ou até mesmo determinadas em função das dívidas.

No campo da saúde, teremos o *stress*, gastrites, dores de cabeça, perda de sono, obesidade, ansiedade e outros sintomas. Existem casos extremos que levam ao suicídio. Cada um de nós somatiza de forma diferente. Uns conseguem até se equilibrar em um momento de endividamento, outros não.

As dívidas também trazem problemas às famílias, pois ficamos com as emoções à flor da pele. Neste estágio, qualquer gasto pode vir a ser objeto de conflito, desde uma simples luz acessa, a compra de uma roupa ou, até mesmo, o tempo que se passa no banho.

Um grande problema que temos é quando o gestor financeiro (marido ou esposa) esconde a verdadeira situação financeira da família. O primeiro passo para se resolver qualquer problema de endividamento é reconhecer que o problema existe. No extremo, problemas financeiros na família podem levar à sua dissolução. Como alguns ditados populares já dizem, "não existe amor que resista a morar muito tempo debaixo da ponte".

No trabalho, o endividamento pode refletir-se na baixa produtividade e na falta de concentração. Em alguns casos, pode gerar sérios problemas em virtude de o funcionário ter feito dívidas com colegas e não ter pago. No limite, pode levar um funcionário a tomar atitudes complicadas, como desviar recursos ou tirar proveito de alguma situação. Tendo como consequência extrema a demissão.

O que podemos ver é que, tanto nas empresas como nas famílias, as repercussões das dívidas não se limitam à dívida em si, mas a uma série de outros problemas que esta situação pode gerar.

11.5. Dívidas de curto prazo e de longo prazo

As dívidas podem ser classificadas quanto ao prazo de vencimento. Desta forma, nas empresas, temos dívidas de curtíssimo prazo, curto prazo e dívidas de longo prazo.

As dívidas de curtíssimo prazo são aquelas que devem ser liquidadas no mês em exercício ou no prazo máximo de 3 a 5 meses. Como exemplos destas dívidas, temos o aluguel, a folha de pagamento, fornecedores e outras.

As dívidas de curto prazo estão no passivo circulante da empresa, ou seja, são as que devem ser pagas geralmente no prazo máximo de 1 ano.

As dívidas de longo prazo são dívidas cujo prazo de pagamento é superior a um ano, como, por exemplo, o financiamento de uma máquina ou de um carro ou um empréstimo para construção de uma planta industrial.

A grande questão é que no caso das dívidas de curtíssimo e curto prazo teremos pouco tempo para liquidá-las, implicando na necessidade de disponibilidade imediata de recursos financeiros. O ideal é uma dívida com um prazo maior de pagamento e com custo financeiro mais baixo. Desta forma, teremos um impacto menor no fluxo de caixa da empresa.

Com prazo maior, teremos mais tempo para gerar recursos suficientes para pagar a dívida e, com o custo menor, o volume de recurso demandados para pagar será menor.

Imagine a seguinte situação em uma empresa. Comprar uma máquina de R$60.000,00 em 3 parcelas de R$20.000,00 ou comprar a mesma máquina em

30 parcelas de R$2.100,00. O impacto no fluxo de caixa da primeira situação é muito grande, podendo gerar problemas para a empresa, e, no extremo, impossibilitando o pagamento. Imagine que esta empresa fatura R$60.000,00 por mês e há uma série de outras despesas além da parcela do empréstimo.

Nas grandes empresas, o que encontramos são dívidas estruturadas, em longo prazo e custos financeiros mais baixos e em alguns casos com carência para pagar. Esta situação permite que as grandes empresas tenham mais facilidade para honrar os seus compromissos.

Por outro lado, o que temos nas pequenas empresas são dívidas de curto prazo, com altos custos. Isto leva a dificuldades financeiras e em alguns casos até mesmo o encerramento do negócio.

Nas famílias, encontramos esta mesma situação, pois o que se evidencia é que as principais dívidas que levam a família à situação de inadimplência são feitas no cartão de crédito e o cheque especial. Dívidas de curto prazo e com alto custo.

O cartão de crédito e o cheque especial precisam ser pagos no mês com taxas de 10% a 18% a.m. Temos então uma dívida de curtíssimo prazo com altíssima taxa de juros. O que facilmente leva as famílias a situação de inadimplência e alto endividamento.

Voltando a falar da dívida de longo prazo, que gera alguns impactos nas famílias. Este impacto significa que teremos recursos no longo prazo previamente comprometidos. Se for com uma prestação fixa, este problema é um pouco menor. O efeito inflação vai torná-la mais leve, pois o seu valor real no futuro será menor, será corroído pela inflação.

Por outro lado, se a prestação for corrigida, dependendo do índice, as prestações pagáveis hoje poderão tornar-se inviáveis. Como, por exemplo, um financiamento de um bem que tem a prestação corrigida por IGPM+1% ou indexada pelo dólar.

Imagine uma família, cuja renda mensal é de R$ 10.000,00, que assumiu um financiamento com uma prestação mensal de R$2.500,00, corrigida pelo IGPM acrescido de 1% ao mês. O IGPM médio foi de 0,5% ao mês. Nesta situação, em um ano, a prestação será de R$2.989,04 e, em dois anos, R$3.573,74. Portanto, algo que representava 25% da renda familiar representa agora 35,70% da renda. Temos então um grande problema.

Nas famílias, as dívidas de longo prazo também precisam ser analisadas com cuidado, pois a capacidade de aumentar a renda é limitada. Em momentos de inflação, os gastos aumentam e o poder de compra é corroído e as dívidas de longo prazo começam a ter um impacto no orçamento.

Imagine a seguinte situação. Um casal, com renda familiar líquida de R$5.000,00, mora de aluguel e tem despesas mensais de R$3.000,00. Eles compraram um imóvel, assumindo uma prestação fixa de R$1.500,00. As despesas mensais agora aumentaram para R$4.500,00.

Em três anos, o casal teve dois filhos, a inflação foi de 10% ao ano e a renda familiar passou para R$5.900,00. As despesas passaram para R$4.500,00 sem a prestação do imóvel. O que temos agora é uma família endividada com renda de R$5.900,00 e despesas mensais de R$6.000,00. A família começou a fazer uso constante do cheque especial.

11.6. Aquisição e dívidas

A construção de uma dívida está associada à aquisição de bens e/ou serviços. Em uma empresa, podemos ter uma dívida em função da aquisição de máquinas e equipamentos, compra de matéria prima, compra de mercadoria, implantação de uma nova filial, publicidade e propaganda, ampliação da fábrica e outras questões.

Geralmente, nas empresas, a aquisição de bens e/ou serviços tem como objetivo a geração de novas receitas. A lógica, no geral, é a do investimento e retorno, ou seja, o retorno precisa ser superior ao investimento, pois, só assim, a empresa cresce e gera valor. O que pode acontecer é que o realizado não se comportou como o planejado, e o retorno não compensou o investimento, gerando prejuízo para a empresa.

Nas famílias, esta lógica é um pouco diferente. A família tem outros objetivos que vão além da construção de um patrimônio, como, por exemplo, a felicidade e o bem-estar de seus membros. Neste contexto, vários são os gastos e as dívidas contraídas que não vão dar retorno financeiro e sim apenas emocional, como, por exemplo, o gasto com uma festa para receber a família e os amigos, a compra de uma roupa e a realização de uma viagem de férias.

A grande questão não é realizar ou não um gasto que não proporcionará retorno financeiro. Mas, sim, garantir que estes gastos não se tornem frequentes, gerando grandes despesas e levando a família para um processo de endividamento e comprometimento dos recursos no curto, médio e longo prazos.

Em síntese, na família temos que encontrar o equilíbrio entre as aquisições que contribuirão para gerar renda e as que atendem apenas aos nossos desejos.

Não gerando renda e tampouco contribuindo para a formação de um patrimônio e em alguns casos gerando apenas despesas. Um exemplo simples é a aquisição de um jet ski para usar na praia nos momentos de lazer.

11.6.1. Aquisição de ativo produtivo

O que são ativos produtivos? De forma bem simples, podemos dizer que ativos produtivos são os ativos que geram renda, que aumentam o patrimônio de uma empresa e de uma família. Em outras palavras, são ativos cujas receitas superam os custos.

Na empresa, o foco é no investimento em ativos produtivos. Os ativos precisam geram retornos superiores aos valores investidos na sua aquisição. Quando da aquisição de máquinas e/ou equipamentos, espera-se aumentos de receitas e/ou ganhos de produtividade, aumentando, desta forma, o lucro. O mesmo acontece quando se amplia uma unidade, quando se faz investimento em marketing, quando se investe em computadores e sistemas e quando se contrata funcionários. Tudo tem que ser produtivo.

Entretanto, como já colocamos anteriormente, na família, nem todos os investimentos são em ativos produtivos, por diversos motivos. Neste contexto da família, a regra é então a seguinte: as receitas geradas pelos ativos produtivos, conjuntamente com as receitas da família devem ser capazes de financiar os gastos com ativos não produtivos e ainda sobrar recursos para investir em novos ativos produtivos.

Como exemplo, temos a seguinte situação. Uma família que tem renda familiar de R$5.000,00 e tem despesas mensais de R$2.000,00, sendo então superavitária em R$ 3.000,00, decidiu viajar de férias no fim do ano. As férias foram orçadas em R$4.000,00. A ideia é que a família junte R$400,00 por mês para as férias. Os R$2.600,00 restantes, a família investirá em ativos produtivos, como fundos de investimento cursos que capacitam os pais e os filhos a terem uma melhor colocação no mercado. Dessa forma, as férias podem ser tranquilas e servir para recuperar as forças para auferir novas rendas quando do retorno.

Agora imagine a seguinte situação. Uma família com a renda de R$5.000,00 gasta todo o dinheiro no mês com ativos não produtivos (brinquedo, sapatos e roupas). Decidiu viajar e financiou a viagem no cartão de crédito e no cheque especial. O que teremos no retorno das férias é uma família preocupada com as contas para pagar e possivelmente em um processo de endividamento. Em síntese, temos uma família com uma má gestão financeira, que não investe na aquisição de nenhum ativo produtivo, comprometendo o presente e o futuro.

11.6.2. Cobertura de ineficiência operacional (consumo exagerado, supérfluos, etc.)

Nas empresas, a ineficiência operacional é facilmente identificada quando as suas receitas operacionais, ou seja, receitas oriundas do negócio, são inferiores ao custo operacional. Em síntese, a empresa tem um prejuízo operacional. As suas receitas não são suficientes para pagar os custos e as despesas operacionais.

Para resolver este problema, a empresa começa a fazer uso de linhas de crédito ou necessitará de recursos de seus acionistas para financiar a operação. Esta situação é aceitável em negócios inicias que ainda estão em busca do seu ponto de equilíbrio, assunto já tratado neste livro.

Na família, temos esta mesma situação de ineficiência operacional quando os custos e despesas são superiores às receitas. O que acontece na prática é que a família recorre às linhas de crédito de curto prazo e caras como o cartão de crédito e o cheque especial para cobrir esta ineficiência. Esta situação geralmente é ocasionada por um nível de consumo não compatível com a renda. A família possui hábitos de consumo que geraram despesas superiores à receita/renda, situação esta que leva a família a uma ineficiência operacional.

Em alguns casos, esta situação é também resolvida pela ajuda de familiares, como os pais. Entretanto, vale salientar que o problema não deixa de existir, pois a família é incapaz de viver com os seus recursos próprios. O problema só está sendo adiado e pode se tornar cada vez maior.

11.7. Todas as dívidas são necessariamente ruins? Dívida boa e ruim

Certa vez, um colega, empresário, me disse que as dívidas o incentivavam a trabalhar, que sem dívidas ele não conquistava nada. Mas, cuidado! As dívidas dele eram boas, sendo diversas delas ligadas ao crescimento do patrimônio, em função da expansão do negócio, da compra de máquinas, de equipamentos e outras.

O que queremos dizer é que dívidas não são necessariamente ruins. As empresas, em seu processo de planejamento, podem decidir por um crescimento baseado em endividamento e aquisições, por meio de um processo de alavancagem financeira. Grandes empresas fazem dívidas para viabilizar o seu crescimento. Nesta situação, o processo de endividamento faz parte do planejamento. A ideia central é que os investimentos em ativos produtivos vão gerar receitas suficientes para pagar as dívidas e ainda gerar lucro para os acionistas.

Podemos ter a mesma situação nas famílias. Podemos ter a compra de carro como uma dívida boa ou como uma dívida ruim. Imagine que um carro está sendo comprado em uma família gerando uma prestação de R$2.500,00 em 24 meses. Entretanto, este carro possibilitará uma receita líquida mensal adicional para a família de R$2.500,00. O que teremos é que, após dois anos, o carro estará pago e a família incrementará a sua renda em R$2.500,00. Em síntese, temos uma dívida boa.

Este mesmo carro poderia ser comprado por uma família que ficará fortemente endividada e o carro será usado apenas para o conforto nos passeios da família. Poderemos, nesta situação, estar entrando em um processo de endividamento.

Cuidado! Nem toda dívida é ruim e nem toda dívida é boa. A grande pergunta é: qual é o objetivo da dívida e o seu impacto no orçamento familiar? Não apenas hoje, mas ao longo da dívida.

11.8. Como administrar e sair das dívidas?

Até agora temos falado o que devemos evitar ao ficarmos endividados. Mas outra questão é como fazer para sair de uma dívida. Para sair da dívida, podemos seguir alguns passos básicos apresentados na Figura 11.1.

Reconheça que está endividado e compartilhe esta situação com a família. A participação da família é fundamental. Além disso, reconhecer o quanto antes esta situação é importante para diminuir a dívida e parar o processo.

Posteriormente, faça um levantamento detalhado do tamanho da dívida e o seu perfil (valor, custo, credor, etc.). Conhecer detalhadamente o seu endividamento é necessário para entendimento da situação por toda a família

Em seguida, faça o seu orçamento familiar e classifique as despesas (obrigatórias fixas, obrigatórias variáveis, não obrigatórias fixas e não obrigatórias variáveis). Desta forma, você sabe como são realizados os seus gastos e onde ocorrem as maiores despesas e desperdícios.

Faça um ajuste no orçamento cortando inicialmente as despesas não obrigatórias. Estas são mais fáceis de serem eliminadas ou diminuídas, sobretudo as despesas não obrigatórias variáveis. Depois reveja o que pode ser feito frente às obrigatórias variáveis. Neste grupo, o que se pode fazer é diminuir a despesa.

Com o orçamento ajustado, veja quanto ficou disponível para pagar as dívidas. Tendo o orçamento como referência, negocie e negocie. O objetivo é alterar o perfil da dívida, aumentado o seu prazo de pagamento e os juros. Troque dívidas mais caras de curto prazo por dívidas com prazos de pagamento mais longos e taxas de juros menores.

Figura 11.1: Etapas para sair de um endividamento

Estanque as dívidas. Cancele o cartão de crédito e deixe de usar o cheque especial. Pague prioritariamente as dívidas mais caras. Nesta nova fase de pagamento das dívidas, evite novas compras a prazo, pagando sempre à vista.

Deixe algum recurso para o lazer (deve ser pago à vista), pois mesmo em momentos difíceis a família necessita de alguma descontração.

Toda a família deverá se adequar à nova realidade. Não basta que apenas o casal compreenda a situação. A compreensão por parte de todos diminuirá conflitos e facilitará o dia a dia deste momento nada agradável.

Aprenda com os erros. Entenda qual foi a verdadeira origem da dívida para não repetir. Busque ser uma família superavitária. Em síntese, reconhecer a situação, conhecê-la em detalhes, rever tudo, negociar, rever o perfil da dívida e aprender.

11.9. Mudança de perfil da dívida

Muitas vezes, falamos do perfil da dívida. O perfil da dívida é composto por algumas informações, tais como o tamanho da dívida, o prazo de vencimento da dívida, o custo da dívida e, em alguns casos, a sua origem ou propósito. A mudança do perfil da dívida tem como objetivo torná-la mais longa e mais barata. Desta forma, ficando mais adequada e viável o seu pagamento.

Imagine a seguinte situação. A família de Renato e Mônica tem uma dívida no cartão de crédito de R$10.000,00 e R$5.000,00 no cheque especial. Sua renda familiar liquida é de R$5.000,00. A taxa de juros do cheque especial é de 15% ao mês e do cheque especial, 10% ao mês. As despesas familiares fixas são de R$4.000,00. O ideal é que você fique com uma prestação fixa de, no máximo, R$1.000,00.

Você conseguiu, em outro banco, uma linha de crédito de R$15.000,00, com uma taxa 3% ao mês para pagar em 24 meses. Isto vai lhe gerar uma prestação de aproximadamente R$885,71. Com isso, você mudou o perfil da sua dívida, tornando o seu pagamento viável.

11.10. Negociação com credores

A negociação com os credores tem como objetivos principais: diminuir o tamanho da dívida, melhorar o prazo de pagamento e diminuir os seus custos (juros). De forma que, ao final da negociação, você tenha condições efetivas de liquidá-las. Pois de nada adiantará uma negociação que você sabe que não vai conseguir pagar, pois logo, logo você voltará à situação de inadimplente. Vejamos a seguir um exemplo de uma boa negociação:

Renato e Mônica (exemplo anterior) com a linha de crédito de R$ 15.000,00 negociaram com a administradora do cartão e conseguiram o desconto de 30% (R$3.000,00) para quitar de uma única vez. Conseguiram também com o banco um desconto de 20% sobre a dívida do cheque especial (R$1.000,00). Desta forma, eles diminuíram a dívida para R$11.000,00. Sendo assim, poderão tirar um empréstimo menor, ficando com uma prestação de R$ 650,00.

Eles conseguiram também rever as despesas que eram de R$4.000,00, diminuindo para R$3.100,00. Sendo assim, a situação ficou a seguinte: despesas familiares de R$3.100,00, prestação do empréstimo de R$650,00 e potencial de poupança mensal de R$1.250,00.

As negociações com os credores gerarão descontos maiores se os pagamentos forem à vista. Caso contrário, eles darão descontos menores e colocarão juros nas prestações. Entenda que o credor também tem interesse em receber.

O quanto antes você assumir que está endividado e negociar, melhor será. Parta para a negociação o mais breve possível. Cartões de crédito geram dificuldades para o cancelamento. Procure os seus direitos. O mesmo ocorre com o banco, pois os juros são interessantes, mesmo com os descontos dados.

Veja, por exemplo, uma dívida de R$1.000,00 que pode facilmente chegar a R$5.000,00 em dois anos. Mesmo com um desconto de 40%, você ainda vai pagar R$3.000,00, o que ainda é muito lucrativo para o credor.

Cuidado, a sua operadora de cartão de crédito vai lhe dar outro cartão em breve. Logo após a negociação, não caia novamente na tentação de sair gastando sem controle, gerando novas dívidas.

11.11. Referências

ASSAF NETO, Alexandre; SILVA, Cesar Augusto Tibúrcio. *Administração de Capital de Giro*. Ed. Atlas; São Paulo, 2002.

HASSON, Jon. *Dívida Boa, Dívida Ruim*. Ed Best Seller; Rio de Janeiro, 2007.

Seção do MODELO DE GERENCIAMENTO FINANCEIRO

12. Modelo de Análise Financeira da Família

Este capítulo tem como objetivo apresentar de forma prática um modelo de gestão financeira familiar. Para viabilizar o seu uso, faremos uso de uma planilha eletrônica elaborada em Excel (disponível para download em: www.altabooks.com.br).

Vale salientar que a planilha tem como objetivo apenas operacionalizar de forma automatizada o uso do modelo. Não é necessário ter conhecimentos profundos de planilha eletrônica para utilizar o modelo.

O capítulo inicia com a apresentação do modelo e das planilhas que o compõem. Em seguida, ele é explicado em quatro grupos amplos. O primeiro diz respeito às planilhas de dados básicos para o modelo. Em seguida, mostram-se as funcionalidades utilizadas para fazer a análise situacional financeira da família. Segue-se para a apresentação das funcionalidades associadas ao planejamento financeiro que decorre da análise situacional. Parte-se para a apresentação das funcionalidades ligadas ao acompanhamento e controle financeiros do executado. Por fim, o capítulo apresenta uma síntese do modelo disponibilizado, tecendo algumas considerações finais sobre ele.

12.1. Apresentação do modelo

O modelo pode ser usado com diferentes propósitos e com níveis de detalhamento diferenciados. Num primeiro momento, podemos usá-lo apenas para analisar a situação financeira e patrimonial da família, mostrando, de forma sintética, sua situação financeira e patrimonial. Num segundo momento, podemos fazer uso dele para planejar, traçar objetivos e metas, definir um plano de ação e permitir a projeção de um fluxo de caixa mensal. E, num terceiro momento, podemos usá-lo para acompanhar a execução do planejamento e comparar o realizado versus o projetado, permitindo também uma nova análise situacional.

A estrutura básica do modelo é a seguinte. A primeira coluna indica a denominação da guia na planilha eletrônica. A segunda coluna indica o seu propósito dentro do modelo.

Guia	Objetivo
Dados	Coletar dados básicos para a planilha
Categorias	Cadastrar categorias necessárias em outras planilhas: contas do fluxo de caixa, tipos de ativos, tipos de aplicações financeiras e tipos de dívidas
FC Histórico Anual	Registrar as entradas e as saídas de caixa ocorridas em um ano anterior ao ano de análise, conforme o plano de contas definido nas categorias
Desembolsos Diários e Anuais	Registrar as saídas de caixa esperadas para o período de um mês e as saídas que ocorrem em momentos específicos do ano
FC Histórico Médio Mensal	Registrar, dentro do plano de contas, as movimentações financeiras médias de um mês típico
Disponibilidades	Registrar os recursos financeiros líquidos atualmente disponíveis (dinheiro e saldos em conta corrente)
Ativos Financeiros	Listar todos os ativos financeiros disponíveis atualmente. A coluna de tipos utiliza as categorias de ativos financeiros, cadastradas na planilha Categorias.
Previdências	Listar todos os produtos de previdência privada disponíveis atualmente.
Ativos Não Financeiros	Listar todos os ativos não financeiros disponíveis atualmente. A coluna de tipos utiliza as categorias de ativos não financeiros, cadastradas na planilha Categorias.
Dívidas	Listar todas as dívidas assumidas pela família. A coluna de tipo de dívida utiliza as categorias de dívidas, cadastradas na planilha Categorias.
Análise Situacional	Coletar as informações das planilhas anteriores (FC médio mensal histórico até dívidas) para fornecer um quadro sintético da situação financeira e patrimonial da família (modelo de resumo da análise situacional).
Metas e Objetivos	Registrar metas e objetivos traçados para a família
Plano de Ação	Registrar o plano de ações a ser executado para que a família parta da situação atual até a situação desejada indicada na planilha de metas

Guia	Objetivo
Providências por Contas	Registrar as providências a serem adotadas individualmente por conta do plano de contas
Histórico-Providências-Projeção	Registrar o resumo da situação histórica do fluxo de caixa da família, das providências por conta e da projeção feita. A coluna de projeção deve ser estimada a partir das duas primeiras colunas.
FC Anual Projetado	Registrar o fluxo de caixa projetado para o período de um ano, de acordo com as metas e ações planejadas
FC Diário Realizado	Registrar o fluxo de caixa realizado por dia. É um instrumento de registros diários de entradas e saídas de caixa baseado no plano de contas estabelecido.
FC Anual Realizado	Consolidar o fluxo de caixa diário realizado. Os dados do fluxo de caixa diário alimentam esta planilha automaticamente.
FC Realizado - Projetado	Comparar o fluxo de caixa anual realizado e do projetado em termos absolutos
Disponibilidades Realizado	Registrar as disponibilidades realizadas ao longo do período de execução orçamentária
Ativos Financeiros Realizado	Registrar os ativos financeiros investidos ao longo do período de execução orçamentária
Previdências Realizado	Registrar os produtos de previdência realizados ao longo do período de execução orçamentária
Ativos Não Financ. Realizado	Registrar os ativos não financeiros incorporados ao longo do período de execução orçamentária
Dívidas Realizado	Registrar as dívidas assumidas ao longo do período de execução orçamentária
Análise Realizado	Coletar as informações das planilhas anteriores relacionadas à realização (FC diário realizado até dívidas realizado) para fornecer um quadro sintético da situação financeira e patrimonial realizada da família (resumo da realização dos movimentos financeiros)
Situacional x Realizado	Comparar a posição indicada na análise situacional e a situação alcançada a partir da realização das movimentações financeiras

Quadro 12.1: Estrutura do Modelo e Nome das Guias da Planilha

Antes de prosseguir, é importante destacar alguns pontos a respeito da planilha.

Primeiro, trata-se de um modelo que pode ser alterado livremente pelos usuários, de acordo com suas necessidades. De forma alguma é um modelo fechado e não adaptável. Ela pode ser compreendida como uma sugestão de ferramenta baseada nos conceitos destacados ao longo do livro.

Por uma questão de preservação das fórmulas, a planilha está protegida contra alterações. Porém, o usuário pode desprotegê-la, conforme orientações na primeira aba do arquivo, a fim de proceder com os ajustes desejados.

Ela pode ser usada totalmente ou parcialmente, conforme o interesse do usuário. Pode ser usada, por exemplo, para realizar uma análise situacional, para planejar o desempenho financeiro futuro ou para acompanhar a execução financeira de um planejamento. Idealmente, pode ser utilizada com todos estes propósitos. Porém, a depender do nível de interesse e do propósito do usuário com o seu uso, ele deve focar nas planilhas disponibilizadas para cada função.

Por fim, é fundamental destacar que a planilha foi baseada em todos os aspectos conceituais e técnicas apresentados ao longo do livro, sendo um meio facilitador ao emprego daqueles. Portanto, estamos convictos de que o mero uso da planilha, sem a devida observação dos preceitos apresentados no livro, não surtirá os efeitos benéficos desejados.

12.2. Dados básicos do modelo

Para fazer uso do modelo, precisamos inicialmente preencher as planilhas de Dados e Categorias. Na planilha de Dados, temos informações básicas que são o ano que será objeto de planejamento e o nome da família ou o nome do usuário. Estas informações não são obrigatórias para o uso do modelo.

A planilha de Categorias é fundamental para o uso do modelo, pois colocaremos nela as diversas informações que serão usadas em várias das demais planilhas.

Nesta planilha, elaboraremos o plano de contas a ser usado pela família. O plano de contas está agrupado de acordo com o grupo de contas apresentado no Capítulo 3. Você pode alterar as contas analíticas já existentes, incluindo e excluindo de acordo com as suas necessidades

Além das informações relativas ao plano de contas da família, teremos também classificações relativas a ativos não financeiros, aplicações e dívidas. Nestes itens, você também poderá alterar, incluir e excluir.

12.2.1. Plano de contas

O primeiro grupo do plano de contas são as contas de receitas laborais. Neste grupo, informaremos as contas analíticas relativas a recebimentos da família oriundos do trabalho. Podemos colocar as contas analíticas, conforme exemplo a seguir:

CONTAS
FLUXO COTIDIANO
RECEITAS DE ATIVIDADES LABORAIS
Salário esposa
Comissão
Salário marido
Consultorias

Quadro 12.2: Contas – Receitas de Atividades Laborais

O segundo grupo é composto pelas contas relativas a despesas obrigatórias fixas, ou seja, aquelas de difícil capacidade de redução e/ou eliminação, conforme apresentado no Capítulo 3. Veja o exemplo a seguir:

DESEMBOLSOS FIXOS OBRIGATÓRIOS
Condomínio
Mensalidade escolar filho 1
Plano de saúde
Salário empregado (a)
Aluguel
Mensalidade escolar filho 2
Mensalidade escolar filho 3
Curso de Inglês

Quadro 12.3: Contas – Desembolsos Fixos Obrigatórios

O terceiro grupo do plano de contas refere-se aos desembolsos variáveis obrigatórios, ou seja, aqueles recorrentes mensalmente, cujos valores são variáveis em função do consumo. Veja o exemplo a seguir:

DESEMBOLSOS VARIÁVEIS OBRIGATÓRIOS
Água/esgoto
Combustível
Energia elétrica
Material escolar
Mercado
Remédios
Telefonia
Tributos
Vestuário

Quadro 12.4: Contas – Desembolsos Variáveis Obrigatórios

O quarto grupo do plano de contas refere-se aos desembolsos fixos não obrigatórios, ou seja, contas cujo valor é fixo, mas com baixa resistência à eliminação. Veja o exemplo a seguir:

DESEMBOLSOS FIXOS NÃO OBRIGATÓRIOS
Assinatura de revistas
TV a cabo
Internet
Academia
Assinatura Jornal
Plano Celular com valor fixo

Quadro 12.5: Contas – Desembolsos Fixos Não Obrigatórios

O quinto grupo de contas trata dos desembolsos variáveis não obrigatórios. Este grupo de contas é o mais fácil de ser gerenciado ou até mesmo de ser eliminado. Veja os exemplos a seguir:

DESEMBOLSOS VARIÁVEIS NÃO OBRIGATÓRIOS
Almoços/jantares fora
Praia
Viagens

DESEMBOLSOS VARIÁVEIS NÃO OBRIGATÓRIOS
Restaurantes
Cinema

Quadro 12.6: Contas – Desembolsos Variáveis Não Obrigatórios

O sexto grupo de contas trata das contas relativas a receitas não oriundas de atividades laborais, ou seja, receitas oriundas da realização de investimentos e/ ou das rendas geradas pelos ativos. Veja o exemplo a seguir:

RECEITAS DE INVESTIMENTOS
Aluguel de imóveis
Resgate de aplicações
Venda de ativos

Quadro 12.7: Contas – Receitas de Investimentos

O sétimo grupo de contas trata das contas de desembolsos relativos a investimentos em ativos financeiros e não financeiros. Veja o exemplo a seguir.

DESEMBOLSOS DE INVESTIMENTOS
Aplicação poupança
Compra apartamento
Compra terreno
Compra cabeças de gado
Aplicação renda fica

Quadro 12.8: Contas – Desembolsos de Investimentos

O oitavo grupo de contas refere-se a receitas que recebemos em função de recursos que conseguimos emprestados de terceiros, como, por exemplo, um empréstimo bancário. Veja a seguir:

RECEITAS DE FINANCIAMENTOS
Empréstimos Banco do Brasil
Empréstimo de parente

Quadro 12.9: Contas – Receitas de Financiamentos

O nono grupo de contas refere-se às contas de desembolso relativos ao pagamento dos empréstimos. Vejamos o exemplo a seguir:

DESEMBOLSOS DE FINANCIAMENTOS
Pagamento de empréstimos Banco do Brasil - juros
Pagamento de empréstimos Banco do Brasil - principal

Quadro 12.10: Contas – Desembolsos de Financiamentos

Todas as contas cadastradas nos planos de contas serão automaticamente cadastradas nas planilhas de fluxo de caixa (FC Histórico Anual, FC Histórico Médio Mensal, FC Anual Projetado, FC Diário Realizado, FC Anual Realizado, FC Realizado Projetado), na planilha Providências por Contas e na planilha Histórico-Providências-Projeção.

Para alterar qualquer conta nas planilhas citadas, basta alterar o plano de contas da planilha Categorias. Portanto, antes de começar a usar o modelo, elabore cuidadosamente o seu plano de contas.

12.2.2. Categorias – Tipos de Ativos Não Financeiros

Ainda na concepção e estruturação do modelo, temos, na planilha Categorias, a definição dos tipos de ativos não financeiros. Neste grupo, definiremos quais ativos não financeiros serão contemplados no seu modelo. Apartamento, casa, terreno, obra de arte, entre outros. Vejamos o exemplo a seguir:

TIPOS DE ATIVOS NÃO FINANCEIROS
Imóvel - apartamento
Imóvel - casa
Imóvel - sala
Imóvel - terreno
Veículo

Quadro 12.11: Tipos de Ativos Não Financeiros

Esta informação será utilizada nas planilhas de ativos não financeiros e de ativos não financeiros realizados.

12.2.3. Categorias – Tipos de Aplicações Financeiras

Ainda na concepção e estruturação do modelo, temos, na planilha Categorias, a definição dos tipos de aplicações financeiras. Neste grupo, definiremos as aplicações financeiras contempladas no modelo. Poupança, fundo, ações, títulos do Tesouro Direto, CDB e outros. Vejamos o exemplo a seguir:

TIPOS DE APLICAÇÕES FINANCEIRAS
Caderneta de poupança
CDB
Fundo DI
Fundos multimercado
Renda fixa
Tesouro direto

Quadro 12.12: Tipos de Aplicações Financeiras

Esta informação será utilizada nas planilhas de Ativos Financeiros e de Ativos Financeiros Realizados.

12.2.4. Categorias – Tipos de Dívidas

Dando continuidade à concepção e estruturação do modelo, temos, na planilha Categorias, a definição dos tipos de dívidas. Neste grupo, registraremos os tipos de dívidas contempladas no modelo, tais como cartão de crédito, empréstimos, cheque especial e outras. Vejamos o exemplo a seguir.

TIPOS DE DÍVIDAS
Cartão de crédito
CDC
Cheque especial
Empréstimo consignado
Empréstimo pessoal

Quadro 12.13: Tipos de Dívidas

As categorias de dívidas cadastradas nesta planilha serão utilizadas na planilha de Dívidas.

12.3. Análise situacional da família

A análise situacional constitui-se em uma avaliação atual da situação financeira e patrimonial da família no que se refere às receitas, desembolsos, investimentos, dívidas e ativos financeiros e não financeiros. Em síntese, é um retrato financeiro da família.

Para realizarmos a análise situacional financeira, precisamos entender o histórico das nossas contas. A construção do histórico de nossas contas pode ser feita de duas formas.

A primeira delas é na planilha FC Histórico Anual, na qual colocaremos o comportamento mensal do ano anterior de cada uma das contas. Com o preenchimento destas informações, teremos a média mensal de cada uma das contas.

Ressalta-se que as contas de desembolso deverão ser preenchidas com valores negativos, indicando saída de caixa. Veja o exemplo a seguir:

Fluxo de caixa histórico anual 2014

CONTAS	1	2	3	4	5	6	7
FLUXO COTIDIANO	R$ 302,00	-R$ 2.118,00	R$ 1.792,00	R$ 3.152,00	R$ 3.202,00	R$ 2,00	R$ 3.862,00
RECEITAS DE ATIVIDADES LABORAIS	R$ 6.700,00	R$ 6.000,00	R$ 8.100,00	R$ 8.800,00	R$ 9.000,00	R$ 5.800,00	R$ 9.900,00
Salário esposa	R$ 2.200,00	R$ 2.200,00	R$ 2.200,00	R$ 2.200,00	R$ 2.200,00	R$ 2.200,00	R$ 2.200,00
Comissão	R$ 500,00	R$ 800,00	R$ 900,00	R$ 600,00	R$ 800,00	R$ 600,00	R$ 700,00
Salário marido	R$ 3.000,00	R$ 3.000,00	R$ 3.000,00	R$ 3.000,00	R$ 3.000,00	R$ 3.000,00	R$ 3.000,00
Consultorias	R$ 1.000,00	R$ 0,00	R$ 2.000,00	R$ 3.000,00	R$ 3.000,00	R$ 0,00	R$ 4.000,00
DESEMBOLSOS FIXOS OBRIGATÓRIOS	-R$ 3.928,00	-R$ 3.928,00	-R$ 3.928,00	-R$ 3.928,00	-R$ 3.928,00	-R$ 3.928,00	-R$ 3.928,00
Condomínio	-R$ 300,00	-R$ 300,00	-R$ 300,00	-R$ 300,00	-R$ 300,00	-R$ 300,00	-R$ 300,00
Mensalidade escolar filho 1	-R$ 400,00	-R$ 400,00	-R$ 400,00	-R$ 400,00	-R$ 400,00	-R$ 400,00	-R$ 400,00
Plano de saúde	-R$ 500,00	-R$ 500,00	-R$ 500,00	-R$ 500,00	-R$ 500,00	-R$ 500,00	-R$ 500,00
Salário empregado(a)	-R$ 728,00	-R$ 728,00	-R$ 728,00	-R$ 728,00	-R$ 728,00	-R$ 728,00	-R$ 728,00
Aluguel	-R$ 1.200,00	-R$ 1.200,00	-R$ 1.200,00	-R$ 1.200,00	-R$ 1.200,00	-R$ 1.200,00	-R$ 1.200,00
Mensalidade escolar filho 2	-R$ 400,00	-R$ 400,00	-R$ 400,00	-R$ 400,00	-R$ 400,00	-R$ 400,00	-R$ 400,00
Mensalidade escolar filho 3	-R$ 400,00	-R$ 400,00	-R$ 400,00	-R$ 400,00	-R$ 400,00	-R$ 400,00	-R$ 400,00

Continua...

Continuação.

Fluxo de caixa histórico anual 2014

CONTAS	8	9	10	11	12	Total	Média	AV
FLUXO COTIDIANO	R$ 0,00	R$ 1.140,00	-R$ 770,00	R$ 5.830,00	-R$ 970,00	R$ 15.424,00	R$ 1.285,33	100,00%
RECEITAS DE ATIVIDADES LABORAIS	R$ 6.200,00	R$ 7.600,00	R$ 5.800,00	R$ 12.200,00	R$ 6.000,00	R$ 92.100,00	R$ 7.675,00	597,12%
Salário esposa	R$ 2.200,00	R$ 2.200,00	R$ 2.200,00	R$ 2.200,00	R$ 2.200,00	R$ 26.400,00	R$ 2.200,00	171,16%
Comissão	R$ 1.000,00	R$ 400,00	R$ 600,00	R$ 1.000,00	R$ 800,00	R$ 8.700,00	R$ 725,00	56,41%
Salário marido	R$ 3.000,00	R$ 3.000,00	R$ 3.000,00	R$ 3.000,00	R$ 3.000,00	R$ 36.000,00	R$ 3.000,00	233,40%
Consultorias	R$ 0,00	R$ 2.000,00	R$ 0,00	R$ 6.000,00	R$ 0,00	R$ 21.000,00	R$ 1.750,00	136,15%
DESEMBOLSOS FIXOS OBRIGATÓRIOS	-R$ 4.400,00	-R$ 4.400,00	-R$ 4.400,00	-R$ 4.400,00	-R$ 4.700,00	-R$ 49.796,00	-R$ 4.149,67	-322,85%
Condomínio	-R$ 300,00	-R$ 300,00	-R$ 300,00	-R$ 300,00	-R$ 300,00	-R$ 3.600,00	-R$ 300,00	-23,34%
Mensalidade escolar filho 1	-R$ 400,00	-R$ 400,00	-R$ 400,00	-R$ 400,00	-R$ 400,00	-R$ 4.800,00	-R$ 400,00	-31,12%
Plano de saúde	-R$ 500,00	-R$ 500,00	-R$ 500,00	-R$ 500,00	-R$ 500,00	-R$ 500,00	-R$ 500,00	-3,24%
Salário empregado(a)	-R$ 1.200,00	-R$ 1.200,00	-R$ 1.200,00	-R$ 1.200,00	-R$ 1.500,00	-R$ 11.396,00	-R$ 949,67	-73,88%
Aluguel	-R$ 1.200,00	-R$ 1.200,00	-R$ 1.200,00	-R$ 1.200,00	-R$ 1.200,00	-R$ 14.400,00	-R$ 1.200,00	-93,36%
Mensalidade escolar filho 2	-R$ 400,00	-R$ 400,00	-R$ 400,00	-R$ 400,00	-R$ 400,00	-R$ 4.800,00	-R$ 400,00	-31,12%
Mensalidade escolar filho 3	-R$ 400,00	-R$ 400,00	-R$ 400,00	-R$ 400,00	-R$ 400,00	-R$ 4.800,00	-R$ 400,00	-31,12%

Tabela 12.1: Fluxo de Caixa Histórico Anual

Depois de preencher todas as contas, a planilha lhe proporcionará uma série de informações, tais como o valor total de cada conta anualizado, o valor médio de cada conta anualizado, o total de cada um dos grupos de contas do dia a dia (receitas laborais, desembolsos fixos obrigatórios, desembolsos variáveis obrigatórios, desembolsos fixos não obrigatórios e desembolsos variáveis não obrigatórios) e o fluxo cotidiano, que é resultado das receitas laborais menos os diversos desembolsos.

Teremos também as informações relativas ao fluxo de investimentos que são compostas pelo grupo de contas de receitas de investimentos e desembolsos de investimentos, conforme apresentado no exemplo a seguir:

Fluxo de caixa histórico anual 2014

CONTAS	1	2	3	4	5	6	7	8
FLUXO DE INVESTIMENTOS	R$ 1.000,00	-R$ 2.000,00	R$ 1.000,00	R$ 1.000,00	R$ 1.000,00	R$ 1.000,00	R$ 1.000,00	R$ 1.000,00
RECEITAS DE INVESTIMENTOS	R$ 2.000,00	R$ 2.000,00	R$ 2.000,00	R$ 2.000,00	R$ 2.000,00	R$ 2.000,00	R$ 2.000,00	R$ 2.000,00
Aluguel de imóveis	R$ 2.000,00	R$ 2.000,00	R$ 2.000,00	R$ 2.000,00	R$ 2.000,00	R$ 2.000,00	R$ 2.000,00	R$ 2.000,00
Resgate de aplicações								
Venda de ativos								
DESEMBOLSOS DE INVESTIMENTOS	-R$ 1.000,00	-R$ 4.000,00	-R$ 1.000,00	-R$ 1.000,00	-R$ 1.000,00	-R$ 1.000,00	-R$ 1.000,00	-R$ 1.000,00
Aplicação poupança								
Compra apartamento								
Compra terreno								
Compra cabeças de gado								
Aplicação renda fixa	-R$ 1.000,00	-R$ 4.000,00	-R$ 1.000,00	-R$ 1.000,00	-R$ 1.000,00	-R$ 1.000,00	-R$ 1.000,00	-R$ 1.000,00

Tabela 12.2: Fluxo de Caixa Histórico de Investimentos

A conta fluxo de investimentos é composta pela diferença entre as contas de receitas de investimento e desembolsos de investimento. Quando a conta apresenta valores negativos, significa que você realizou um volume de investimento superior às receitas.

Teremos também o fluxo de financiamento. Nesta parte da planilha, temos os grupos das contas que registram as entradas financeiras relativas a empréstimos realizados de diversas formas e a saídas relativas aos pagamentos destes empréstimos. Os empréstimos podem ter sido contraídos junto a instituições financeiras, amigos e/ou familiares. Nas saídas e/ou pagamentos, podemos separar o valor principal dos juros, para fins de análise posterior. Vejamos o exemplo a seguir:

Fluxo de caixa histórico anual 2014

CONTAS	1	2	3	4	5	6	7	8
FLUXO DE FINANCIAMENTO	R$ 0,00	R$ 2.000,00	R$ 0,00	R$ 0,00	R$ 0,00	R$ 0,00	R$ 0,00	-R$ 1.250,00
RECEITAS DE FINANCIAMENTOS	R$ 0,00	R$ 2.000,00	R$ 0,00	R$ 0,00	R$ 0,00	R$ 0,00	R$ 0,00	R$ 0,00
Empréstimos Banco do Brasil	R$ 0,00	R$ 2.000,00	R$ 0,00	R$ 0,00	R$ 0,00	R$ 0,00	R$ 0,00	R$ 0,00
Empréstimo Parente								
DESEMBOLSOS DE FINANCIAMENTOS	R$ 0,00	R$ 0,00	R$ 0,00	R$ 0,00	R$ 0,00	R$ 0,00	R$ 0,00	-R$ 1.250,00
Pagamento de empréstimos Banco do Brasil - juros	R$ 0,00	R$ 0,00	R$ 0,00	R$ 0,00	R$ 0,00	R$ 0,00	R$ 0,00	-R$ 250,00
Pagamento de empréstimos Banco do Brasil - principal	R$ 0,00	R$ 0,00	R$ 0,00	R$ 0,00	R$ 0,00	R$ 0,00	R$ 0,00	-R$ 1.000,00

Tabela 12.3: Fluxo de Caixa Histórico de Financiamento

O fluxo de financiamento fica positivo quando recebemos os recursos dos empréstimos e poderá ficar negativo nos meses em que estamos pagando pelos referidos empréstimos.

12.3.1. Analisando os dados do fluxo histórico anual

A planilha FC Histórico Anual nos possibilita uma série de informações sobre as nossas receitas, desembolsos, investimentos e financiamentos.

O primeiro tipo de análise permitido é mensurar o tamanho de uma receita e de uma despesa ao longo do ano e a sua média. Estas informações encontram-se respetivamente nas colunas total e média. Por exemplo, se temos um desembolso de R$300,00 por mês com combustível, isto significa uma despesa anual de R$3.600,00. Caso consigamos diminuir esta despesa para R$200,00 por mês, teremos economizado R$1.200,00 no ano.

Um outro tipo de análise é verificar o tamanho das nossas despesas frente a cada um dos grupos de contas. Isto nos permite uma visão do significado da conta frente ao montante total de receita ou despesa. Esta análise encontra-se na coluna AV (análise vertical).

A conta fluxo cotidiano nos mostra se estamos conseguindo ter receitas suficientes para pagar as nossas despesas, pois o fluxo cotidiano é o resultado dado pela diferença entre as receitas laborais e diversas despesas. Quando o valor do fluxo cotidiano for negativo, significa que estamos deficitários, forçando a família a fazer ajustes. Isto pode até ocorrer em um mês específico durante o ano. A situação é crítica quando temos esta situação na coluna total da conta fluxo cotidiano. Isto indica que, ao longo do ano, a família não terá receitas laborais suficientes para honrar todos os seus compromissos que fazem parte do seu cotidiano.

No exemplo apresentado, o fluxo cotidiano anual encontra-se positivo, embora em alguns meses (outubro e dezembro) ele tenha sido negativo. Vejamos a planilha do exemplo a seguir.

Fluxo de caixa histórico anual 2014

CONTAS	7	8	9	10	11	12	Total	Média	AV
FLUXO COTIDIANO	R$ 3.862,00	R$ 0,00	R$ 1.140,00	-R$ 770,00	R$ 5.830,00	-R$ 970,00	R$ 15.424,00	R$ 1.285,33	100,00%
RECEITAS DE ATIVIDADES LABORAIS	R$ 9.900,00	R$ 6.200,00	R$ 7.600,00	R$ 5.800,00	R$ 12.200,00	R$ 6.000,00	R$ 92.100,00	R$ 7.675,00	597,12%
Salário esposa	R$ 2.200,00	R$ 2.200,00	R$ 2.200,00	R$ 2.200,00	R$ 2.200,00	R$ 2.200,00	R$ 26.400,00	R$ 2.200,00	171,16%
Comissão	R$ 700,00	R$ 1.000,00	R$ 400,00	R$ 600,00	R$ 1.000,00	R$ 800,00	R$ 8.700,00	R$ 725,00	56,41%
Salário marido	R$ 3.000,00	R$ 3.000,00	R$ 3.000,00	R$ 3.000,00	R$ 3.000,00	R$ 3.000,00	R$ 36.000,00	R$ 3.000,00	233,40%
Consultorias	R$ 4.000,00	R$ 0,00	R$ 2.000,00	R$ 0,00	R$ 6.000,00	R$ 0,00	R$ 21.000,00	R$ 1.750,00	136,15%

Tabela 12.4: Fluxo de Caixa Histórico – Receitas

Uma outra informação importante encontra-se no resultado total, que é constituído pela receita laboral menos todas as despesas mais os resultados dos fluxos de investimento e de financiamento. Mais uma vez, o interessante é que sejamos sempre superavitários. Quando estamos com valores negativos, isto significa que precisamos rever as nossas contas.

Podemos também confrontar o fluxo cotidiano com o resultado total, acarretando diversas situações interessantes. Vejamos o exemplo a seguir:

Fluxo de caixa histórico anual 2014

CONTAS	5	6	7	8	9	10	11	12	Total	Média	AV
FLUXO COTIDIANO	R$ 3.202,00	R$ 2,00	R$ 3.862,00	R$ 0,00	R$ 1.140,00	-R$ 770,00	R$ 5.830,00	-R$ 970,00	R$ 15.424,00	R$ 1.285,33	100,00%
.									R$ 0,00		0,00%
.									R$ 0,00		0,00%
RESULTADO TOTAL	R$ 4.202,00	R$ 1.002,00	R$ 4.862,00	-R$ 250,00	R$ 890,00	R$ 230,00	R$ 6.830,00	R$ 30,00	R$ 23.924,00	R$ 1.993,67	R$ 1,55

Tabela 12.5: Fluxo de Caixa Histórico – Fluxo Cotidiano

Quando o resultado total é positivo e maior do que o fluxo cotidiano, isto significa que a família teve alguma entrada de recurso oriunda de investimentos ou de algum empréstimo. E, desta forma, ficou com dinheiro em caixa.

Quando o resultado total é positivo e é inferior ao fluxo cotidiano, isto significa que a família aplicou recursos ou pagou algum empréstimo.

Quando o fluxo cotidiano é negativo e o fluxo total é positivo, isto significa que a família cobriu o seu deficit usando algum recurso dos investimentos ou com algum empréstimo.

Quando o fluxo cotidiano é negativo e o resultado total é negativo, isto significa grandes problemas, pois a família não consegue pagar as contas do dia a dia e também não teve recursos para pagar algum empréstimo.

12.3.2. Desembolsos diários e anuais

Esta planilha tem o objetivo de permitir que a família registre, de forma simplificada, as despesas mensais frequentes e as despesas sazonais que ocorrem ao longo do ano. Vejamos o exemplo a seguir:

Listagem simplificada de desembolsos diários e anuais

Desembolsos diários

Dia	Descrição	Valor
5	Colégios Crianças	R$ 1.200,00
10	Aluguel	R$ 1.200,00
15	Luz	R$ 400,00
5	IPVA apenas em fevereiro	R$ 800,00

Tabela 12.6: Desembolsos Diários

Esta planilha mostra para a família o fluxo das despesas ao longo de um mês e as despesas sazonais ao longo do ano.

Trata-se de um modelo bastante simplificado, que pode ser empregado quando a família ainda não tem uma sistemática montada para registrar os valores de forma mais detalhada.

12.3.3. Fluxo histórico médio mensal

O preenchimento da planilha FC Histórico Médio Mensal é obrigatório no processo da análise situacional. O preenchimento desta planilha pode ser feito a partir das informações dos valores médios que você obteve quando do preenchimento da planilha FC Histórico Anual. Caso tenha preenchido esta planilha, basta copiar os valores da coluna Média.

Caso você não tenha feito uso da planilha FC Histórico Anual, você poderá agora registrar os valores médios de cada uma das contas. Lembrando que as contas que aparecem nesta planilha foram cadastradas na planilha Categorias.

Vejamos agora um exemplo do fluxo mensal histórico preenchido:

CONTAS	MÊS	AV
FLUXO COTIDIANO	**R$ 1.285,33**	**100,00%**
RECEITAS DE ATIVIDADES LABORAIS	**R$ 7.675,00**	**597,12%**
Salário esposa	R$ 2.200,00	171,16%
Comissão	R$ 725,00	56,41%
Salário marido	R$ 3.000,00	233,40%
Consultorias	R$ 1.750,00	136,15%
DESEMBOLSOS FIXOS OBRIGATÓRIOS	**-R$ 4.149,67**	**-322,85%**
Condomínio	-R$ 300,00	-23,34%
Mensalidade escolar filho 1	-R$ 400,00	-31,12%
Plano de saúde	-R$ 500,00	-38,90%
Salário empregado(a)	-R$ 949,67	-73,88%
Aluguel	-R$ 1.200,00	-93,36%
Mensalidade escolar filho 2	-R$ 400,00	-31,12%
Mensalidade escolar filho 3	-R$ 400,00	-31,12%
Curso de Inglês		0,00%
DESEMBOLSOS VARIÁVEIS OBRIGATÓRIOS	**-R$ 1.695,00**	**-131,87%**

Continua...

Continuação.

CONTAS	MÊS	AV
Água/esgoto		0,00%
Combustível	-R$ 300,00	-23,34%
Energia elétrica	-R$ 390,83	-30,41%
Material escolar	-R$ 145,83	-11,35%
Mercado	-R$ 725,00	-56,41%
Remédios	-R$ 133,33	-10,37%
Telefonia		0,00%
Tributos		0,00%
Vestuário		0,00%
DESEMBOLSOS FIXOS NÃO OBRIGATÓRIOS	**-R$ 370,00**	**-28,79%**
Assinatura de revistas		0,00%
TV a cabo	-R$ 200,00	-15,56%
Internet	-R$ 50,00	-3,89%
Academia		0,00%
Assinatura Jornal		0,00%
Plano Celular com valor fixo	-R$ 120,00	-9,34%
DESEMBOLSOS VARIÁVEIS NÃO OBRIGATÓRIOS	**-R$ 175,00**	**-13,62%**
Almoços/jantares fora		0,00%
Praia	-R$ 8,33	-0,65%
Viagens	-R$ 166,67	-12,97%
Restaurantes		0,00%
Cinema		0,00%

Tabela 12.7: Fluxo Histórico Médio Mensal

O que verificamos na situação apresentada é que a família, em média, sem a avaliação dos fluxos de financiamento e de investimento, é superavitária, ou seja, tem condições de aplicar os recursos que sobram do fluxo cotidiano.

Vejamos agora os fluxos de investimento e de financiamento:

CONTAS	MÊS	AV
FLUXO COTIDIANO	**R$ 1.285,33**	**100,00%**
FLUXO DE INVESTIMENTOS	**R$ 750,00**	**58,35%**
RECEITAS DE INVESTIMENTOS	**R$ 2.000,00**	**155,60%**
Aluguel de imóveis	R$ 2.000,00	155,60%
Resgate de aplicações		0,00%
Venda de ativos		0,00%
DESEMBOLSOS DE INVESTIMENTOS	**-R$ 1.250,00**	**-97,25%**
Aplicação poupança		0,00%
Compra apartamento		0,00%
Compra terreno		0,00%
Compra cabeças de gado		0,00%
Aplicação renda fixa	-R$ 1.250,00	-97,25%
FLUXO DE FINANCIAMENTO	**-R$ 41,67**	**-3,24%**
RECEITAS DE FINANCIAMENTOS	**R$ 166,67**	**12,97%**
Empréstimos Banco do Brasil	R$ 166,67	12,97%
Empréstimo Parente		0,00%
DESEMBOLSOS DE FINANCIAMENTOS	-R$ 208,33	-16,21%
Pagamento de empréstimos Banco do Brasil - juros	-R$ 41,67	-3,24%
Pagamento de empréstimos Banco do Brasil - principal	-R$ 166,67	-12,97%
RESULTADO TOTAL	**R$ 1.993,67**	**155,11%**

Tabela 12.8: Fluxo Histórico Médio Mensal de Investimento e Financiamento

O que observamos no resultado total é que a família tem a capacidade de honrar todas as suas obrigações de desembolsos. A família, em média, ainda possui recursos em disponíveis que podem ser alocados em outros investimentos.

12.3.4. Disponibilidades

A planilha Disponibilidades será utilizada para a avaliação da análise situacional da família. Neste momento, a família informará os recursos financeiros disponíveis, os quais não se encontram aplicados em algum ativo financeiro. Vejamos o exemplo a seguir:

Disponibilidades

Denominação	Tipo *	Instituição financeira	Valor atual	Observação
Conta Banco	Conta corrente	Bradesco	R$ 23.000,00	
Caixa em casa	Dinheiro		R$ 924,00	Dinheiro em casa para despesas

Quadro 12.14: Disponibilidades

O que podemos observar no exemplo acima é que a família possui R$23.9240,00 disponíveis para serem utilizados imediatamente.

12.3.5. Ativos financeiros

Iremos agora informar os ativos financeiros que a família possui, ou seja, as aplicações e investimentos financeiros e seus respectivos saldos. Informaremos aplicações como poupança, títulos do tesouro, fundo, ações e outras. Vejamos o exemplo a seguir:

Ativos financeiros

Produto financeiro	Tipo	Instituição financeira	Data de investimento	Valor inicial	Valor atual *	Observação
Poupança	Caderneta de poupança	CEF			R$ 5.000,00	Poupança para viagem
FIC RI	Renda fixa	BB	01/01/13	R$ 500,00	R$ 15.000,00	

Quadro 12.15: Ativos Financeiros

No exemplo, a família possui R$20.000,00 em aplicações financeiras divididas em poupança e em aplicações em renda fixa.

12.3.6. Previdência

Neste momento, caso a família tenha algum plano de previdência, este deverá ser informado, indicando o produto financeiro, o tipo de plano de previdência (PGBL ou VGBL) e demais informações. As informações que você não pode deixar de preencher são o produto e o valor atual. Vejamos o exemplo a seguir:

Planos de previdência

Plano	Tipo *	Instituição financeira	Valor inicial	Valor atual *	Data de contratação	Observação
Previdencia	PGBL	Banco do Brasil	R$ 500,00	R$ 10.000,00	01/01/13	Aplicação mensal de 200 reais e balões

Quadro 12.16: Previdência

No exemplo, a família tem um PGBL do banco do Brasil com um valor atual de R$10.000,00. Estas informações serão utilizadas na análise situacional.

12.3.7. Ativos não financeiros

Vamos, neste momento, informar os ativos não financeiros que a família possui, como, por exemplo, terrenos e veículos. As principais informações a serem colocadas são o ativo e o valor atual do mercado, os quais são importantes para analisar o resultado do investimento. Vejamos o exemplo a seguir:

Ativos não financeiros

Descrição	Tipo *	Data compra	Fornecedor	Valor compra	Valor atual (mercado) *	Observação
Apartamento dois quartos	Imóvel - apartamento	10/05/2010		R$ 100.000,00	R$ 180.000,00	encontra-se alugado
Carro	Veículo	10/10/2012		R$ 40.000,00	R$ 25.000,00	
Terreno Serra	Imóvel - terreno	01/01/2008		R$ 10.000,00	R$ 50.000,00	

Quadro 12.17: Ativos Não Financeiros

A família possui ativos no total de R$255.000,00. O que podemos observar é que alguns itens se valorizaram e outros perderam valor como, por exemplo, o carro.

12.3.8. Dívidas

Neste momento, a família informará as dívidas que possui e os respectivos saldos a pagar. Podemos ter dívidas com o sistema financeiro, com fornecedores, com a família e com amigos. Não podemos deixar de informar a descrição, o tipo de dívida e o valor remanescente. Vejamos o exemplo a seguir:

Dívidas

Descrição	Tipo de dívida *	Credor	Data da dívida	Taxa de juros	Valor do principal	Valor remanescente *	Observação
Mastercard	Cartão de crédito			14,00%		R$ 5.000,00	Dívida total do cartão que está sendo pago em dia
Visa	Cartão de crédito			14,00%		R$ 2.000,00	Dívida total do cartão que está sendo pago em dia
Empréstimo Familiar	Empréstimo pessoal				R$ 15.000,00	R$ 8.000,00	Devendo ao pai

Quadro 12.18: Dívidas

O que podemos observar é que a família possui R$15.000,00 de dívidas. Algumas são no rotativo do cartão de crédito e a outra é um empréstimo pessoal com um familiar.

12.3.9. Resumo da análise situacional

Com as informações até aqui registradas, podemos apresentar uma síntese da situação financeira familiar. Tal retrato pode ser mostrado por meio de análises segmentadas.

A primeira delas trata da situação atual da família no que se refere à disponibilidade de recursos financeiros, receitas laborais, desembolsos fixos e variáveis, obrigatórios e não obrigatórios, os fluxos de investimento e de financiamento. Vejamos o exemplo a seguir:

ANÁLISE SITUACIONAL	Família Silva	
DISPONIBILIDADE	VALOR	PERC.
Conta Banco	R$ 23.000,00	96,14%
Caixa em casa	R$ 924,00	3,86%
TOTAL	R$ 23.924,00	100,00%
CONTAS	MÉDIA ANUAL	PERC.

Continua...

Continuação.

FLUXO COTIDIANO	R$ 15.424,00	16,75%
RECEITAS DE ATIVIDADES LABORAIS	R$ 92.100,00	100,00%
DESEMBOLSOS FIXOS OBRIGATÓRIOS	-R$ 49.796,00	-54,07%
DESEMBOLSOS VARIÁVEIS OBRIGATÓRIOS	-R$ 20.340,00	-22,08%
DESEMBOLSOS FIXOS NÃO OBRIGATÓRIOS	-R$ 4.440,00	-4,82%
DESEMBOLSOS VARIÁVEIS NÃO OBRIGATÓRIOS	-R$ 2.100,00	-2,28%
FLUXO DE INVESTIMENTOS	**R$ 9.000,00**	**9,77%**
RECEITAS DE INVESTIMENTOS	R$ 24.000,00	26,06%
DESEMBOLSOS DE INVESTIMENTOS	-R$ 15.000,00	-16,29%
FLUXO DE FINANCIAMENTO	-R$ 500,00	-0,54%
RECEITAS DE FINANCIAMENTOS	R$ 2.000,00	2,17%
DESEMBOLSOS DE FINANCIAMENTOS	-R$ 2.500,00	-2,71%
RESULTADO TOTAL	**R$ 23.924,00**	**25,98%**

Tabela 12.9: Análise Situacional

Observamos que a família possui recursos disponíveis na ordem de R$23.924,00. As despesas fixas obrigatórias consomem 54% da receita laboral da família e as variáveis obrigatórias na ordem de 22% o que totalizam 76% da renda e todas as despesas consomem 84% das receitas o que gera um fluxo de caixa cotidiano anual superavitário de 16,75% das receitas laborais.

No que se refere aos investimentos, a família teve receitas de R$24.000,00 e desembolsos de R$15.000,00. Analisando detalhadamente, temos receitas oriundas de aluguel e parte do recurso sendo aplicado. O que gerou recursos disponíveis na ordem de R$9.000,00 para o resultado final

No que se refere ao fluxo de financiamento, este gerou despesas de R$500,00. A família teve receitas totais de R$2.000,00 e desembolsos de R$2.500,00.

E, finalmente, temos o resultado total que foi superavitário em R$23.924,00. A família terminou o ano com recursos para aplicar o que se reflete nas disponibilidades.

Uma outra análise refere-se à análise dos ativos financeiros, não financeiros e previdência. Vejamos o exemplo a seguir:

ATIVOS	VALOR	PERC.
NÃO FINANCEIROS	**R$ 255.000,00**	**89,47%**
Imóvel - apartamento	R$ 180.000,00	63,16%
Imóvel - casa		
Imóvel - sala		
Imóvel - terreno	R$ 50.000,00	17,54%
Veículo	R$ 25.000,00	8,77%
FINANCEIROS	**R$ 20.000,00**	**7,02%**
Caderneta de poupança	R$ 5.000,00	1,75%
CDB		
Fundo DI		
Fundos multimercado		
Renda fixa	R$ 15.000,00	5,26%
Tesouro direto		
PLANOS DE PREVIDÊNCIA	**R$ 10.000,00**	**3,51%**
PGBL	R$ 10.000,00	3,51%
VGBL		
TOTAL	**R$ 285.000,00**	**100,00%**

Tabela 12.10: Situação dos Ativos Financeiros

O que podemos verificar é que a família possui ativos totais na ordem de R$285.000,00 e que estes estão concentrados em ativos não financeiros, principalmente imóveis que representam 80% dos ativos, o que tem impacto sobre a liquidez. Os ativos financeiros representam 7,02% dos ativos.

Uma outra análise a ser realizada refere-se às dívidas que a família possui que podem ser de diferentes origens. Vejamos o exemplo a seguir:

DÍVIDAS	VALOR	PERC.
Cartão de crédito	R$ 7.000,00	46,67%
CDC		
Cheque especial		
Empréstimo consignado		
Empréstimo pessoal	R$ 8.000,00	53,33%
TOTAL	R$ 15.000,00	100,00%

Tabela 12.11: Situação das Dívidas

No exemplo apresentado, as dívidas da família são compostas pelo rotativo do cartão de crédito e por um empréstimo pessoal, totalizando R$15.000,00.

Como síntese de tudo, temos a tabela resumo que apresenta o saldo final da família, conforme tabela a seguir:

RESUMO	VALOR
DISPONIBILIDADE	R$ 23.924,00
FINANCEIROS	R$ 20.000,00
PLANOS DE PREVIDÊNCIA	R$ 10.000,00
NÃO FINANCEIROS	R$ 255.000,00
DÍVIDAS	R$ 15.000,00
SALDO	R$ 293.924,00

Tabela 12.12: Tabela Resumo

Verificamos que a família possui um baixo endividamento, o qual pode ser liquidado com as suas disponibilidades. A família possui uma grande concentração do seu patrimônio em ativos não financeiros, que pode comprometer a sua liquidez.

12.4. Planejamento financeiro

Esta etapa do modelo, que é composta pelas planilhas de cor verde, trata do planejamento financeiro. Definiremos metas, objetivos, planos de ação e as projeções financeiras. Portanto, focaremos no futuro financeiro da família.

12.4.1. Metas e objetivos

Precisamos definir metas e objetivos que desejamos alcançar com a gestão financeira da família. Com as metas e objetivos, definimos o que queremos e qual o prazo para a realização do que desejamos. Vejamos o exemplo a seguir:

Metas e objetivos

Denominação	Prazo	Descrição	Justificativa	Situação
Ter dinheiro para passar 6 meses no exterior	3 anos	Fazer um curso de idiomas no exterior	Melhorar a fluência no idioma	Preciso ter 20 mil dólares e tenho apenas 8 mil
Trocar de carro	1 ano	Trocar o meu carro por um carro melhor	Conforto	Preciso de 10 mil reais e não tenho

Quadro 12.19: Metas e Objetivos

No exemplo anterior, a família definiu que deseja passar 6 meses no exterior e deseja trocar de carro. Definiu que deseja realizar o primeiro objetivo em 3 anos e a compra do carro em 1 ano. Definiu também os recursos necessários. No caso da viagem, precisará de US$20.000,00 e, para o carro, R$10.000,00.

Quando falamos de uma meta e de um objetivo em termos financeiros, faz-se necessário definir os recursos financeiros necessários para a sua realização. Precisamos definir claramente o montante financeiro necessário para a realização do objetivo almejado. Como por exemplo, se o objetivo é fazer uma viagem, precisamos definir o custo da viagem e fazer o orçamento da viagem.

Após definir o que desejamos, devemos estabelecer o que e como faremos para alcançar os objetivos e as metas traçados. Isto faz parte do plano de ação.

12.4.2. Plano de ação

Não basta querer e dizer o que quer. Precisamos definir claramente o que fazer para conquistar o objetivo desejado. Esta definição clara do que vamos fazer é expressa no plano de ação. Vejamos o exemplo a seguir.

Plano de Ação

Denominação da meta/ objetivo	Ação	Prazo	Envolvidos	Descrição	Justificativa	Investimento necessário
Ter dinheiro para passar 6 meses no exterior	Comprar 350 dólares por mês	todos os meses começar daqui a 6 meses	a família	Preciso da participação de todos		350 dólares por mês durante 3 anos
Trocar de carro	Guardar 1,7 mil reais por mês	durante 6 meses	a família			10,2 mil reais

Quadro 12.20: Plano de Ação

Para o objetivo de passar 6 meses no exterior, a família identificou que precisaria guardar US$350,00 por mês durante os próximos 3 anos. Este valor se deu em função da situação financeira da família que tem aproximadamente R$24.000,00 disponíveis, ou seja, US$8.000,00 (dólar a R$3,00) e precisa de mais US$12.000,00, que, divididos em 36 meses, representa algo em torno de US$350,00. Com o dólar a R$3,00, por exemplo, é algo em torno de R$1.050,00 por mês.

Quanto ao segundo objetivo, que é a compra do carro, foi identificada a necessidade de R$10.000,00, pois já se tem o carro atual que entraria como parte do pagamento. Para alcançar este montante em 6 meses, a família precisa guardar aproximadamente R$1.700,00 por mês. Os R$10.000,00 que a família tem em renda fixa ficariam para situações de emergência.

Portanto, a família precisará, nos próximos 6 meses, poupar R$2.750,00 por mês. Para isso, precisamos definir a fonte destes recursos. Esta definição será realizada com base em providências definidas sobre as contas.

12.4.3. Providências por contas

Precisamos agora definir de onde os recursos para a realização dos sonhos virão. No caso em estudo, os recursos necessários são na ordem de R$2.750,00 por seis meses e R$1.050,00 durante mais 24 meses.

A disponibilidade destes recursos pode ocorrer da combinação do incremento das receitas e da redução dos desembolsos. Vejamos as opções definidas pela família registradas na planilha a seguir:

CONTAS	PROVIDÊNCIAS	OBSERVAÇÕES
FLUXO COTIDIANO		
RECEITAS DE ATIVIDADES LABORAIS		
Salário esposa		
Comissão	aumentar em 20%	
Salário marido		
Consultorias	dobrar	
DESEMBOLSOS FIXOS OBRIGATÓRIOS		
Condomínio		
Mensalidade escolar filho 1		
Plano de saúde		
Salário empregado(a)		
Aluguel		
Mensalidade escolar filho 2		
Mensalidade escolar filho 3		
Curso de Inglês		
DESEMBOLSOS VARIÁVEIS OBRIGATÓRIOS		
Água/esgoto		
Combustível	reduzir em 30%	
Energia elétrica		
Material escolar		
Mercado		
Remédios		
Telefonia		
Tributos		
Vestuário		
DESEMBOLSOS FIXOS NÃO OBRIGATÓRIOS		
Assinatura de revistas		
TV a cabo	reduzir em 30%	
Internet		
Academia		
Assinatura Jornal		
Plano Celular com valor fixo	reduzir em 10%	
DESEMBOLSOS VARIÁVEIS NÃO OBRIGATÓRIOS		
Almoços/jantares fora		

Continua...

Continuação.

CONTAS	PROVIDÊNCIAS	OBSERVAÇÕES
Praia	zerar	
Viagens	zerar	
Restaurantes		
Cinema		
FLUXO DE INVESTIMENTOS		
RECEITAS DE INVESTIMENTOS		
Aluguel de imóveis		
Resgate de aplicações		
Venda de ativos		
DESEMBOLSOS DE INVESTIMENTOS		
Aplicação poupança		
Compra apartamento		
Compra terreno		
Compra cabeças de gado		
Aplicação renda fixa	aumentar em 100%	
Aplicação em Dólar	350 por mês	
FLUXO DE FINANCIAMENTO		
RECEITAS DE FINANCIAMENTOS		
Empréstimos Banco do Brasil		
Empréstimo Parente		
DESEMBOLSOS DE FINANCIAMENTOS		
Pagamento de empréstimos Banco do Brasil - juros		
Pagamento de empréstimos Banco do Brasil - principal		

Quadro 12.21: Providências Por Contas

Na dimensão das receitas laborais, a família colocou como objetivo incrementar as comissões em 20% e dobrar o volume de consultorias.

No que se refere às despesas, temos as seguintes decisões: reduzir as despesas com combustível em 30%, reduzir as despesas com a TV a cabo em 30%, reduzir a conta de telefonia celular em 10% e zerar as despesas com praia e viagens. No que se refere a investimentos, teremos que duplicar as aplicações em renda fixa e aplicar US$350,00 por mês.

Vamos agora verificar o efeito destas mudanças nas contas e nos resultados.

12.4.4. Histórico das contas e providências

O impacto nas contas e os respectivos resultados podem ser analisados no modelo na planilha Histórico-Providências-Projeção. Vejamos o exemplo a seguir:

Resumo Histórico - Providências - Projeção por Conta

CONTAS	VALORES HISTÓRICOS	PROVIDÊNCIAS	VALORES PROJETADOS *
FLUXO COTIDIANO	**R$ 1.285,33**		**R$ 3.517,34**
RECEITAS DE ATIVIDADES LABORAIS	**R$ 7.675,00**		**R$ 9.570,00**
Salário esposa	R$ 2.200,00		R$ 2.200,00
Comissão	R$ 725,00	aumentar em 20%	R$ 870,00
Salário marido	R$ 3.000,00		R$ 3.000,00
Consultorias	R$ 1.750,00	dobrar	R$ 3.500,00
DESEMBOLSOS FIXOS OBRIGATÓRIOS	**-R$ 4.149,67**		**-R$ 4.149,67**
Condomínio	-R$ 300,00		-R$ 300,00
Mensalidade escolar filho 1	-R$ 400,00		-R$ 400,00
Plano de saúde	-R$ 500,00		-R$ 500,00
Salário empregado(a)	-R$ 949,67		-R$ 949,67
Aluguel	-R$ 1.200,00		-R$ 1.200,00
Mensalidade escolar filho 2	-R$ 400,00		-R$ 400,00
Mensalidade escolar filho 3	-R$ 400,00		-R$ 400,00
Curso de Inglês	R$ 0,00		R$ 0,00
DESEMBOLSOS VARIÁVEIS OBRIGATÓRIOS	**-R$ 1.695,00**		**-R$ 1.604,99**
Água/esgoto	R$ 0,00		R$ 0,00
Combustível	-R$ 300,00	reduzir em 30%	-R$ 210,00
Energia elétrica	-R$ 390,83		-R$ 390,83
Material escolar	-R$ 145,83		-R$ 145,83
Mercado	-R$ 725,00		-R$ 725,00
Remédios	-R$ 133,33		-R$ 133,33
Telefonia	R$ 0,00		0
Tributos	R$ 0,00		R$ 0,00
Vestuário	R$ 0,00		R$ 0,00

Continua...

Continuação.

CONTAS	VALORES HISTÓRICOS	PROVIDÊNCIAS	VALORES PROJETADOS *
DESEMBOLSOS FIXOS NÃO OBRIGATÓRIOS	**-R$ 370,00**		**-R$ 298,00**
Assinatura de revistas	R$ 0,00		R$ 0,00
TV a cabo	-R$ 200,00	reduzir em 30%	-R$ 140,00
Internet	-R$ 50,00		-R$ 50,00
Academia	R$ 0,00		R$ 0,00
Assinatura Jornal	R$ 0,00		R$ 0,00
Plano Celular com valor fixo	-R$ 120,00	reduzir em 10%	-R$ 108,00
DESEMBOLSOS VARIÁVEIS NÃO OBRIGATÓRIOS	**-R$ 175,00**		**R$ 0,00**
Almoços/jantares fora	R$ 0,00		
Praia	-R$ 8,33	zerar	R$ 0,00
Viagens	-R$ 166,67	zerar	R$ 0,00
Restaurantes	R$ 0,00		R$ 0,00
Cinema	R$ 0,00		R$ 0,00
FLUXO DE INVESTIMENTOS	**R$ 750,00**		**-R$ 1.550,00**
RECEITAS DE INVESTIMENTOS	**R$ 2.000,00**		**R$ 2.000,00**
Aluguel de imóveis	R$ 2.000,00		R$ 2.000,00
Resgate de aplicações	R$ 0,00		R$ 0,00
Venda de ativos	R$ 0,00		R$ 0,00
DESEMBOLSOS DE INVESTIMENTOS	**-R$ 1.250,00**		**-R$ 3.550,00**
Aplicação poupança	R$ 0,00		R$ 0,00
Compra apartamento	R$ 0,00		R$ 0,00
Compra terreno	R$ 0,00		R$ 0,00
Compra cabeças de gado	R$ 0,00		R$ 0,00
Aplicação renda fixa	-R$ 1.250,00	aumentar em 100%	-R$ 2.500,00
Aplicação em dólar	R$ 0,00	350 por mês	-R$ 1.050,00
FLUXO DE FINANCIAMENTO	**-R$ 41,67**		**-R$ 208,34**
RECEITAS DE FINANCIAMENTOS	**R$ 166,67**		**R$ 0,00**
Empréstimos Banco do Brasil	R$ 166,67		
Empréstimo Parente	R$ 0,00		

Continua...

Continuação.

CONTAS	VALORES HISTÓRICOS	PROVIDÊNCIAS	VALORES PROJETADOS *
DESEMBOLSOS DE FINANCIAMENTOS	-R$ 208,33		-R$ 208,34
Pagamento de empréstimos Banco do Brasil - juros	-R$ 41,67		-R$ 41,67
Pagamento de empréstimos Banco do Brasil - principal	-R$ 166,67		-R$ 166,67
RESULTADO	R$ 1.993,67		R$ 1.759,00

Tabela 12.13: Contas – Valores Históricos – Providências e Valores Projetados

Nesta tabela, temos o valor histórico da conta e novo valor em função das providências. Desta forma, conseguimos verificar que:

- Em termos de fluxo cotidiano, temos: as receitas laborais cresceram, os desembolsos fixos obrigatórios não foram alterados, os desembolsos variáveis obrigatórios diminuíram um pouco, os desembolsos fixos não obrigatórios diminuíram um pouco mais e os desembolsos variáveis não obrigatórios zeraram. Como consequência, o fluxo cotidiano aumentou expressivamente.
- As receitas de investimentos não se alteraram e os desembolsos de investimentos cresceram de forma expressiva.
- O fluxo de financiamento não sofreu alterações. A família vai apenas pagar o empréstimo que já estava previsto.
- Como resultado, a família continua superavitária em R$1.759,00 por mês, sinalizando que o plano ainda tem margens para imprevistos.

Quando projetamos as contas, temos condições de verificar os nossos resultados. O que podemos evidenciar no caso em estudo é que a família poderia, por exemplo, não cortar totalmente as despesas com lazer.

O passo seguinte é projetar o nosso fluxo de caixa com as novas contas.

12.4.5. Fluxo de caixa projetado

Podemos, com as informações sobre as providências a serem realizadas, projetar o fluxo de caixa para o próximo ano. Vejamos os seis primeiros meses projetados na tabela a seguir:

CONTAS	1	2	3	4	5	6
FLUXO COTIDIANO	**R$ 3.517,34**	**R$ 3.517,34**	**R$ 3.517,34**	**R$ 3.517,34**	**R$ 3.517,34**	**R$ 3.517,34**
RECEITAS DE ATIVIDADES LABORAIS	**R$ 9.570,00**	**R$ 9.570,00**	**R$ 9.570,00**	**R$ 9.570,00**	**R$ 9.570,00**	**R$ 9.570,00**
Salário esposa	R$ 2.200,00	R$ 2.200,00	R$ 2.200,00	R$ 2.200,00	R$ 2.200,00	R$ 2.200,00
Comissão	R$ 870,00	R$ 870,00	R$ 870,00	R$ 870,00	R$ 870,00	R$ 870,00
Salário marido	R$ 3.000,00	R$ 3.000,00	R$ 3.000,00	R$ 3.000,00	R$ 3.000,00	R$ 3.000,00
Consultorias	R$ 3.500,00	R$ 3.500,00	R$ 3.500,00	R$ 3.500,00	R$ 3.500,00	R$ 3.500,00
DESEMBOLSOS FIXOS OBRIGATÓRIOS	**-R$ 4.149,67**	**-R$ 4.149,67**	**-R$ 4.149,67**	**-R$ 4.149,67**	**-R$ 4.149,67**	**-R$ 4.149,67**
Condomínio	-R$ 300,00	-R$ 300,00	-R$ 300,00	-R$ 300,00	-R$ 300,00	-R$ 300,00
Mensalidade escolar filho 1	-R$ 400,00	-R$ 400,00	-R$ 400,00	-R$ 400,00	-R$ 400,00	-R$ 400,00
Plano de saúde	-R$ 500,00	-R$ 500,00	-R$ 500,00	-R$ 500,00	-R$ 500,00	-R$ 500,00
Salário empregado(a)	-R$ 949,67	-R$ 949,67	-R$ 949,67	-R$ 949,67	-R$ 949,67	-R$ 949,67
Aluguel	-R$ 1.200,00	-R$ 1.200,00	-R$ 1.200,00	-R$ 1.200,00	-R$ 1.200,00	-R$ 1.200,00
Mensalidade escolar filho 2	-R$ 400,00	-R$ 400,00	-R$ 400,00	-R$ 400,00	-R$ 400,00	-R$ 400,00
Mensalidade escolar filho 3	-R$ 400,00	-R$ 400,00	-R$ 400,00	-R$ 400,00	-R$ 400,00	-R$ 400,00
Curso de Inglês	R$ 0,00	R$ 0,00	R$ 0,00	R$ 0,00	R$ 0,00	R$ 0,00
DESEMBOLSOS VARIÁVEIS OBRIGATÓRIOS	**-R$ 1.604,99**	**-R$ 1.604,99**	**-R$ 1.604,99**	**-R$ 1.604,99**	**-R$ 1.604,99**	**-R$ 1.604,99**
Água/esgoto	R$ 0,00	R$ 0,00	R$ 0,00	R$ 0,00	R$ 0,00	R$ 0,00
Combustível	-R$ 210,00	-R$ 210,00	-R$ 210,00	-R$ 210,00	-R$ 210,00	-R$ 210,00
Energia elétrica	-R$ 390,83	-R$ 390,83	-R$ 390,83	-R$ 390,83	-R$ 390,83	-R$ 390,83
Material escolar	-R$ 145,83	-R$ 145,83	-R$ 145,83	-R$ 145,83	-R$ 145,83	-R$ 145,83
Mercado	-R$ 725,00	-R$ 725,00	-R$ 725,00	-R$ 725,00	-R$ 725,00	-R$ 725,00
Remédios	-R$ 133,33	-R$ 133,33	-R$ 133,33	-R$ 133,33	-R$ 133,33	-R$ 133,33
Telefonia	R$ 0,00	R$ 0,00	R$ 0,00	R$ 0,00	R$ 0,00	R$ 0,00
Tributos	R$ 0,00	R$ 0,00	R$ 0,00	R$ 0,00	R$ 0,00	R$ 0,00
Vestuário	R$ 0,00	R$ 0,00	R$ 0,00	R$ 0,00	R$ 0,00	R$ 0,00
DESEMBOLSOS FIXOS NÃO OBRIGATÓRIOS	**-R$ 298,00**	**-R$ 298,00**	**-R$ 298,00**	**-R$ 298,00**	**-R$ 298,00**	**-R$ 298,00**
Assinatura de revistas	R$ 0,00	R$ 0,00	R$ 0,00	R$ 0,00	R$ 0,00	R$ 0,00
TV a cabo	-R$ 140,00	-R$ 140,00	-R$ 140,00	-R$ 140,00	-R$ 140,00	-R$ 140,00
Internet	-R$ 50,00	-R$ 50,00	-R$ 50,00	-R$ 50,00	-R$ 50,00	-R$ 50,00
Academia	R$ 0,00	R$ 0,00	R$ 0,00	R$ 0,00	R$ 0,00	R$ 0,00

Continua...

Continuação.

CONTAS	1	2	3	4	5	6
Assinatura Jornal	R$ 0,00	R$ 0,00	R$ 0,00	R$ 0,00	R$ 0,00	R$ 0,00
Plano Celular com valor fixo	-R$ 108,00	-R$ 108,00	-R$ 108,00	-R$ 108,00	-R$ 108,00	-R$ 108,00
DESEMBOLSOS VARIÁVEIS NÃO OBRIGATÓRIOS	**R$ 0,00**	**R$ 0,00**	**R$ 0,00**	**R$ 0,00**	**R$ 0,00**	**R$ 0,00**
Almoços/jantares fora	R$ 0,00	R$ 0,00	R$ 0,00	R$ 0,00	R$ 0,00	R$ 0,00
Praia	R$ 0,00	R$ 0,00	R$ 0,00	R$ 0,00	R$ 0,00	R$ 0,00
Viagens	R$ 0,00	R$ 0,00	R$ 0,00	R$ 0,00	R$ 0,00	R$ 0,00
Restaurantes	R$ 0,00	R$ 0,00	R$ 0,00	R$ 0,00	R$ 0,00	R$ 0,00
Cinema	R$ 0,00	R$ 0,00	R$ 0,00	R$ 0,00	R$ 0,00	R$ 0,00
FLUXO DE INVESTIMENTOS	**-R$ 1.550,00**	**-R$ 1.550,00**	**-R$ 1.550,00**	**-R$ 1.550,00**	**-R$ 1.550,00**	**-R$ 1.550,00**
RECEITAS DE INVESTIMENTOS	**R$ 2.000,00**	**R$ 2.000,00**	**R$ 2.000,00**	**R$ 2.000,00**	**R$ 2.000,00**	**R$ 2.000,00**
Aluguel de imóveis	R$ 2.000,00	R$ 2.000,00	R$ 2.000,00	R$ 2.000,00	R$ 2.000,00	R$ 2.000,00
Resgate de aplicações	R$ 0,00	R$ 0,00	R$ 0,00	R$ 0,00	R$ 0,00	R$ 0,00
Venda de ativos	R$ 0,00	R$ 0,00	R$ 0,00	R$ 0,00	R$ 0,00	R$ 0,00
DESEMBOLSOS DE INVESTIMENTOS	**-R$ 3.550,00**	**-R$ 3.550,00**	**-R$ 3.550,00**	**-R$ 3.550,00**	**-R$ 3.550,00**	**-R$ 3.550,00**
Aplicação poupança	R$ 0,00	R$ 0,00	R$ 0,00	R$ 0,00	R$ 0,00	R$ 0,00
Compra apartamento	R$ 0,00	R$ 0,00	R$ 0,00	R$ 0,00	R$ 0,00	R$ 0,00
Compra terreno	R$ 0,00	R$ 0,00	R$ 0,00	R$ 0,00	R$ 0,00	R$ 0,00
Compra cabeças de gado	R$ 0,00	R$ 0,00	R$ 0,00	R$ 0,00	R$ 0,00	R$ 0,00
Aplicação renda fixa	-R$ 2.500,00	-R$ 2.500,00	-R$ 2.500,00	-R$ 2.500,00	-R$ 2.500,00	-R$ 2.500,00
Aplicação em Dólar	-R$ 1.050,00	-R$ 1.050,00	-R$ 1.050,00	-R$ 1.050,00	-R$ 1.050,00	-R$ 1.050,00
FLUXO DE FINANCIAMENTO	**-R$ 208,34**	**-R$ 208,34**	**-R$ 208,34**	**-R$ 208,34**	**-R$ 208,34**	**-R$ 208,34**
RECEITAS DE FINANCIAMENTOS	**R$ 0,00**	**R$ 0,00**	**R$ 0,00**	**R$ 0,00**	**R$ 0,00**	**R$ 0,00**
Empréstimos Banco do Brasil	R$ 0,00	R$ 0,00	R$ 0,00	R$ 0,00	R$ 0,00	R$ 0,00
Empréstimo Parente	R$ 0,00	R$ 0,00	R$ 0,00	R$ 0,00	R$ 0,00	R$ 0,00
DESEMBOLSOS DE FINANCIAMENTOS	**-R$ 208,34**	**-R$ 208,34**	**-R$ 208,34**	**-R$ 208,34**	**-R$ 208,34**	**-R$ 208,34**
Pagamento de empréstimos Banco do Brasil - juros	-R$ 41,67	-R$ 41,67	-R$ 41,67	-R$ 41,67	-R$ 41,67	-R$ 41,67

Continua...

Continuação.

CONTAS	1	2	3	4	5	6
Pagamento de empréstimos Banco do Brasil - principal	-R$ 166,67	-R$ 166,67	-R$ 166,67	-R$ 166,67	-R$ 166,67	-R$ 166,67
RESULTADO TOTAL	R$ 1.759,00	R$ 1.759,00	R$ 1.759,00	R$ 1.759,00	R$ 1.759,00	R$ 1.759,00

Tabela 12.14: Fluxo de Caixa Projetado Mês 1 a Mês 6

O fluxo projetado trabalhou com valores fixos médios para cada um dos meses. Vejamos a seguir o restante do ano:

Fluxo de caixa anual projetado 2015

CONTAS	7	8	9	10	11	12	Total
FLUXO COTIDIANO	**R$ 3.517,34**	**R$ 3.517,34**	**R$ 3.517,34**	**R$ 3.517,34**	**R$ 3.517,34**	**R$ 3.517,34**	**R$ 42.208,08**
RECEITAS DE ATIVIDADES LABORAIS	R$ 9.570,00	R$ 9.570,00	R$ 9.570,00	R$ 9.570,00	R$ 9.570,00	R$ 9.570,00	R$ 114.840,00
Salário esposa	R$ 2.200,00	R$ 2.200,00	R$ 2.200,00	R$ 2.200,00	R$ 2.200,00	R$ 2.200,00	R$ 26.400,00
Comissão	R$ 870,00	R$ 870,00	R$ 870,00	R$ 870,00	R$ 870,00	R$ 870,00	R$ 10.440,00
Salário marido	R$ 3.000,00	R$ 3.000,00	R$ 3.000,00	R$ 3.000,00	R$ 3.000,00	R$ 3.000,00	R$ 36.000,00
Consultorias	R$ 3.500,00	R$ 3.500,00	R$ 3.500,00	R$ 3.500,00	R$ 3.500,00	R$ 3.500,00	R$ 42.000,00
DESEMBOLSOS FIXOS OBRIGATÓRIOS	**-R$ 4.149,67**	**-R$ 4.149,67**	**-R$ 4.149,67**	**-R$ 4.149,67**	**-R$ 4.149,67**	**-R$ 4.149,67**	**-R$ 49.796,04**
Condomínio	-R$ 300,00	-R$ 300,00	-R$ 300,00	-R$ 300,00	-R$ 300,00	-R$ 300,00	-R$ 3.600,00
Mensalidade escolar filho 1	-R$ 400,00	-R$ 400,00	-R$ 400,00	-R$ 400,00	-R$ 400,00	-R$ 400,00	-R$ 4.800,00
Plano de saúde	-R$ 500,00	-R$ 500,00	-R$ 500,00	-R$ 500,00	-R$ 500,00	-R$ 500,00	-R$ 6.000,00
Salário empregado(a)	-R$ 949,67	-R$ 949,67	-R$ 949,67	-R$ 949,67	-R$ 949,67	-R$ 949,67	-R$ 11.396,04
Aluguel	-R$ 1.200,00	-R$ 1.200,00	-R$ 1.200,00	-R$ 1.200,00	-R$ 1.200,00	-R$ 1.200,00	-R$ 14.400,00
Mensalidade escolar filho 2	-R$ 400,00	-R$ 400,00	-R$ 400,00	-R$ 400,00	-R$ 400,00	-R$ 400,00	-R$ 4.800,00
Mensalidade escolar filho 3	-R$ 400,00	-R$ 400,00	-R$ 400,00	-R$ 400,00	-R$ 400,00	-R$ 400,00	-R$ 4.800,00
Curso de Inglês	R$ 0,00	R$ 0,00	R$ 0,00	R$ 0,00	R$ 0,00	R$ 0,00	R$ 0,00
DESEMBOLSOS VARIÁVEIS OBRIGATÓRIOS	**-R$ 1.604,99**	**-R$ 1.604,99**	**-R$ 1.604,99**	**-R$ 1.604,99**	**-R$ 1.604,99**	**-R$ 1.604,99**	**-R$ 19.259,88**
Água/esgoto	R$ 0,00	R$ 0,00	R$ 0,00	R$ 0,00	R$ 0,00	R$ 0,00	R$ 0,00
Combustível	-R$ 210,00	-R$ 210,00	-R$ 210,00	-R$ 210,00	-R$ 210,00	-R$ 210,00	-R$ 2.520,00
Energia elétrica	-R$ 390,83	-R$ 390,83	-R$ 390,83	-R$ 390,83	-R$ 390,83	-R$ 390,83	-R$ 4.689,96
Material escolar	-R$ 145,83	-R$ 145,83	-R$ 145,83	-R$ 145,83	-R$ 145,83	-R$ 145,83	-R$ 1.749,96

Continua...

Continuação.

CONTAS	7	8	9	10	11	12	Total
Mercado	-R$ 725,00	-R$ 725,00	-R$ 725,00	-R$ 725,00	-R$ 725,00	-R$ 725,00	-R$ 8.700,00
Remédios	-R$ 133,33	-R$ 133,33	-R$ 133,33	-R$ 133,33	-R$ 133,33	-R$ 133,33	-R$ 1.599,96
Telefonia	R$ 0,00	R$ 0,00	R$ 0,00	R$ 0,00	R$ 0,00	R$ 0,00	R$ 0,00
Tributos	R$ 0,00	R$ 0,00	R$ 0,00	R$ 0,00	R$ 0,00	R$ 0,00	R$ 0,00
Vestuário	R$ 0,00	R$ 0,00	R$ 0,00	R$ 0,00	R$ 0,00	R$ 0,00	R$ 0,00
DESEMBOLSOS FIXOS NÃO OBRIGATÓRIOS	**-R$ 298,00**	**-R$ 298,00**	**-R$ 298,00**	**-R$ 298,00**	**-R$ 298,00**	**-R$ 298,00**	**-R$ 3.576,00**
Assinatura de revistas	R$ 0,00	R$ 0,00	R$ 0,00	R$ 0,00	R$ 0,00	R$ 0,00	R$ 0,00
TV a cabo	-R$ 140,00	-R$ 140,00	-R$ 140,00	-R$ 140,00	-R$ 140,00	-R$ 140,00	-R$ 1.680,00
Internet	-R$ 50,00	-R$ 50,00	-R$ 50,00	-R$ 50,00	-R$ 50,00	-R$ 50,00	-R$ 600,00
Academia	R$ 0,00	R$ 0,00	R$ 0,00	R$ 0,00	R$ 0,00	R$ 0,00	R$ 0,00
Assinatura Jornal	R$ 0,00	R$ 0,00	R$ 0,00	R$ 0,00	R$ 0,00	R$ 0,00	R$ 0,00
Plano Celular com valor fixo	-R$ 108,00	-R$ 108,00	-R$ 108,00	-R$ 108,00	-R$ 108,00	-R$ 108,00	-R$ 1.296,00
DESEMBOLSOS VARIÁVEIS NÃO OBRIGATÓRIOS	**R$ 0,00**	**R$ 0,00**	**R$ 0,00**	**R$ 0,00**	**R$ 0,00**	**R$ 0,00**	**R$ 0,00**
Almoços/jantares fora	R$ 0,00	R$ 0,00	R$ 0,00	R$ 0,00	R$ 0,00	R$ 0,00	R$ 0,00
Praia	R$ 0,00	R$ 0,00	R$ 0,00	R$ 0,00	R$ 0,00	R$ 0,00	R$ 0,00
Viagens	R$ 0,00	R$ 0,00	R$ 0,00	R$ 0,00	R$ 0,00	R$ 0,00	R$ 0,00
Restaurantes	R$ 0,00	R$ 0,00	R$ 0,00	R$ 0,00	R$ 0,00	R$ 0,00	R$ 0,00
Cinema	R$ 0,00	R$ 0,00	R$ 0,00	R$ 0,00	R$ 0,00	R$ 0,00	R$ 0,00
FLUXO DE INVESTIMENTOS	**-R$ 1.550,00**	**-R$ 1.550,00**	**-R$ 1.550,00**	**-R$ 1.550,00**	**-R$ 1.550,00**	**-R$ 1.550,00**	**-R$ 18.600,00**
RECEITAS DE INVESTIMENTOS	**R$ 2.000,00**	**R$ 2.000,00**	**R$ 2.000,00**	**R$ 2.000,00**	**R$ 2.000,00**	**R$ 2.000,00**	**R$ 24.000,00**
Aluguel de imóveis	R$ 2.000,00	R$ 2.000,00	R$ 2.000,00	R$ 2.000,00	R$ 2.000,00	R$ 2.000,00	R$ 24.000,00
Resgate de aplicações	R$ 0,00	R$ 0,00	R$ 0,00	R$ 0,00	R$ 0,00	R$ 0,00	R$ 0,00
Venda de ativos	R$ 0,00	R$ 0,00	R$ 0,00	R$ 0,00	R$ 0,00	R$ 0,00	R$ 0,00
DESEMBOLSOS DE INVESTIMENTOS	**-R$ 3.550,00**	**-R$ 3.550,00**	**-R$ 3.550,00**	**-R$ 3.550,00**	**-R$ 3.550,00**	**-R$ 3.550,00**	**-R$ 42.600,00**
Aplicação poupança	R$ 0,00	R$ 0,00	R$ 0,00	R$ 0,00	R$ 0,00	R$ 0,00	R$ 0,00
Compra apartamento	R$ 0,00	R$ 0,00	R$ 0,00	R$ 0,00	R$ 0,00	R$ 0,00	R$ 0,00
Compra terreno	R$ 0,00	R$ 0,00	R$ 0,00	R$ 0,00	R$ 0,00	R$ 0,00	R$ 0,00
Compra cabeças de gado	R$ 0,00	R$ 0,00	R$ 0,00	R$ 0,00	R$ 0,00	R$ 0,00	R$ 0,00
Aplicação renda fixa	-R$ 2.500,00	-R$ 2.500,00	-R$ 2.500,00	-R$ 2.500,00	-R$ 2.500,00	-R$ 2.500,00	-R$ 30.000,00
Aplicação em Dólar	-R$ 1.050,00	-R$ 1.050,00	-R$ 1.050,00	-R$ 1.050,00	-R$ 1.050,00	-R$ 1.050,00	-R$ 12.600,00
FLUXO DE FINANCIAMENTO	**-R$ 208,34**	**-R$ 208,34**	**-R$ 208,34**	**-R$ 208,34**	**-R$ 208,34**	**-R$ 208,34**	**-R$ 2.500,08**
RECEITAS DE FINANCIAMENTOS	**R$ 0,00**	**R$ 0,00**	**R$ 0,00**	**R$ 0,00**	**R$ 0,00**	**R$ 0,00**	**R$ 0,00**

Continua...

Continuação.

CONTAS	7	8	9	10	11	12	Total
Empréstimos Banco do Brasil	R$ 0,00	R$ 0,00	R$ 0,00	R$ 0,00	R$ 0,00	R$ 0,00	R$ 0,00
Empréstimo Parente	R$ 0,00	R$ 0,00	R$ 0,00	R$ 0,00	R$ 0,00	R$ 0,00	R$ 0,00
DESEMBOLSOS DE FINANCIAMENTOS	**-R$ 208,34**	**-R$ 208,34**	**-R$ 208,34**	**-R$ 208,34**	**-R$ 208,34**	**-R$ 208,34**	**-R$ 2.500,08**
Pagamento de empréstimos Banco do Brasil - juros	-R$ 41,67	-R$ 41,67	-R$ 41,67	-R$ 41,67	-R$ 41,67	-R$ 41,67	-R$ 500,04
Pagamento de empréstimos Banco do Brasil - principal	-R$ 166,67	-R$ 166,67	-R$ 166,67	-R$ 166,67	-R$ 166,67	-R$ 166,67	-R$ 2.000,04
RESULTADO TOTAL	**R$ 1.759,00**	**R$ 1.759,00**	**R$ 1.759,00**	**R$ 1.759,00**	**R$ 1.759,00**	**R$ 1.759,00**	**R$ 21.108,00**

Tabela 12.15: Fluxo de Caixa Projetado Mês 7 a Mês 12

Com o fluxo anual projetado, observamos a seguir algumas informações anualizadas:

- O fluxo projetado apresenta receitas laborais na ordem de R$114.840,00.
- Desembolsos fixos obrigatórios no valor de R$49.796,04, tendo como principais despesas fixas o aluguel e o salário da empregada doméstica.
- Desembolsos variáveis obrigatórios na ordem de R$19.259,98, nos quais destacam-se as despesas com mercado e energia elétrica.
- Os desembolsos fixos não obrigatórios são da ordem de R$3.576,00, tendo como principais despesas a TV a Cabo e a plano de celular.
- Os desembolsos variáveis não obrigatórios estão zerados, o que não é recomendado. Todos precisamos de lazer.
- Desta forma, teremos um fluxo cotidiano anualizado superavitário no valor de R$42.208,08.
- O fluxo de investimentos, embora negativo em R$18.000,00, significa que a família aplicou valores superiores a receitas de investimentos, que, no caso apresentado, é o aluguel. No caso apresentado, as receitas de investimentos foram no montante de R$24.000,00 e os desembolsos com investimentos no valor de R$42.600,00, sendo R$30.000,00 em renda fixa e R$12.600,00 em dólar.
- No que se refere ao fluxo de financiamento, temos apenas o pagamento do empréstimo no valor de R$2.500,00.

Com as informações colocadas, teremos no fim do ano um resultado positivo de R$21.108,00, sugerindo que poderíamos ter investido mais ou ter um pouco mais de liberdade para gastar.

A grande questão neste momento é que ainda estamos trabalhando na fase de planejamento. Precisamos, portanto, saber se o planejado será realizado.

12.5. Acompanhamento e controle do realizado

Esta parte do modelo nos permite acompanhar e controlar a execução do que foi planejado. Esta execução poderá ser feita de forma mensal ou diária, conforme as suas necessidades de controle.

Para preencher de forma sumarizada, você pode registrar todas as informações no último dia do mês, de cada mês. A desvantagem desta metodologia é que você só terá as informações no fim do mês, perdendo o controle diário das suas contas. O ideal, ainda que muito mais trabalhoso, seria fazer o registro diariamente, em cada dia. Com isto, o usuário teria a informação mais precisa possível, inclusive indicando exatamente em que dia eventualmente ele teria falta de caixa para honrar os compromissos.

Vejamos no exemplo a seguir o preenchimento de um mês até o dia 10.

Fluxo de caixa diário realizado 2015

CONTAS	01/01/15	02/01/15	03/01/15	04/01/15	05/01/15	06/01/15	07/01/15	08/01/15	09/01/15	10/01/15
FLUXO COTIDIANO	**R$ 5.000,00**	**R$ 2.300,00**	**R$ 0,00**	**R$ 0,00**	**-R$ 2.149,67**	**-R$ 170,00**	**R$ 0,00**	**R$ 0,00**	**R$ 0,00**	**-R$ 1.900,00**
RECEITAS DE ATIVIDADES LABORAIS	**R$ 5.000,00**	**R$ 2.300,00**	**R$ 0,00**	**R$ 0,00**	**R$ 0,00**	**R$ 0,00**	**R$ 0,00**	**R$ 0,00**	**R$ 0,00**	**R$ 400,00**
Salário esposa	R$ 2.000,00									
Comissão		R$ 300,00								R$ 400,00
Salário marido	R$ 3.000,00									
Consultorias		R$ 2.000,00								
DESEMBOLSOS FIXOS OBRIGATÓRIOS	**R$ 0,00**	**R$ 0,00**	**R$ 0,00**	**R$ 0,00**	**-R$ 2.149,67**	**R$ 0,00**	**R$ 0,00**	**R$ 0,00**	**R$ 0,00**	**-R$ 1.500,00**
Condomínio										-R$ 300,00
Mensalidade escolar filho 1										-R$ 400,00
Plano de saúde										
Salário empregado(a)					-R$ 949,67					
Aluguel					-R$ 1.200,00					

Continua...

Continuação.

CONTAS	01/01/15	02/01/15	03/01/15	04/01/15	05/01/15	06/01/15	07/01/15	08/01/15	09/01/15	10/01/15
Mensalidade escolar filho 2										-R$ 400,00
Mensalidade escolar filho 3										-R$ 400,00
Curso de Inglês										
DESEMBOLSOS VARIÁVEIS OBRIGATÓRIOS	R$ 0,00	R$ 0,00	R$ 0,00	R$ 0,00	R$ 0,00	-R$ 170,00	R$ 0,00	R$ 0,00	R$ 0,00	-R$ 800,00
Água/esgoto										
Combustível						-R$ 170,00				
Energia elétrica										
Material escolar										-R$ 50,00
Mercado										-R$ 750,00
Remédios										
Telefonia										
Tributos										
Vestuário										
DESEMBOLSOS FIXOS NÃO OBRIGATÓRIOS	R$ 0,00	R$ 0,00	R$ 0,00	R$ 0,00	R$ 0,00	R$ 0,00	R$ 0,00	R$ 0,00	R$ 0,00	R$ 0,00
Assinatura de revistas										
TV a cabo										
Internet										
Academia										
Assinatura Jornal										
Plano Celular com valor fixo										
DESEMBOLSOS VARIÁVEIS NÃO OBRIGATÓRIOS	R$ 0,00	R$ 0,00	R$ 0,00	R$ 0,00	R$ 0,00	R$ 0,00	R$ 0,00	R$ 0,00	R$ 0,00	R$ 0,00
Almoços/jantares fora										
Praia										
Viagens										
Restaurantes										
Cinema										
FLUXO DE INVESTIMENTOS	R$ 0,00	R$ 0,00	R$ 0,00	R$ 0,00	R$ 0,00	R$ 0,00	R$ 0,00	R$ 0,00	R$ 0,00	R$ 0,00
RECEITAS DE INVESTIMENTOS	R$ 0,00	R$ 0,00	R$ 0,00	R$ 0,00	R$ 0,00	R$ 0,00	R$ 0,00	R$ 0,00	R$ 0,00	R$ 0,00
Aluguel de imóveis										
Resgate de aplicações										
Venda de ativos										
DESEMBOLSOS DE INVESTIMENTOS	R$ 0,00	R$ 0,00	R$ 0,00	R$ 0,00	R$ 0,00	R$ 0,00	R$ 0,00	R$ 0,00	R$ 0,00	R$ 0,00
Aplicação poupança										
Compra apartamento										

Continua...

Continuação.

CONTAS	01/01/15	02/01/15	03/01/15	04/01/15	05/01/15	06/01/15	07/01/15	08/01/15	09/01/15	10/01/15
Compra terreno										
Compra cabeças de gado										
Aplicação renda fixa										
Aplicação em Dólar										
FLUXO DE FINANCIAMENTO	R$ 0,00	R$ 0,00	R$ 0,00	R$ 0,00	R$ 0,00	R$ 0,00	R$ 0,00	-R$ 208,34	R$ 0,00	R$ 0,00
RECEITAS DE FINANCIAMENTOS	R$ 0,00	R$ 0,00	R$ 0,00	R$ 0,00	R$ 0,00	R$ 0,00	R$ 0,00	R$ 0,00	R$ 0,00	R$ 0,00
Empréstimos Banco do Brasil										
Empréstimo Parente										
DESEMBOLSOS DE FINANCIAMENTOS	R$ 0,00	R$ 0,00	R$ 0,00	R$ 0,00	R$ 0,00	R$ 0,00	R$ 0,00	-R$ 208,34	R$ 0,00	R$ 0,00
Pagamento de empréstimos Banco do Brasil - juros								-R$ 41,67		
Pagamento de empréstimos Banco do Brasil - principal								-R$ 166,67		
RESULTADO TOTAL	R$ 5.000,00	R$ 2.300,00	R$ 0,00	R$ 0,00	-R$ 2.149,67	-R$ 170,00	R$ 0,00	-R$ 208,34	R$ 0,00	-R$ 1.900,00

Tabela 12.16: Fluxo de Caixa Diário Realizado

A planilha FC Diário Realizado nos mostra como foram os nossos gastos no dia a dia. O que podemos mostrar é que, em alguns dias, os nossos resultados são positivos e em outros são negativos. Isto pode ser visto nas contas fluxo cotidiano e resultado total.

No exemplo apresentado, os dois primeiros dias do mês são superavitários. No terceiro e quarto dias, não sobra nada. Os resultados são deficitários nos dias 5, 6 e 10. O resultado efetivo do mês pode ser visto na planilha de fluxo anualizado realizado.

12.5.1. Fluxo anual realizado

A planilha FC Anual Realizado faz a consolidação das informações digitadas na planilha FC Diário Realizado. Esta consolidação é feita de forma mensal, de acordo com exemplo a seguir:

Fluxo de caixa anual realizado 2015

CONTAS	1	2
FLUXO COTIDIANO	**R$ 2.750,33**	**R$ 1.640,00**
RECEITAS DE ATIVIDADES LABORAIS	**R$ 9.100,00**	**R$ 8.100,00**
Salário esposa	R$ 2.000,00	R$ 2.200,00
Comissão	R$ 800,00	R$ 400,00
Salário marido	R$ 3.000,00	R$ 3.000,00
Consultorias	R$ 3.300,00	R$ 2.500,00
DESEMBOLSOS FIXOS OBRIGATÓRIOS	**-R$ 4.149,67**	**-R$ 4.200,00**
Condomínio	-R$ 300,00	-R$ 300,00
Mensalidade escolar filho 1	-R$ 400,00	-R$ 400,00
Plano de saúde	-R$ 500,00	-R$ 500,00
Salário empregado(a)	-R$ 949,67	-R$ 1.000,00
Aluguel	-R$ 1.200,00	-R$ 1.200,00
Mensalidade escolar filho 2	-R$ 400,00	-R$ 400,00
Mensalidade escolar filho 3	-R$ 400,00	-R$ 400,00
Curso de Inglês	R$ 0,00	R$ 0,00
DESEMBOLSOS VARIÁVEIS OBRIGATÓRIOS	**-R$ 1.700,00**	**-R$ 1.700,00**
Água/esgoto	R$ 0,00	R$ 0,00
Combustível	-R$ 290,00	-R$ 250,00
Energia elétrica	-R$ 400,00	-R$ 400,00
Material escolar	-R$ 140,00	-R$ 170,00
Mercado	-R$ 750,00	-R$ 750,00
Remédios	-R$ 120,00	-R$ 130,00
Telefonia	R$ 0,00	R$ 0,00
Tributos	R$ 0,00	R$ 0,00
Vestuário	R$ 0,00	R$ 0,00
DESEMBOLSOS FIXOS NÃO OBRIGATÓRIOS	**-R$ 350,00**	**-R$ 310,00**
Assinatura de revistas	R$ 0,00	R$ 0,00
TV a cabo	-R$ 180,00	-R$ 150,00
Internet	-R$ 50,00	-R$ 50,00
Academia	R$ 0,00	R$ 0,00
Assinatura Jornal	R$ 0,00	R$ 0,00
Plano Celular com valor fixo	-R$ 120,00	-R$ 110,00
DESEMBOLSOS VARIÁVEIS NÃO OBRIGATÓRIOS	**-R$ 150,00**	**-R$ 250,00**
Almoços/jantares fora	-R$ 120,00	R$ 0,00

Continua...

Continuação.

CONTAS	1	2
Praia	-R$ 30,00	-R$ 50,00
Viagens	R$ 0,00	-R$ 200,00
Restaurantes	R$ 0,00	R$ 0,00
Cinema	R$ 0,00	R$ 0,00
FLUXO DE INVESTIMENTOS	**-R$ 1.550,00**	**-R$ 1.550,00**
RECEITAS DE INVESTIMENTOS	**R$ 2.000,00**	**R$ 2.000,00**
Aluguel de imóveis	R$ 2.000,00	R$ 2.000,00
Resgate de aplicações	R$ 0,00	R$ 0,00
Venda de ativos	R$ 0,00	R$ 0,00
DESEMBOLSOS DE INVESTIMENTOS	**-R$ 3.550,00**	**-R$ 3.550,00**
Aplicação poupança	R$ 0,00	R$ 0,00
Compra apartamento	R$ 0,00	R$ 0,00
Compra terreno	R$ 0,00	R$ 0,00
Compra cabeças de gado	R$ 0,00	R$ 0,00
Aplicação renda fixa	-R$ 2.500,00	-R$ 2.500,00
Aplicação em Dólar	-R$ 1.050,00	-R$ 1.050,00
FLUXO DE FINANCIAMENTO	**-R$ 208,34**	**-R$ 208,34**
RECEITAS DE FINANCIAMENTOS	**R$ 0,00**	**R$ 0,00**
Empréstimos Banco do Brasil	R$ 0,00	R$ 0,00
Empréstimo Parente	R$ 0,00	R$ 0,00
DESEMBOLSOS DE FINANCIAMENTOS	**-R$ 208,34**	**-R$ 208,34**
Pagamento de empréstimos Banco do Brasil - juros	-R$ 41,67	-R$ 41,67
Pagamento de empréstimos Banco do Brasil - principal	-R$ 166,67	-R$ 166,67
RESULTADO TOTAL	**R$ 991,99**	**-R$ 118,34**

Tabela 12.17: Fluxo de Caixa Mês 1 e 2 Realizado

No exemplo anterior, verificamos qual foi o comportamento mensal de cada conta. Por exemplo, a conta receitas de atividades laborais foi maior no primeiro mês do que no segundo mês. Este resultado foi decorrente das contas comissão e consultorias, cujos valores foram menores.

Podemos também fazer este tipo de análise com os desembolsos realizados, tanto em termos de grupo de desembolsos como nas contas de forma individualizada. Observamos que os desembolsos obrigatórios ficaram estáveis e o grupo de contas desembolsos fixos não obrigatórios e desembolsos variáveis não obrigatórios tiveram redução do primeiro mês para o segundo mês.

E, em termos de fluxos de investimento e de financiamento, estes se mantiveram estáveis nos dois meses analisados.

Quando avaliamos os resultados por meio do comportamento das contas fluxo cotidiano e resultado total, verificamos que, no primeiro mês, estes valores são superavitários e, no segundo mês, foram deficitários. Podemos agora ver o resultado do ano na coluna total.

12.5.2. Fluxo anual realizado total

Ao preenchermos diariamente a planilha FC Diário Realizado, teremos, como já mencionado, o valor consolidado de cada mês, gerando também o resultado anualizado na coluna total. Vejamos no exemplo a seguir o resultado total de dois meses:

Fluxo de caixa anual realizado 2015

CONTAS	1	2	Total
FLUXO COTIDIANO	R$ 2.750,33	R$ 1.640,00	R$ 4.390,33
RECEITAS DE ATIVIDADES LABORAIS	R$ 9.100,00	R$ 8.100,00	R$ 17.200,00
Salário esposa	R$ 2.000,00	R$ 2.200,00	R$ 4.200,00
Comissão	R$ 800,00	R$ 400,00	R$ 1.200,00
Salário marido	R$ 3.000,00	R$ 3.000,00	R$ 6.000,00
Consultorias	R$ 3.300,00	R$ 2.500,00	R$ 5.800,00
DESEMBOLSOS FIXOS OBRIGATÓRIOS	-R$ 4.149,67	-R$ 4.200,00	-R$ 8.349,67
Condomínio	-R$ 300,00	-R$ 300,00	-R$ 600,00
Mensalidade escolar filho 1	-R$ 400,00	-R$ 400,00	-R$ 800,00
Plano de saúde	-R$ 500,00	-R$ 500,00	-R$ 1.000,00
Salário empregado(a)	-R$ 949,67	-R$ 1.000,00	-R$ 1.949,67
Aluguel	-R$ 1.200,00	-R$ 1.200,00	-R$ 2.400,00
Mensalidade escolar filho 2	-R$ 400,00	-R$ 400,00	-R$ 800,00
Mensalidade escolar filho 3	-R$ 400,00	-R$ 400,00	-R$ 800,00
Curso de Inglês	R$ 0,00	R$ 0,00	R$ 0,00
DESEMBOLSOS VARIÁVEIS OBRIGATÓRIOS	-R$ 1.700,00	-R$ 1.700,00	-R$ 3.400,00
Água/esgoto	R$ 0,00	R$ 0,00	R$ 0,00
Combustível	-R$ 290,00	-R$ 250,00	-R$ 540,00

Continua...

Continuação.

CONTAS	1	2	Total
Energia elétrica	-R$ 400,00	-R$ 400,00	-R$ 800,00
Material escolar	-R$ 140,00	-R$ 170,00	-R$ 310,00
Mercado	-R$ 750,00	-R$ 750,00	-R$ 1.500,00
Remédios	-R$ 120,00	-R$ 130,00	-R$ 250,00
Telefonia	R$ 0,00	R$ 0,00	R$ 0,00
Tributos	R$ 0,00	R$ 0,00	R$ 0,00
Vestuário	R$ 0,00	R$ 0,00	R$ 0,00
DESEMBOLSOS FIXOS NÃO OBRIGATÓRIOS	**-R$ 350,00**	**-R$ 310,00**	**-R$ 660,00**
Assinatura de revistas	R$ 0,00	R$ 0,00	R$ 0,00
TV a cabo	-R$ 180,00	-R$ 150,00	-R$ 330,00
Internet	-R$ 50,00	-R$ 50,00	-R$ 100,00
Academia	R$ 0,00	R$ 0,00	R$ 0,00
Assinatura Jornal	R$ 0,00	R$ 0,00	R$ 0,00
Plano Celular com valor fixo	-R$ 120,00	-R$ 110,00	-R$ 230,00
DESEMBOLSOS VARIÁVEIS NÃO OBRIGATÓRIOS	**-R$ 150,00**	**-R$ 250,00**	**-R$ 400,00**
Almoços/jantares fora	-R$ 120,00	R$ 0,00	-R$ 120,00
Praia	-R$ 30,00	-R$ 50,00	-R$ 80,00
Viagens	R$ 0,00	-R$ 200,00	-R$ 200,00
Restaurantes	R$ 0,00	R$ 0,00	R$ 0,00
Cinema	R$ 0,00	R$ 0,00	R$ 0,00
FLUXO DE INVESTIMENTOS	**-R$ 1.550,00**	**-R$ 1.550,00**	**-R$ 3.100,00**
RECEITAS DE INVESTIMENTOS	**R$ 2.000,00**	**R$ 2.000,00**	**R$ 4.000,00**
Aluguel de imóveis	R$ 2.000,00	R$ 2.000,00	R$ 4.000,00
Resgate de aplicações	R$ 0,00	R$ 0,00	R$ 0,00
Venda de ativos	R$ 0,00	R$ 0,00	R$ 0,00
DESEMBOLSOS DE INVESTIMENTOS	**-R$ 3.550,00**	**-R$ 3.550,00**	**-R$ 7.100,00**
Aplicação poupança	R$ 0,00	R$ 0,00	R$ 0,00
Compra apartamento	R$ 0,00	R$ 0,00	R$ 0,00
Compra terreno	R$ 0,00	R$ 0,00	R$ 0,00
Compra cabeças de gado	R$ 0,00	R$ 0,00	R$ 0,00
Aplicação renda fixa	-R$ 2.500,00	-R$ 2.500,00	-R$ 5.000,00
Aplicação em Dólar	-R$ 1.050,00	-R$ 1.050,00	-R$ 2.100,00
FLUXO DE FINANCIAMENTO	**-R$ 208,34**	**-R$ 208,34**	**-R$ 416,68**
RECEITAS DE FINANCIAMENTOS	**R$ 0,00**	**R$ 0,00**	**R$ 0,00**

Continua...

Continuação.

CONTAS	1	2	Total
Empréstimos Banco do Brasil	R$ 0,00	R$ 0,00	R$ 0,00
Empréstimo Parente	R$ 0,00	R$ 0,00	R$ 0,00
DESEMBOLSOS DE FINANCIAMENTOS	**-R$ 208,34**	**-R$ 208,34**	**-R$ 416,68**
Pagamento de empréstimos Banco do Brasil - juros	-R$ 41,67	-R$ 41,67	-R$ 83,34
Pagamento de empréstimos Banco do Brasil - principal	-R$ 166,67	-R$ 166,67	-R$ 333,34
RESULTADO TOTAL	**R$ 991,99**	**-R$ 118,34**	**R$ 873,65**

Tabela 12.18: Fluxo de Caixa Mês 1 e 2 Realizado Com Total

Analisando o exemplo anterior, temos os resultados dos meses 1 e 2 e o resultado total do período. O que podemos observar é que o resultado negativo do segundo mês foi compensado pelo resultado positivo do primeiro mês.

Precisamos entender que, ao analisarmos os nossos resultados, temos resultados pontuais que podem ser positivos ou negativos e podemos ter resultados globais diferentes. O modelo permite uma análise diária, mensal e anual.

Uma outra análise importante é o confronto entre o realizado e o planejado. Esta análise é feita no modelo na planilha FC Realizado – Projetado.

12.5.3. Realizado x Projetado

A análise do realizado versus o projetado no modelo ocorre pela diferença entre o fluxo de caixa realizado e o fluxo de caixa projetado. Quando o valor da diferença for zero, ou bem próximo a zero, significa que o realizado foi igual ao projetado (ou bem próximo a ele). Quando o valor for maior do que zero, significa que o realizado foi maior do que o projetado. Quando for menor, significa que o realizado foi menor do que o projetado.

O realizado ser maior do que o projetado pode ser bom ou ruim. Quando falamos de receitas, o realizado ser maior do que o projetado é bom, significando que ganhamos mais do que o planejado. Entretanto, quando falamos de desembolsos (despesas), isto é ruim, pois significa que gastamos mais do que o planejado.

Vejamos o exemplo a seguir do confronto dos dois meses iniciais entre planejado e realizado:

Fluxo de caixa anual realizado menos projetado 2015

CONTAS	1	2
FLUXO COTIDIANO	**-R$ 767,01**	**-R$ 1.877,34**
RECEITAS DE ATIVIDADES LABORAIS	**-R$ 470,00**	**-R$ 1.470,00**
Salário esposa	-R$ 200,00	R$ 0,00
Comissão	-R$ 70,00	-R$ 470,00
Salário marido	R$ 0,00	R$ 0,00
Consultorias	-R$ 200,00	-R$ 1.000,00
DESEMBOLSOS FIXOS OBRIGATÓRIOS	**R$ 0,00**	**-R$ 50,33**
Condomínio	R$ 0,00	R$ 0,00
Mensalidade escolar filho 1	R$ 0,00	R$ 0,00
Plano de saúde	R$ 0,00	R$ 0,00
Salário empregado(a)	R$ 0,00	-R$ 50,33
Aluguel	R$ 0,00	R$ 0,00
Mensalidade escolar filho 2	R$ 0,00	R$ 0,00
Mensalidade escolar filho 3	R$ 0,00	R$ 0,00
Curso de Inglês	R$ 0,00	R$ 0,00
DESEMBOLSOS VARIÁVEIS OBRIGATÓRIOS	**-R$ 95,01**	**-R$ 95,01**
Água/esgoto	R$ 0,00	R$ 0,00
Combustível	-R$ 80,00	-R$ 40,00
Energia elétrica	-R$ 9,17	-R$ 9,17
Material escolar	R$ 5,83	-R$ 24,17
Mercado	-R$ 25,00	-R$ 25,00
Remédios	R$ 13,33	R$ 3,33
Telefonia	R$ 0,00	R$ 0,00
Tributos	R$ 0,00	R$ 0,00
Vestuário	R$ 0,00	R$ 0,00
DESEMBOLSOS FIXOS NÃO OBRIGATÓRIOS	**-R$ 52,00**	**-R$ 12,00**
Assinatura de revistas	R$ 0,00	R$ 0,00
TV a cabo	-R$ 40,00	-R$ 10,00
Internet	R$ 0,00	R$ 0,00
Academia	R$ 0,00	R$ 0,00
Assinatura Jornal	R$ 0,00	R$ 0,00
Plano Celular com valor fixo	-R$ 12,00	-R$ 2,00
DESEMBOLSOS VARIÁVEIS NÃO OBRIGATÓRIOS	**-R$ 150,00**	**-R$ 250,00**

Continua...

Continuação.

CONTAS	1	2
Almoços/jantares fora	-R$ 120,00	R$ 0,00
Praia	-R$ 30,00	-R$ 50,00
Viagens	R$ 0,00	-R$ 200,00
Restaurantes	R$ 0,00	R$ 0,00
Cinema	R$ 0,00	R$ 0,00
FLUXO DE INVESTIMENTOS	**R$ 0,00**	**R$ 0,00**
RECEITAS DE INVESTIMENTOS	**R$ 0,00**	**R$ 0,00**
Aluguel de imóveis	R$ 0,00	R$ 0,00
Resgate de aplicações	R$ 0,00	R$ 0,00
Venda de ativos	R$ 0,00	R$ 0,00
DESEMBOLSOS DE INVESTIMENTOS	**R$ 0,00**	**R$ 0,00**
Aplicação poupança	R$ 0,00	R$ 0,00
Compra apartamento	R$ 0,00	R$ 0,00
Compra terreno	R$ 0,00	R$ 0,00
Compra cabeças de gado	R$ 0,00	R$ 0,00
Aplicação renda fixa	R$ 0,00	R$ 0,00
Aplicação em Dólar	R$ 0,00	R$ 0,00
FLUXO DE FINANCIAMENTO	**R$ 0,00**	**R$ 0,00**
RECEITAS DE FINANCIAMENTOS	**R$ 0,00**	**R$ 0,00**
Empréstimos Banco do Brasil	R$ 0,00	R$ 0,00
Empréstimo Parente	R$ 0,00	R$ 0,00
DESEMBOLSOS DE FINANCIAMENTOS	**R$ 0,00**	**R$ 0,00**
Pagamento de empréstimos Banco do Brasil - juros	R$ 0,00	R$ 0,00
Pagamento de empréstimos Banco do Brasil - principal	R$ 0,00	R$ 0,00
RESULTADO TOTAL	**-R$ 767,01**	**-R$ 1.877,34**

Tabela 12.19: Fluxo de Caixa Realizado Menos O Projetado Mês 1 e Mês 2

Analisando o exemplo anterior, verificamos que as receitas realizadas foram inferiores às planejadas nos dois meses. O mesmo ocorreu com as despesas o que gerou resultado negativos.

Na análise do fluxo de investimentos e do fluxo de financiamento, o realizado foi igual ao projetado

Quando analisamos as contas de resultados gerais que são o fluxo cotidiano e o resultado total, o realizado está aquém do planejado.

O resultado final da diferença entre o realizado e o projetado no período, é apresentado na coluna total. Vejamos um exemplo a seguir.

Fluxo de caixa anual realizado menos projetado 2015

CONTAS	1	2	Total
FLUXO COTIDIANO	**-R$ 767,01**	**-R$ 1.877,34**	**-R$ 2.017,75**
RECEITAS DE ATIVIDADES LABORAIS	**-R$ 470,00**	**-R$ 1.470,00**	**-R$ 1.640,00**
Salário esposa	-R$ 200,00	R$ 0,00	R$ 0,00
Comissão	-R$ 70,00	-R$ 470,00	-R$ 440,00
Salário marido	R$ 0,00	R$ 0,00	R$ 0,00
Consultorias	-R$ 200,00	-R$ 1.000,00	-R$ 1.200,00
DESEMBOLSOS FIXOS OBRIGATÓRIOS	**R$ 0,00**	**-R$ 50,33**	**-R$ 203,63**
Condomínio	R$ 0,00	R$ 0,00	-R$ 50,00
Mensalidade escolar filho 1	R$ 0,00	R$ 0,00	R$ 0,00
Plano de saúde	R$ 0,00	R$ 0,00	R$ 0,00
Salário empregado(a)	R$ 0,00	-R$ 50,33	-R$ 153,63
Aluguel	R$ 0,00	R$ 0,00	R$ 0,00
Mensalidade escolar filho 2	R$ 0,00	R$ 0,00	R$ 0,00
Mensalidade escolar filho 3	R$ 0,00	R$ 0,00	R$ 0,00
Curso de Inglês	R$ 0,00	R$ 0,00	R$ 0,00
DESEMBOLSOS VARIÁVEIS OBRIGATÓRIOS	**-R$ 95,01**	**-R$ 95,01**	**R$ 459,88**
Água/esgoto	R$ 0,00	R$ 0,00	R$ 0,00
Combustível	-R$ 80,00	-R$ 40,00	-R$ 20,00
Energia elétrica	-R$ 9,17	-R$ 9,17	-R$ 110,04
Material escolar	R$ 5,83	-R$ 24,17	R$ 139,96
Mercado	-R$ 25,00	-R$ 25,00	R$ 200,00
Remédios	R$ 13,33	R$ 3,33	R$ 249,96
Telefonia	R$ 0,00	R$ 0,00	R$ 0,00
Tributos	R$ 0,00	R$ 0,00	R$ 0,00
Vestuário	R$ 0,00	R$ 0,00	R$ 0,00
DESEMBOLSOS FIXOS NÃO OBRIGATÓRIOS	**-R$ 52,00**	**-R$ 12,00**	**R$ 166,00**
Assinatura de revistas	R$ 0,00	R$ 0,00	R$ 0,00
TV a cabo	-R$ 40,00	-R$ 10,00	R$ 50,00
Internet	R$ 0,00	R$ 0,00	R$ 50,00

Continua...

Continuação.

CONTAS	1	2	Total
Academia	R$ 0,00	R$ 0,00	R$ 0,00
Assinatura Jornal	R$ 0,00	R$ 0,00	R$ 0,00
Plano Celular com valor fixo	-R$ 12,00	-R$ 2,00	R$ 66,00
DESEMBOLSOS VARIÁVEIS NÃO OBRIGATÓRIOS	**-R$ 150,00**	**-R$ 250,00**	**-R$ 800,00**
Almoços/jantares fora	-R$ 120,00	R$ 0,00	-R$ 120,00
Praia	-R$ 30,00	-R$ 50,00	-R$ 180,00
Viagens	R$ 0,00	-R$ 200,00	-R$ 500,00
Restaurantes	R$ 0,00	R$ 0,00	R$ 0,00
Cinema	R$ 0,00	R$ 0,00	R$ 0,00
FLUXO DE INVESTIMENTOS	**R$ 0,00**	**R$ 0,00**	**R$ 0,00**
RECEITAS DE INVESTIMENTOS	R$ 0,00	R$ 0,00	R$ 0,00
Aluguel de imóveis	R$ 0,00	R$ 0,00	R$ 0,00
Resgate de aplicações	R$ 0,00	R$ 0,00	R$ 0,00
Venda de ativos	R$ 0,00	R$ 0,00	R$ 0,00
DESEMBOLSOS DE INVESTIMENTOS	**R$ 0,00**	**R$ 0,00**	**R$ 0,00**
Aplicação poupança	R$ 0,00	R$ 0,00	R$ 0,00
Compra apartamento	R$ 0,00	R$ 0,00	R$ 0,00
Compra terreno	R$ 0,00	R$ 0,00	R$ 0,00
Compra cabeças de gado	R$ 0,00	R$ 0,00	R$ 0,00
Aplicação renda fixa	R$ 0,00	R$ 0,00	R$ 0,00
Aplicação em Dólar	R$ 0,00	R$ 0,00	R$ 0,00
FLUXO DE FINANCIAMENTO	**R$ 0,00**	**R$ 0,00**	**-R$ 1,10**
RECEITAS DE FINANCIAMENTOS	**R$ 0,00**	**R$ 0,00**	**R$ 0,00**
Empréstimos Banco do Brasil	R$ 0,00	R$ 0,00	R$ 0,00
Empréstimo Parente	R$ 0,00	R$ 0,00	R$ 0,00
DESEMBOLSOS DE FINANCIAMENTOS	**R$ 0,00**	**R$ 0,00**	**-R$ 1,10**
Pagamento de empréstimos Banco do Brasil - juros	R$ 0,00	R$ 0,00	-R$ 0,80
Pagamento de empréstimos Banco do Brasil - principal	R$ 0,00	R$ 0,00	-R$ 0,30
RESULTADO TOTAL	-R$ 767,01	-R$ 1.877,34	-R$ 2.018,85

Tabela 12.20: Fluxo de Caixa Realizado Menos O Projetado Mês 1, Mês 2 e Total

Analisando o exemplo anterior, verificamos que, ao final do período, o realizado de algumas contas se comportou igual ao planejado, ou seja, a diferença foi zero. Como maior exemplo, temos os investimentos.

Algumas contas tiveram na sua execução valores abaixo do planejado, o que gerou resultados negativos como, por exemplo as contas de receitas.

Outras contas tiveram valores realizados maiores que os projetados, pois os valores totais foram positivos e no caso das despesas isto não é bom. Como, por exemplo, as despesas realizadas com remédios, que foram superiores às planejadas.

Nos resultados finais do exemplo apresentado, as contas resultado cotidiano e resultado total ficam abaixo do planejado, gerando resultados negativos

Os resultados do realizado terão reflexo na disponibilidade e nos ativos realizados.

12.5.4. Disponibilidades realizadas

Na planilha Disponibilidades Realizado, registramos os resultados atuais após a realização do planejado. Vejamos o exemplo a seguir:

Disponibilidades

Denominação	Tipo *	Instituição financeira	Valor atual *	Observação
Conta Banco	Conta corrente	Bradesco	R$ 20.000,00	
Caixa em casa	Dinheiro		R$ 1.200,00	Dinheiro em casa para despesas

Quadro 12.22: Disponibilidades Realizadas

Ao final do período realizado, a família tem R$20.000,00 na conta corrente e R$1.200,00 em dinheiro. Vamos ver como ficamos com os ativos financeiros e não financeiros.

12.5.5. Ativos financeiros

Na planilha Ativos Financeiros Realizado, registramos a situação atual da planilha após a execução do planejado. Vejamos o exemplo a seguir:

Ativos financeiros

Produto financeiro	Tipo *	Instituição financeira	Data de investimento	Valor inicial	Valor atual *
Fundo Bradesco	Renda fixa	Bradesco		R$ 15.000,00	R$ 16.500,00
Fundo Investimento	Renda fixa	BB			R$ 32.000,00
Poupança	Caderneta de poupança	CEF		R$ 5.000,00	R$ 5.320,00

Quadro 12.23: Ativos Financeiros Realizados

Temos então o fundo de investimento do Bradesco que tinha R$15.000,00 e agora tem R$16.000,00. O surgimento do fundo do Bradesco com R$32.000,00 e a poupança que tem R$5.320,00. Observamos que algumas aplicações tiveram apenas a rentabilidade do período e outras receberam aporte.

12.5.6. Ativos não financeiros

Na planilha Ativos Não Financeiros Realizado, registramos no modelo os valores atualizados dos ativos não financeiros. Vejamos o exemplo a seguir:

Ativos

Descrição	Tipo *	Data compra	Fornecedor	Valor compra	Valor atual *	Observação
Apartamento dois quartos	Imóvel - apartamento	10/05/2010		R$ 100.000,00	R$ 190.000,00	Encontra-se alugado
Carro	Veículo	05/06/2015		R$ 35.000,00	R$ 33.000,00	O carro velho foi trocado por um novo
Terreno Serra	Imóvel - terreno	01/01/2008		R$ 10.000,00	R$ 55.000,00	

Quadro 12.24: Ativos Não Financeiros Realizados

O que podemos observar é que alguns ativos se valorizaram ao longo do período e que também tivemos a troca de um ativo que foi o carro.

12.5.7. Previdência

Além das planilhas de ativos financeiros e não financeiros, o modelo também contempla a previdência realizada. No modelo, separamos os fundos de previdência dos ativos financeiros, pois entende-se que a previdência tem o objetivo de longo prazo. Vejamos o exemplo a seguir:

Planos de previdência

Plano	Tipo *	Instituição financeira	Valor inicial	Valor atual *	Data de contratação	Observação
Previdência	PGBL	Bradesco	R$ 10.000,00	R$ 11.000,00		Não apliquei este ano

Quadro 12.25: Previdência Realizada

Verificamos que, no período em questão, a família não realizou aporte na previdência. O que temos basicamente é a rentabilidade

12.5.8. Dívidas

As dívidas da família ao final do período realizado são registradas no modelo na planilha Dívidas Realizado. Vejamos o exemplo a seguir:

Dívidas

Descrição	Tipo de dívida *	Credor	Data da dívida	Taxa de juros	Valor do principal	Valor remanescente *	Observação
Mastercard	Cartão de crédito			14,00%		R$ 3.000,00	Dívida total do cartão que está sendo pago em dia
Visa	Cartão de crédito			14,00%		R$ 1.000,00	Dívida total do cartão que está sendo pago em dia
Empréstimo Familiar	Empréstimo pessoal				R$ 15.000,00	R$ 8.000,00	Devendo ao pai

Quadro 12.26: Dívidas Realizadas

A nova situação indica que a família possui dívidas na ordem de R$11.000,00. O principal valor é de uma dívida familiar ainda não paga.

12.5.9. Análise da situação realizada

Nesta fase do modelo, podemos verificar a situação da família após a execução do que foi planejado. As informações são apresentadas na planilha Análise Realizado.

O primeiro grupo de informações que temos relativos ao comportamento das contas no final período realizado. Vejamos o exemplo a seguir:

ANÁLISE REALIZADO	Familia Silva	
DISPONIBILIDADE	VALOR	PERC.
Conta Banco	R$ 20.000,00	94,34%
Caixa em casa	R$ 1.200,00	5,66%
TOTAL	R$ 21.200,00	100,00%

CONTAS	MÉDIA ANUAL	PERC.
FLUXO COTIDIANO	**R$ 40.190,33**	**210,54%**
RECEITAS DE ATIVIDADES LABORAIS	R$ 113.200,00	593,01%
DESEMBOLSOS FIXOS OBRIGATÓRIOS	-R$ 49.999,67	-261,93%
DESEMBOLSOS VARIÁVEIS OBRIGATÓRIOS	-R$ 18.800,00	-98,49%
DESEMBOLSOS FIXOS NÃO OBRIGATÓRIOS	-R$ 3.410,00	-17,86%
DESEMBOLSOS VARIÁVEIS NÃO OBRIGATÓRIOS	-R$ 800,00	-4,19%
FLUXO DE INVESTIMENTOS	**-R$ 18.600,00**	**-97,44%**
RECEITAS DE INVESTIMENTOS	R$ 24.000,00	125,73%
DESEMBOLSOS DE INVESTIMENTOS	-R$ 42.600,00	-223,16%
FLUXO DE FINANCIAMENTO	**-R$ 2.501,18**	**-13,10%**
RECEITAS DE FINANCIAMENTOS		
DESEMBOLSOS DE FINANCIAMENTOS	-R$ 2.501,18	-13,10%
RESULTADO TOTAL	**R$ 19.089,15**	**100,00%**

Tabela 12.21: Realizado — Análise da Situação

Observa-se que a família, ao final do período, tem disponibilidade de R$21.200,00. Ao longo do ano, ela gerou um fluxo cotidiano superavitário no valor de R$40.000,00.

No que se refere aos investimentos, a família auferiu receitas de R$24.000,00 e realizou investimentos financeiros de R$ 42.600,00. Ao final, a família gerou um superavit de R$19.089,00.

Podemos também analisar os ativos financeiros após a execução do planejado. Vejamos o exemplo a seguir:

FINANCEIROS	R$ 53.820,00
Caderneta de poupança	R$ 5.320,00
CDB	
Fundo DI	
Fundos multimercado	
Renda fixa	R$ 48.500,00
Tesouro direto	

Tabela 12.22: Ativos Financeiros Após o Realizado

A família tem ativos financeiros concentrados em renda fixa e com algum recurso em caderneta de poupança.

Esta mesma análise pode ser realizada com os ativos não financeiros, conforme tabela a seguir:

FINANCEIROS	R$ 53.820,00	15,70%
Caderneta de poupança	R$ 5.320,00	1,55%
CDB		
Fundo DI		
Fundos multimercado		
Renda fixa	R$ 48.500,00	14,15%
Tesouro direto		

Tabela 12.23: Ativos Não Financeiros Após o Realizado

Observa-se que os ativos não financeiros são de R$278.000,00, correspondendo a 81% dos ativos totais da família.

Além das disponibilidades e dos ativos, a planilha apresenta as informações sobre suas dívidas. Vejamos o exemplo a seguir:

DÍVIDAS	VALOR	VARIAÇÃO
Cartão de crédito	R$ 4.000,00	33,33%
CDC		
Cheque especial		
Empréstimo consignado		
Empréstimo pessoal	R$ 8.000,00	66,67%
TOTAL	**R$ 12.000,00**	**100,00%**

Tabela 12.24: Dívidas Após o Realizado

Analisando as informações sobre as dívidas, podemos observar que, na nova situação, elas estão concentradas em um empréstimo pessoal.

E, finalmente, temos um resumo da nova situação da empresa após a realização. Vejamos o exemplo a seguir na tabela resumo da planilha Análise Realizado:

RESUMO	VALOR
DISPONIBILIDADE	R$ 21.200,00
FINANCEIROS	R$ 53.820,00
PLANOS DE PREVIDÊNCIA	R$ 11.000,00
NÃO FINANCEIROS	R$ 278.000,00
DÍVIDAS	R$ 12.000,00
SALDO	**R$ 352.020,00**

Tabela 12.25: Tabela Resumo Após O Realizado

A família tem uma situação confortável pois, após pagar a dívidas, tem um saldo de R$352.000,00 e as disponibilidades superam as dívidas. Resumidamente, a família não tem problemas de liquidez.

O modelo nos permite fazer uma análise de como a família evoluiu confrontando a análise situacional com a nova situação após a execução do planejamento.

12.5.10. Situacional x realizado

A análise da situação anterior com a nova situação é apresentada no modelo na planilha Situacional x Realizado em diversas dimensões.

A primeira dimensão de informações trata da evolução das disponibilidades e da evolução dos diversos grupos de contas. Vejamos o exemplo a seguir:

Análise Situacional X Realizado

DISPONIBILIDADE	VALOR SITUACIONAL	VALOR REALIZADO	VARIAÇÃO
Conta Banco	R$ 23.000,00	R$ 20.000,00	-13,04%
Caixa em casa	R$ 924,00	R$ 1.200,00	29,87%
TOTAL	**R$ 23.924,00**	**R$ 21.200,00**	**-11,39%**

CONTAS	VALOR SITUACIONAL	VALOR REALIZADO	VARIAÇÃO
FLUXO COTIDIANO	**R$ 15.424,00**	**R$ 40.190,33**	**160,57%**
RECEITAS DE ATIVIDADES LABORAIS	R$ 92.100,00	R$ 113.200,00	22,91%
DESEMBOLSOS FIXOS OBRIGATÓRIOS	-R$ 49.796,00	-R$ 49.999,67	0,41%
DESEMBOLSOS VARIÁVEIS OBRIGATÓRIOS	-R$ 20.340,00	-R$ 18.800,00	-7,57%
DESEMBOLSOS FIXOS NÃO OBRIGATÓRIOS	-R$ 4.440,00	-R$ 3.410,00	-23,20%
DESEMBOLSOS VARIÁVEIS NÃO OBRIGATÓRIOS	-R$ 2.100,00	-R$ 800,00	-61,90%
FLUXO DE INVESTIMENTOS	**R$ 9.000,00**	**-R$ 18.600,00**	**-306,67%**
RECEITAS DE INVESTIMENTOS	R$ 24.000,00	R$ 24.000,00	
DESEMBOLSOS DE INVESTIMENTOS	-R$ 15.000,00	-R$ 42.600,00	184,00%
FLUXO DE FINANCIAMENTO	**-R$ 500,00**	**-R$ 2.501,18**	**400,24%**
RECEITAS DE FINANCIAMENTOS	R$ 2.000,00		-100,00%
DESEMBOLSOS DE FINANCIAMENTOS	-R$ 2.500,00	-R$ 2.501,18	0,05%
RESULTADO TOTAL	**R$ 23.924,00**	**R$ 19.089,15**	**-20,21%**

Tabela 12.26: Análise Situacional X Realizado

Fazendo uma análise da evolução, vale destacar o crescimento do fluxo cotidiano que cresceu de R$15.000,00 para R$40.000,00, decorrente do crescimento das receitas e do declínio dos desembolsos. Entre eles, destacam-se os declínios dos desembolsos fixos não obrigatórios e variáveis não obrigatórios. Temos também o crescimento do fluxo de investimento, que foi de R$15.000,00 para R$42.600,00. E, por fim, temos um declínio de 20% do resultado total.

Outra dimensão da análise da evolução refere-se à evolução dos ativos financeiros, ativos não financeiros e previdência, conforme apresentamos a seguir:

ATIVOS	VALOR SITUACIONAL	VALOR REALIZADO	VARIAÇÃO
NÃO FINANCEIROS	R$ 255.000,00	R$ 278.000,00	9,02%
Imóvel - apartamento	R$ 180.000,00	R$ 190.000,00	5,56%
Imóvel - casa			
Imóvel - sala			
Imóvel - terreno	R$ 50.000,00	R$ 55.000,00	10,00%
Veículo	R$ 25.000,00	R$ 33.000,00	32,00%
FINANCEIROS	R$ 20.000,00	R$ 53.820,00	169,10%
Caderneta de poupança	R$ 5.000,00	R$ 5.320,00	6,40%
CDB			
Fundo DI			
Fundos multimercado			
Renda fixa	R$ 15.000,00	R$ 48.500,00	223,33%
Tesouro direto			
PLANOS DE PREVIDÊNCIA	R$ 10.000,00	R$ 11.000,00	10,00%
PGBL	R$ 10.000,00	R$ 11.000,00	10,00%
VGBL			
TOTAL	R$ 285.000,00	R$ 342.820,00	20,29%

Tabela 12.27: Evolução dos Ativos Financeiros e Não Financeiros

O que podemos observar claramente é uma evolução positiva em todos os ativos financeiros, não financeiros e planos de previdência. Esta evolução pode ser observada na análise horizontal na coluna variação, na qual destaca-se a evolução dos ativos em renda fixa. Desta forma, o modelo permite, de forma simples, uma análise da evolução dos ativos da família.

Uma outra análise que o modelo permite é a da evolução das dívidas. Vejamos a seguir:

DÍVIDAS	VALOR SITUACIONAL	VALOR REALIZADO	VARIAÇÃO
Cartão de crédito	R$ 7.000,00	R$ 4.000,00	-42,86%
CDC			
Cheque especial			
Empréstimo consignado			
Empréstimo pessoal	R$ 8.000,00	R$ 8.000,00	
TOTAL	R$ 15.000,00	R$ 12.000,00	-20,00%

Tabela 12.28: Evolução das Dívidas

No exemplo, observamos que as dívidas diminuíram. Tal observação foi possível em função da análise horizontal do modelo, pela qual verificamos diminuição de 20% das dívidas totais e 42,86% da dívida específica com o cartão de crédito.

Para finalizar, o modelo permite avaliar claramente a evolução patrimonial da família por meio da tabela resumo, como podemos verificar na tabela apresentada a seguir:

RESUMO	VALOR SITUACIONAL	VALOR REALIZADO	VARIAÇÃO
DISPONIBILIDADE	R$ 23.924,00	R$ 21.200,00	-11%
FINANCEIROS	R$ 20.000,00	R$ 53.820,00	169%
PLANOS DE PREVIDÊNCIA	R$ 10.000,00	R$ 11.000,00	10%
NÃO FINANCEIROS	R$ 255.000,00	R$ 278.000,00	9%
DÍVIDAS	R$ 15.000,00	R$ 12.000,00	-20%
SALDO	R$ 293.924,00	R$ 352.020,00	20%

Tabela 12.29: Evolução – Resumo

O que podemos observar é que, de forma ampla, o patrimônio da família cresceu 20%. Analisando de forma mais detalhada, o modelo nos permite verificar que as disponibilidades diminuíram 20% e que os ativos financeiros cresceram 169%, o plano de previdência cresceu 10% e os ativos não financeiros cresceram menos de 9%. Além disso, nota-se que os principais ativos são não financeiros.

Conclui-se, adicionalmente, que a família, após ter comprado o carro, possui recursos suficientes para realizar a viagem para o exterior, que custará R$60.000,00, e liquidar as dívidas de R$12.000,00. Valores estes que seriam cobertos pelos R$74.000,00,00, indicados pela soma da disponibilidade com os ativos financeiros. Esta situação foi conseguida antes dos 3 anos.

12.6. Síntese do modelo

O modelo apresentado fez uso de vários conceitos discutidos ao longo dos capítulos do livro. O modelo é estruturado em quatro pilares:

O primeiro pilar tem como foco a gestão de fluxo de caixa que é baseada na gestão do fluxo cotidiano. O fluxo cotidiano por sua vez tem como foco as receitas e os desembolsos da família.

Ainda neste pilar, o modelo também contempla a gestão do fluxo de investimentos, que permite uma visualização das receitas de investimento e nos desembolsos de investimento.

Temos também a gestão do fluxo de financiamento da família, que tem como foco os empréstimos e seus pagamentos.

Esta primeira estrutura permite a construção de um demonstrativo capaz de avaliar a capacidade da família gerar caixa por meio da conta resultado cotidiano. Permite também avaliar a capacidade da família de gerar recursos para realizar os investimentos e liquidar os empréstimos contraídos, viabilizando uma visão geral da gestão do caixa na conta resultado total. Em síntese, a construção de um demonstrativo de resultado do exercício da família.

O segundo pilar do modelo refere-se à avaliação patrimonial da família, que é composta pela avaliação das disponibilidades, dos ativos financeiros, dos ativos não financeiros, da previdência e das dívidas. Desta forma, permite uma avaliação efetiva do patrimônio e dos ativos da família, bem como uma análise da sua solvência, da sua liquidez e da sua solidez. Perceba que todas estas análises são similares às feitas em empresas.

O terceiro pilar do modelo tem como base o planejamento e o controle da execução. Este processo é constituído da definição de uma situação atual (análise situacional), da definição uma situação desejada (objetivos, metas), do que precisamos fazer (ajuste nas contas e projeção de fluxo de caixa) e do acompanhamento do que realizamos (fluxo de caixa diário realizado, fluxo de caixa realizado anualizado).

O quarto e último pilar, que é o da análise, é constituído do confronto entre o realizado e o projetado, dos resultados da família após a execução e finalmente do confronto entre as situações inicial e atual.

O conjunto de informações existentes no modelo permite que a gestão financeira da família seja realizada com base em informações concretas, tendo como foco o fluxo de caixa e o patrimônio. Além disso, também permite que os gestores familiares tomem decisões sobre o presente e o futuro financeiro da família e também possam acompanhar os resultados destas decisões. Esperamos que o modelo apresentado sirva de ferramenta básica para o início de uma gestão financeira familiar.

Com o uso do modelo, das técnicas e aspectos de gestão financeira pessoal apresentados ao longo do livro, espera-se que a família consiga realizar de forma efetiva a sua gestão financeira no presente e com objetivos claros para o futuro. Não temos como objetivo formar famílias milionárias, que tenham um patrimônio superior a 1 milhão de reais, mas esta pode ser uma boa consequência de uma gestão financeira familiar eficiente. Boa gestão, disciplina e sucesso.

Índice

A

ações, 20-22, 118, 125.

análise horizontal, 48, 50, 220.

análise situacional, 21-22, 165-166, 174, 180, 182-183, 185, 218.

análise vertical, 44, 46, 48, 177.

aplicação financeira, 22, 74, 76, 102, 108, 111, 113, 119.

aposentadoria, 3, 10, 12, 13, 65, 88, 99-100, 117, 143, 144-145.

ativos financeiros, 39, 53, 74, 101, 107, 117, 124, 127, 183, 186, 213, 217.

ativos não financeiros, 101, 133, 168, 172, 184, 188, 220, 221-222.

C

caderneta de poupança, 2, 118, 121, 127, 217.

ciclo de vida, 1, 12, 13, 102, 104.

controle, 17, 25, 30, 31, 80, 92, 146, 154, 164, 201, 222.

credores, 44, 163.

D

descasamento de caixa, 77-78.

despesa, 7, 18, 37, 89, 97, 121, 134, 146, 151, 158, 186, 208.

despesas obrigatórias fixas, 88, 169.

diversificação, 112, 114, 118.

dívida boa, 160, 164.

dívida de longo prazo, 157.

dívida ruim, 161, 164.

dívidas, 2, 23, 39, 80, 151, 154, 156, 160, 173, 184, 188.

E

educação financeira, 3.

empresa, 1, 11, 20, 43, 67, 83, 91, 103, 126, 134, 144, 152, 218.

equilíbrio financeiro, 32, 56, 82, 94.

estoques, 91, 94-95.

expectativa de vida, 8, 10, 144.

F

família estendida, 13-14.

finanças pessoais, 1-3, 14, 17, 68, 99.

fluxo de caixa, 8, 22, 39, 40, 46-49, 100, 106, 156, 195, 208, 222.

fluxo de caixa cotidiano, 55, 186.

fluxo projetado, 198, 200.

fundos de investimento, 75, 101, 118, 121, 148, 159.

G

gerenciamento de caixa, 76.

gestão ABC de estoque, 97.

gestão financeira, 1-2, 8, 25, 31, 154, 159, 165, 189, 223.

I

imóveis, 1, 39, 44, 113, 134-135, 187.

imprevistos, 10, 69, 195.

incerteza, 1, 10, 24, 105, 134.

investimento em saúde, 139.

investimentos, 7, 21, 38-40, 53, 75, 80, 85, 87-89, 118, 124, 128, 130, 136, 148, 159, 171, 192.

L

LCA, 118, 121, 129.

LCI, 118, 121, 129.

liquidez, 68-69, 102, 111, 153, 187-188, 222.

lote econômico, 91, 95.

M

metas, 23-24, 28, 55, 103, 165, 188-189, 222.

modelo de gerenciamento financeiro, 165.

N

necessidade de caixa, 68.

O

objetivos, 7, 20, 22, 88, 92, 99, 103, 158, 163, 189, 222.

obras de arte, 102, 137.

orçamento de caixa, 67, 69, 79.

P

participação em empresas, 136.

passivos, 151-153.

patrimônio, 1, 10, 25, 39, 88, 102, 104, 143, 153, 158, 188, 221-222.

perfil da dívida, 161, 163.

PGBL, 148, 183-184.

planejamento, 23, 29, 33, 36, 44, 91, 102, 153, 160, 165, 222.

plano de ação, 165, 189.

ponto de equilíbrio, 81-89, 160.

previdência, 7, 143-149, 183, 186, 143, 214, 220, 222.

previdência privada, 144-145, 148.

previdência pública, 144-145.

projeção financeira, 55.

R

receita, 3, 24, 81, 86, 88-89, 109, 160, 171, 177.

renda fixa, 110, 113, 118, 122, 124, 127, 183, 200.

renda variável, 110, 125, 127, 132.

risco e retorno, 110, 118.

S

saúde financeira, 2.

sustentabilidade financeira, 80, 107.

T

tesouro direto, 121, 129, 173.

U

unidade familiar, 1, 4, 19-24, 27, 31-32, 37, 41, 99.

V

VGBL, 149, 183.